Kohlhammer

Die Autorin

Dr.ⁱⁿ Simone Philipp arbeitet als Psychotherapeutin (Verhaltenstherapie) in eigener Praxis in Graz. Die Behandlung von Menschen mit chronischer Depersonalisation und Derealisation gehört zu ihren Schwerpunkten.

Sie betreibt seit einigen Jahren die Website https://www.dp-selbsthilfe.at/, auf der detaillierte Informationen und Tools zur Selbsthilfe für Betroffene angeboten werden. Die hohen Zugriffsraten auf diese Website zeigen an, dass das Auffinden von Informationen zum Thema chronische DP/DR sehr relevant ist.

Die Autorin hat im Verlauf ihrer psychotherapeutischen Tätigkeit Ansätze und Methoden zur psychotherapeutischen Behandlung von Menschen mit DP/DR-Syndrom entwickelt und evaluiert.

Simone Philipp

Das Depersonalisations-Derealisationssyndrom

Ein Leitfaden für die Therapie

Verlag W. Kohlhammer

Dieses Werk einschließlich aller seiner Teile ist urheberrechtlich geschützt. Jede Verwendung außerhalb der engen Grenzen des Urheberrechts ist ohne Zustimmung des Verlags unzulässig und strafbar. Das gilt insbesondere für Vervielfältigungen, Übersetzungen, Mikroverfilmungen und für die Einspeicherung und Verarbeitung in elektronischen Systemen.

Pharmakologische Daten, d. h. u. a. Angaben von Medikamenten, ihren Dosierungen und Applikationen, verändern sich fortlaufend durch klinische Erfahrung, pharmakologische Forschung und Änderung von Produktionsverfahren. Verlag und Autoren haben große Sorgfalt darauf gelegt, dass alle in diesem Buch gemachten Angaben dem derzeitigen Wissensstand entsprechen. Da jedoch die Medizin als Wissenschaft ständig im Fluss ist, da menschliche Irrtümer und Druckfehler nie völlig auszuschließen sind, können Verlag und Autoren hierfür jedoch keine Gewähr und Haftung übernehmen. Jeder Benutzer ist daher dringend angehalten, die gemachten Angaben, insbesondere in Hinsicht auf Arzneimittelnamen, enthaltene Wirkstoffe, spezifische Anwendungsbereiche und Dosierungen anhand des Medikamentenbeipackzettels und der entsprechenden Fachinformationen zu überprüfen und in eigener Verantwortung im Bereich der Patientenversorgung zu handeln. Aufgrund der Auswahl häufig angewendeter Arzneimittel besteht kein Anspruch auf Vollständigkeit.

Die Wiedergabe von Warenbezeichnungen, Handelsnamen und sonstigen Kennzeichen in diesem Buch berechtigt nicht zu der Annahme, dass diese von jedermann frei benutzt werden dürfen. Vielmehr kann es sich auch dann um eingetragene Warenzeichen oder sonstige geschützte Kennzeichen handeln, wenn sie nicht eigens als solche gekennzeichnet sind.

Es konnten nicht alle Rechtsinhaber von Abbildungen ermittelt werden. Sollte dem Verlag gegenüber der Nachweis der Rechtsinhaberschaft geführt werden, wird das branchenübliche Honorar nachträglich gezahlt.

Dieses Werk enthält Hinweise/Links zu externen Websites Dritter, auf deren Inhalt der Verlag keinen Einfluss hat und die der Haftung der jeweiligen Seitenanbieter oder -betreiber unterliegen. Zum Zeitpunkt der Verlinkung wurden die externen Websites auf mögliche Rechtsverstöße überprüft und dabei keine Rechtsverletzung festgestellt. Ohne konkrete Hinweise auf eine solche Rechtsverletzung ist eine permanente inhaltliche Kontrolle der verlinkten Seiten nicht zumutbar. Sollten jedoch Rechtsverletzungen bekannt werden, werden die betroffenen externen Links soweit möglich unverzüglich entfernt.

1. Auflage 2022

Alle Rechte vorbehalten
© W. Kohlhammer GmbH, Stuttgart
Gesamtherstellung: W. Kohlhammer GmbH, Heßbrühlstr. 69, 70565 Stuttgart
produktsicherheit@kohlhammer.de

Print:
ISBN 978-3-17-041202-6

E-Book-Formate:
pdf: ISBN 978-3-17-041203-3
epub: ISBN 978-3-17-041204-0

Inhaltsverzeichnis

Einleitung		9
1	**Einführung in das chronische DP/DR-Syndrom**	13
	1.1 Klassifizierung des chronischen DP/DR-Syndroms nach ICD-10	13
	1.2 Prävalenz und Verlauf chronischer DP/DR	14
	1.2.1 Normalität von kurzen DP/DR-Phasen	14
	1.2.2 Chronische DP/DR: Prävalenz und Verlauf	14
	1.3 Komorbiditäten	16
2	**Symptomatik**	18
	2.1 Veränderungen im Körpererleben/Ich-Erleben	18
	2.2 Beeinträchtigungen der Sinneswahrnehmungen	20
	2.3 Körperliche Beschwerden	22
	2.4 Emotionale Einschränkungen	23
	2.5 (Irrationale) Ängste	24
	2.6 Einschränkungen der kognitiven Leistungsfähigkeit	26
	2.7 Verändertes Erleben der Außenwelt	27
3	**Diagnostik**	28
	3.1 Bestehende Fragebögen/Interviewleitfäden	28
	3.2 Symptomgruppenfokussierter Leitfaden für qualitative Interviews zur DP/DR-Diagnose	28
4	**Vulnerabilität, auslösende- und aufrechterhaltende Faktoren**	30
	4.1 Vulnerabilität	30
	4.2 Auslösende Faktoren	30
	4.3 Aufrechterhaltende Faktoren	32
	4.4 Zusammenfassung	35
5	**Psychotherapeutische Behandlung des chronischen DP/DR-Syndroms**	36
	5.1 Therapeutische Grundhaltungen und Herangehensweisen	36
	5.2 Hinweise zu einer therapiebegleitenden Medikation	38
	5.3 Erstgespräch und Anamnese	39
	5.4 Aufbau und Struktur der Therapie	42
	5.5 Aufbau von Therapiemotivation	44

		5.5.1	Erleben der Symptomatik als ich-dyston	44
		5.5.2	Passivität der Betroffenen	45
		5.5.3	Medizinisches Krankheitsmodell versus psychologisches Krankheitsmodell	46
		5.5.4	Großer Widerstand gegen Veränderungen	47
	5.6	Psychoedukation		48
	5.7	Die eigene DP/DR erkunden		52
		5.7.1	Biografie der Symptomatik	53
		5.7.2	Erarbeitung eines individuellen Störungsmodell	56
		5.7.3	Führen eines DP/DR-Tagebuchs	59
		5.7.4	Verhaltensanalyse	62
		5.7.5	Individuelle Plananalyse	65
		5.7.6	Begegnung mit dem Symptom	66
	5.8	Symptomreduktion		73
		5.8.1	Umgang mit Veränderungen im Körpererleben/Ich-Erleben	77
		5.8.2	Umgang mit Beeinträchtigungen der Sinneswahrnehmungen	84
		5.8.3	Umgang mit körperlichen Beschwerden	89
		5.8.4	Umgang mit emotionalen Einschränkungen	91
		5.8.5	Umgang mit (irrationalen) Ängsten	100
		5.8.6	Umgang mit Einschränkungen der kognitiven Leistungsfähigkeit	103
		5.8.7	Umgang mit verändertem Erleben der Außenwelt	108
		5.8.8	Festhalten von Erfolgen	110
	5.9	Arbeit an aufrechterhaltenden Bedingungen		111
		5.9.1	Veränderung der eigenen Haltung zur DP/DR	114
		5.9.2	Kognitive Methoden zur Modifizierung aufrechterhaltender Faktoren	119
	5.10	Leben mit/trotz chronischer DP/DR		126
		5.10.1	Entwicklung positiver Werte und Perspektiven	127
		5.10.2	Abbau von Vermeidungsverhalten	132
	5.11	Rückfallprophylaxe		135
		5.11.1	Umgang mit Stress	137
		5.11.2	Ausstieg aus schädigenden Beziehungen/Lebenssituationen	138
6	Evaluation von Therapiefortschritten			140
Literatur				142
Anhang				145
	Anlage 1 Weiterführende Informationen			145
	Ansprechstellen und Forschungsinstitutionen			145
	Betroffenenberichte			145
	Anlage 2 Leitfaden und Arbeitsblätter			145

Anlage 2.1: Symptomgruppenfokussierter Leitfaden zur Erhebung der subjektiven DP/DR-Symptomatik	146
Anlage 2.2: Strukturierter Anamnesebogen	148
Anlage 2.3: Arbeitsblatt für ein DP/DR-Tagebuch mit Anleitung für PatientInnen	151
Anlage 2.4: Arbeitsblatt zum Ausmaß der Beeinträchtigungen durch die Symptomatik	152
Anlage 2.5: Arbeitsblatt zum Erfassen des Emotionsspektrums	153
Anlage 2.6: Arbeitsblatt zu Gedankenspiralen und Grübeln	154
Anlage 2.7: Arbeitsblatt zur Beurteilung des Erfolgs einer Übung	155
Anlage 2.8: Arbeitsblatt zu den aufrechterhaltenden Bedingungen	156
Anlage 2.9: Arbeitsblatt zur Radikalen Akzeptanz	157
Anlage 2.10: Arbeitsblatt zu wiederkehrenden Denkschleifen	158
Anlage 2.11: Arbeitsblatt zur Integration sinnstiftender angenehmer Aktivitäten	159
Anlage 2.12: Arbeitsblatt zum Aufspüren persönlicher Ressourcen	160
Anlage 2.13: Arbeitsblatt Stress	161
Anlage 2.14: Arbeitsblatt Kommentierbarer Tagesplan	162
Stichwortverzeichnis	**163**

Übersicht über das elektronische Zusatzmaterial

Den Weblink, unter dem die Arbeitsblätter zum Download verfügbar sind, finden Sie unter ▶ Anlage 2.

Einleitung

Chronische Depersonalisation (im Folgenden: DP) oder Derealisation (im Folgenden: DR) ist eine für die Außenwelt unsichtbare und unerkennbare Symptomatik. Menschen mit chronischer DP/DR leben, wohnen oder arbeiten mit anderen Menschen zusammen, oftmals jahrzehntelang, ohne dass diese etwas von ihrer Krankheit bemerken. Menschen mit DP/DR erscheinen von außen normal, unauffällig. Oft sind sie beruflich erfolgreich, gar in Leitungsfunktionen, leben in stabilen Partnerschaften, haben Kinder, gehen unterschiedlichen Interessen nach, treffen Freunde und Freundinnen.

Im Inneren aber ist chronische DP/DR eine Erkrankung, die den Betroffenen kaum einen Freiraum lässt. Sie beeinflusst Gefühle, Körpererleben, Sinneswahrnehmungen und geistige Fähigkeiten, daher ist sie allgegenwärtig.

Wer von chronischer DP/DR betroffen ist, fühlt sich abgespalten von der Welt, empfindet sich selbst und alles um sich herum als unwirklich, muss beständig durch Nebel oder einen Schleier sehen, dumpfe Geräusche identifizieren, eine verschobene Perspektive der Umgebung kognitiv und mühsam zur richtigen zusammensetzen, tastet sich Schritt für Schritt am Boden durch Watte hindurch.

Menschen mit DP/DR verwenden oft die Worte »als ob« oder »wie«, wenn sie versuchen, anderen ihren Zustand zu beschreiben: »Es ist, als ob ich durch Nebel sähe.«– »Wie wenn meine Ohren mit Watte verstopft wären.« Die Hilfskonstruktion der Symptombeschreibung mittels eines Vergleichs ist mühsam für die Betroffenen, weil dies nur eine ungenügende Darstellung beinhaltet und bei weitem nicht dem gerecht wird, was die Betroffenen erleben oder fühlen. Andererseits zeigt die Beschreibung mittels eines Vergleichs aber auch an, dass die Betroffenen sich durchaus darüber bewusst sind, dass das, was sie fühlen und erleben, einer inneren Realität entspricht, keiner äußeren.

Noch immer gilt das chronische DP/DR-Syndrom als schwer zu behandelnde Störung. Dabei ist es mit ca. 1-2 % Betroffenheit an der Gesamtbevölkerung keine seltene psychische Erkrankung, wird aber viel zu selten als eigenständige Erkrankung diagnostiziert. Das Wissen über chronische DP/DR unter ÄrztInnen[1] und PsychotherapeutInnen ist aktuell noch sehr gering. Im Rahmen von medizinischen und psychotherapeutischen Ausbildungen werden diese Phänomene, wenn überhaupt, nur gestreift. Im Vergleich mit anderen Störungsbildern wird im Bereich der chronischen DP/DR nur sehr wenig Forschung betrieben. Es gibt kaum Literatur zu

---

1 Im vorliegenden Leitfaden wird durchgehend das Binnen-I verwendet, um Frauen und Männer gleichermaßen sichtbar zu machen.

Epidemiologie und Behandlungsmöglichkeiten chronischer DP/DR. Im Internet lässt sich ebenfalls nur wenig (vor allem wenig gehaltvolle) Information finden. Dies führt dazu, dass sowohl Betroffene selbst als auch ExpertInnen sich unsicher im Umgang mit der Symptomatik fühlen. Dazu kommt, dass bestehende Diagnoseinstrumente die Störung nur ungenügend erfassen.

Der vorliegende Leitfaden möchte PsychotherapeutInnen notwendige Informationen und konkrete Ansätze und Methoden zur Behandlung von betroffenen Personen aufzeigen. Hierzu diskutiert der Leitfaden, nach einer Einführung in das chronische DP/DR-Syndrom, im Detail die Themenbereiche Symptomatik, Diagnostik sowie psychotherapeutische Behandlung.

Die vorgestellten Ansätze und psychotherapeutischen Methoden sind vorwiegend der Verhaltenstherapie zuzuordnen. Sofern sinnvoll und hilfreich wurden aber auch Ansätze und Methoden anderer psychotherapeutischer Schulen mitaufgenommen. Ein Großteil der hier vorgestellten Ansätze und Methoden wurde von der Autorin des Leitfadens selbst entwickelt. Andere Ansätze und Methoden wurden von anderen AutorInnen bzw. psychotherapeutischen Schulen übernommen und auf die spezielle Zielgruppe der von chronischer DP/DR betroffenen Personen adaptiert und in der Praxis erprobt. Natürlich sind nicht alle der hier vorgestellten Ansätze und Methoden für jedeN PatientIn passend. Ziel des Leitfadens ist es, interessierten PsychotherapeutInnen eine Reihe an Möglichkeiten vorzustellen, wie sie mit von chronischer DP/DR betroffenen Personen psychotherapeutisch arbeiten können.

In allen Teilen des Leitfadens finden sich daher Illustrationen durch ausführlich geschilderte Fallbeispiele. Diese stammen – in anonymisierter Form – aus der langjährigen Praxis der Autorin mit von Depersonalisation oder Derealisation betroffenen Menschen. Interessierte PsychotherapeutInnen können anhand dieser Beispiele abschätzen, ob die beschriebene Methode auch zu ihren eigenen PatientInnen passt.

Überlegungen zur Evaluation von Therapieerfolgen schließen den vorliegenden Leitfaden ab. Im Anhang finden interessierte PsychotherapeutInnen weiterführende Angaben sowie verschiedene Arbeitsblätter für die praktische Anwendung in der Therapie.

Im gesamten Leitfaden werden aus Gründen der Lesbarkeit vereinfachend die Begriffe »DP/DR-Syndrom« bzw. »DP/DR-Symptomatik« verwendet. Damit gemeint ist eine Form des Erlebens chronischer, d. h. über längere Zeit andauernder Depersonalisation und/oder Derealisation. Zwischen einem Depersonalisationssyndrom und einem Derealisationssyndrom wird im Text nicht unterschieden. Nichtsdestotrotz können Personen natürlich von reiner Depersonalisation oder von reiner Derealisation betroffen sein.

Der vorliegende Leitfaden gliedert sich in sechs Kapitel:

- In Kapitel 1 wird in das chronische DP/DR-Syndrom eingeführt. Hierbei wird auch auf die Prävalenz, den Verlauf sowie mögliche Komorbiditäten der Störung eingegangen.
- Kapitel 2 widmet sich der Symptomatik des chronischen DP/DR-Syndroms im Detail. Hier werden die sieben Symptomgruppen mit ihren jeweiligen Auswirkungen auf das Leben der Betroffenen erläutert.

- Kapitel 3 behandelt Möglichkeiten der Diagnostik des chronischen DP/DR-Syndroms und stellt den von der Autorin entwickelten Interviewleitfaden vor.
- In Kapitel 4 werden Vulnerabilität, auslösende sowie aufrechterhaltende Faktoren der Symptomatik beschrieben.
- Kapitel 5 widmet sich schließlich der psychotherapeutischen Behandlung des chronischen DP/DR-Syndroms und stellt das Herzstück des vorliegenden Leitfadens dar. Zu Beginn erläutert dieses Kapitel die therapeutischen Grundhaltungen und bietet Hinweise zur Durchführung des Erstgesprächs wie der Anamnese. Aufbau und Struktur einer Psychotherapie des chronischen DP/DR-Syndroms werden im Detail beschrieben. Da die Aufrechterhaltung der Therapiemotivation ein wichtiger Faktor bei der Behandlung von Betroffenen ist, wird diesem Aspekt ein eigener Unterpunkt gewidmet. Darauf aufbauend geht der Leitfaden auf den Bereich der Psychoedukation ein. Anschließend werden detailliert die drei zentralen Bereiche einer Psychotherapie erläutert: Erkundung der eigenen Symptomatik, Ansätze und Methoden zur Symptomreduktion sowie Strategien zur Verbesserung der Lebensqualität. Dargelegt werden hierbei auch Möglichkeiten eines sinnerfüllten Lebens trotz Betroffenheit von chronischem DP/DR-Syndrom sowie Aspekte der Rückfallprophylaxe.
- Abschließend widmet sich das 6. Kapitel der Evaluation von Therapieerfolgen.

Rückmeldungen, auch Kritik zum Leitfaden sind erwünscht. Die Autorin steht zu einem Austausch bereit. Bitte nehmen Sie Kontakt auf:

Dr.^{in} Simone Philipp
Praxis für Psychotherapie
Kärntnerstraße 212
8053 Graz
Österreich

https://psychotherapie-simonephilipp.at/
Mail: simone.philipp@drei.at
Tel.: 0043/(0)650 6439349

Ich möchte mich bei all meinen PatientInnen mit chronischer DP/DR-Symptomatik bedanken. Ohne ihr Vertrauen in mich und ihre Bereitschaft, ihr inneres Erleben mit mir zu teilen, hätte das vorliegende Buch nicht entstehen können.

Ich bin meinen PatientInnen zutiefst dafür dankbar, dass ich ihre Erlebnisse und innere Erfahrungswelten für dieses Buch in anonymisierter Form nutzen durfte.

Graz, im Frühling 2022
Simone Philipp

1 Einführung in das chronische DP/DR-Syndrom

1.1 Klassifizierung des chronischen DP/DR-Syndroms nach ICD-10

Das chronische DP/DR-Syndrom taucht im ICD-10 als eigenständiges Erkrankungsbild auf. Es wird unter den neurotischen, Belastungs- und somatoformen Störungen folgendermaßen definiert:

ICD-10 F48.1: Depersonalisations-Derealisationssyndrom

A. Entweder 1 oder 2:
  1. Depersonalisation: Die Betroffenen klagen über ein Gefühl von entfernt sein, von »nicht richtig hier« sein. Sie klagen z. B., darüber, dass ihre Empfindungen, Gefühle und ihr inneres Selbstgefühl losgelöst seien, fremd, nicht ihr eigen, unangenehm verloren oder, dass ihre Gefühle und Bewegungen zu jemand anderem gehören scheinen, oder sie haben das Gefühl, in einem Schauspiel mitzuspielen.
  2. Derealisation: Die Betroffenen klagen über ein Gefühl von Unwirklichkeit. Sie klagen z. B. darüber, dass die Umgebung oder bestimmte Objekte fremd aussehen, verzerrt, stumpf, farblos, leblos, eintönig und uninteressant sind, oder sie empfinden die Umgebung wie eine Bühne, auf der jedermann spielt.
B. Die Einsicht, dass die Veränderungen nicht von außen durch andere Personen oder Kräfte eingegeben wurde, bleibt erhalten. (Dilling & Freyberger 2017, 199 f.)

Im DSM-5 wird das DP/DR-Syndrom mit ähnlichen Beschreibungen unter die dissoziativen Erkrankungen subsumiert (American Psychiatric Association 2013).

In der Klassifizierung des DP/DR-Syndrom werden Phänomene von Depersonalisation und Derealisation zusammengefasst, wobei mit Depersonalisation ein Unwirklichkeitserleben und Entfremdungsgefühle bezogen auf das eigene Selbst bzw. den eigenen Körpers und mit Derealisation ein Unwirklichkeitserleben und Entfremdungsgefühle auf die Umwelt und andere Personen bezogen gemeint ist.

Obwohl chronische DP/DR zumindest im ICD-10 nicht unter die dissoziativen Erkrankungen subsumiert wurde, kann die Symptomatik dennoch hierhinein verortet werden. Dissoziation kann verstanden werden als Oberbegriff für unterschiedliche Phänomene der Veränderung/des Verlusts von Selbst, Raum und Zeit. Sie kann sich von leicht (leichte Unwirklichkeitsgefühle) bis schwer (dissoziative Amnesie) äußern.

Im psychiatrischen und psychotherapeutischen Sprachgebrauch wird Dissoziation häufig als ein innerer Abspaltungsprozess im Zusammenhang mit traumatischen Erlebnissen in Gegenwart oder Vergangenheit angesehen, als ein Schutzmechanismus des Körpers. Dies führt dazu, dass Phänomene von DP/DR von ExpertInnen häufig dahingehend gedeutet werden, dass im Hintergrund ein traumatisches Geschehen stattgefunden haben muss. Bereits an dieser Stelle soll festgehalten werden, dass DP/DR auch ohne traumatisches Erleben auftreten kann, was ihre korrekte Einordnung erschwert.

Interessanterweise und im Gegensatz zu vielen anderen psychischen Erkrankungen und Störungen wird weder im ICD-10 noch im DSM-5 eine Zeitdauer angegeben, über die die Phänomene von DP/DR zumindest bestehen müssen, damit von einem DP/DR-Syndrom gesprochen werden kann. Ausschlaggebend ist allein die Qualität subjektiver Betroffenheit der Personen.

1.2 Prävalenz und Verlauf chronischer DP/DR

1.2.1 Normalität von kurzen DP/DR-Phasen

Zunächst gilt: das DP/DR-Syndrom ist ein Phänomen, das seit 100 Jahren immer wieder in der psychiatrischen Literatur beschrieben wird (vgl. Sierra 2001 zitiert nach Abugel 2010, S. 2). Es handelt sich daher nicht um ein neues, sondern um ein konstantes Phänomen.

Das Erleben von (kurzen) Zuständen von DP/DR ist normal und betrifft ca. 80 % aller Menschen hin und wieder (Michal 2015, S. 47). Dabei kommt es zu einer Veränderung des Erlebens von Selbst, Umwelt und Zeit. In solchen Phasen kann die eigene Person fremd wirken, die Umgebung unwirklich erscheinen oder die Zeit nicht mehr richtig eingeschätzt werden. »*Jetzt stehe ich irgendwie gerade neben mir*«, ist ein geläufiger Ausdruck hierfür.

Eine ganze Reihe an Faktoren kann dazu beitragen, dass DP oder DR kurzzeitig auftritt. Hierzu gehören der Genuss von Alkohol und anderen Drogen, Schlafdefizit, Medikamente, Angsterleben, Lärm, künstliches Licht, sich wiederholende Bewegungen, Meditation, hormonelle Schwankungen, fremde Umgebung, Auraerleben vor Migräne oder epileptischen Anfällen, Reizüberflutung oder -mangel, lebensbedrohliche Situationen, Phasen starker Belastung oder Stress (Lukas 2003, Kapitel 5; Michal 2015, S. 21 f.; Kapitel 6; AWMF 2014, S. 17–20).

In den meisten Fällen klingt die DP/DR wieder ab, sobald die Person die Situation verlassen hat oder etwas Zeit vergangen ist.

1.2.2 Chronische DP/DR: Prävalenz und Verlauf

Von chronischer DP/DR oder einem DP/DR-Syndrom wird gesprochen, wenn das Erleben von DP/DR über einen längeren Zeitraum hinweg durchgehend anhält oder in störender Weise immer wieder auftritt. Entscheidend ist hierbei das subjektive Beeinträchtigtsein der Betroffenen. Daher ist weder im ICD-10 noch im DSM-5 eine zeitliche Mindestdauer der Symptome zur Diagnosestellung angeführt.

Untersuchungen haben ergeben, dass etwa 1-2 % der Gesamtbevölkerung an chronischer DP/DR leiden, was das DP/DR-Syndrom zur dritthäufigsten psychischen Erkrankung nach Depression und Angst macht (Hunter et al. 2004; Michal et al. 2005 2015). Im klinischen Kontext sind etwa 15-30 % der PatientInnen zumindest auch von DP/DR betroffen, in den meisten Fällen tritt das DP/DR-Erleben zusätzlich dauerhaft oder phasenweise zu anderen psychischen Störungen auf (Michal 2015, S. 23–35).

Männer und Frauen sind vom DP/DR-Syndrom gleich häufig betroffen (Lukas 2003; S. 111, Michal 2015, S. 49). Der Beginn der Erkrankung liegt zumeist in der Kindheit oder Jugend, Befragungen zeigen einen durchschnittlichen Erkrankungsbeginn mit 16 Jahren (Michal 2015, S. 49; Koch et al. 2001). Dies bekräftigt auch eine Studie, nach der 47 % der befragten Kinder und Jugendlichen immer wieder unter Symptomen von DP/DR leiden und sich 12 % von ihnen hierdurch in ihrer Lebensqualität belastet fühlen (Hunter et al. 2004; Michal et al. 2015).

Der Beginn der Erkrankung kann schleichend oder plötzlich erfolgen (Baker at al. 2003; Michal 2015, S. 49). Bei chronischer DP/DR können zudem drei Arten unterschieden werden (Kennedy, Kennerly & Pearson 2013, S. 163):

- DP/DR tritt zu einem bestimmten Zeitpunkt auf und verläuft von da an chronisch, das DP/DR-Syndrom bleibt also konstant über einen längeren Zeitraum bestehen (1/3 der Betroffenen).
- DP/DR beginnt schleichend in Phasen, geht aber im Lauf der Zeit in einen dauerhaften Zustand über (1/3 der Betroffenen).
- DP/PR bleibt auch auf Dauer phasenhaft (1/3 der Betroffenen).

Ein Großteil der Betroffenen berichtet, dass die DP/DR bei ihnen plötzlich ohne Vorankündigungen einsetzte, ein weiterer Teil berichtet, dass die Erkrankung stets in Episoden verläuft, die im Lauf der Zeit allerdings immer stärker und länger werden. Ein geringer Teil der Betroffenen berichtet sogar, schon immer von DP/DR betroffen gewesen zu sein, sich also gar nicht an ein Leben ohne DP/DR erinnern zu können (Kennedy, Kennerly & Pearson 2013, S. 163), woraus geschlussfolgert werden kann, dass die Betroffenen zum Zeitpunkt des Auftretens der Symptomatik sehr jung gewesen sein müssen.

Unbehandelt verläuft ein Großteil der Erkrankungen chronisch und hält teilweise über Jahrzehnte an. Steht das DP/DR-Erleben im Vordergrund der Beschwerden, ist dies als sogenannte primäre DP/DR anzusehen und verlangt eine Klassifizierung nach ICD-10 F48.1 (Lukas 2003, S. 111–116). Allerdings sind Fehldiagnosen sehr häufig, nur etwa jede hundertste betroffene Person erhält die richtige Diagnose. Dazu vergehen im Durchschnitt 7-12 Jahre, ehe diese richtige Diagnose gestellt wird (Michal et al. 2009, AWMF 2014, S. 16).

Die Folgen unbehandelter oder fehlbehandelter chronischer DP/DR sind weitreichend: Soziale Isolation, Arbeitslosigkeit (langfristig betrifft dies etwa 1/3 der Betroffenen) oder die schweren Nebenwirkungen falscher Medikation, um nur einige zu nennen (Lukas 2003, S. 223 f.).

1.3 Komorbiditäten

Von primärer DP/DR wird gesprochen, wenn die DP/DR unabhängig von anderen psychischen Störungen auftritt bzw. das DP/DR-Erleben im Zentrum der subjektiven Beeinträchtigung steht. Sekundäre DP/DR bedeutet das Auftreten von einer DP/DR-Symptomatik in Zusammenhang mit (d. h. zeitlich parallel oder nach) anderen Erkrankungen (Lambert et al. 2001a, 2001b). DP/DR kann hier als Begleitsymptom einer bestehenden Grunderkrankung verstanden werden. Nach der bisherigen Forschung wird die Komorbiditätsrate als hoch angegeben. Hierzu gehören vor allem (Hunter et al. 2004; Michal et al. 2009; Lukas 2003, S. 112):

- Angsterkrankungen: Insbesondere tritt DP/DR während Panikattacken auf, hierbei allerdings oftmals nur kurz anhaltend.
- Bei schweren Depressionen können Phänomene von DP/DR hinzukommen.
- Temporallappenepilepsie: DP/DR zumeist nur kurz anhaltend.
- Migräne: DP/DR tritt vor allem in der Auraphase, aber auch danach und teilweise über Stunden auf.
- Auch bei Schwindelsyndromen (Schwankschwindel u. a.) können Phänomene von DP/DR auftreten. Allerdings wird ein DP- oder DR-Erleben von Betroffenen häufig auch als »Schwindel« bezeichnet, sodass die Unterscheidung schwierig erscheint.
- Im Zusammenhang mit traumatischen Erlebnissen können während des Ereignisses oder auch danach im Rahmen von wiederkehrenden Erinnerungen Symptome von DP oder DR auftreten. Sie sind als dissoziative Phänomene einzuordnen und halten zumeist nur phasenweise an.

Wird eine organische Ursache von DP/DR vermutet, sollte dies in jedem Fall abgeklärt werden, da die Behandlung dieser Ursache auch zu einer Verbesserung der DP/DR-Symptomatik führt. Allerdings lösen nur in seltenen Fällen organische Ursachen jahrelang anhaltende DP/DR-Symptome aus (Michal 2015, S. 21 f.; S. 39).

Chronische DP/DR ist *kein* Hinweis auf psychotische Störungen oder eine beginnende Schizophrenie. Im Unterschied zu psychotischen Erkrankungen wissen Betroffene stets, dass die Veränderung in ihnen selbst stattfindet und nicht von außen gemacht ist (Michal 2015, S. 35 ff.).

Im stationären und ambulanten therapeutischen Kontext wird chronische DP/DR oftmals gar nicht explizit behandelt oder auch nur beachtet, sobald andere psychische Erkrankungen »entdeckt« werden. Oftmals wird regelrecht nach anderen psychischen Störungen gebohrt, in die die chronische DP/DR-Symptomatik dann eingeordnet werden kann. Da Phänomene von DP und DR auch bei und als Folge schwerer Traumatisierungen auftreten können (als Bestandteil dissoziativer Reaktionen), wird von TherapeutInnen besonders in diese Richtung gebohrt und nach früheren – womöglich vergessenen – traumatischen Erlebnissen gesucht. Für die Betroffenen ist ein solches Vorgehen äußerst anstrengend, zumeist nicht zielführend, da keine »vergessenen« Traumatisierungen entdeckt werden können. Dies führt nicht selten zu einem Abbruch der Therapie.

Wenn PatientInnen im therapeutischen Kontext über eine chronische DP/DR-Symptomatik berichten, sollten diese stets als ein eigenständiges Störungsbild angesehen und als solches auch behandelt werden. Nicht wenige Betroffene suchen gerade wegen der chronischen DP/DR eine Therapie auf. Einen möglichen Zusammenhang mit einer früheren Traumatisierung stellen die Betroffenen zumeist selbst her, so dies der Fall sein sollte bzw. berichten im Gespräch hierüber. Weitaus häufiger tritt chronische DR/DR allerdings auf, ohne dass die Betroffenen Traumatisierungen erlebt haben. Tritt eine DP/DR-Symptomatik tatsächlich in Zusammenhang mit einem im Hintergrund stehenden traumatischen Erleben immer wieder auf, so ist in der Therapie vorrangig traumafokussiert zu arbeiten und sollte nicht auf dem DP/DR-Erleben fokussiert werden

Frau M. leidet seit einigen Jahren unter chronischer DP/DR. Die Patientin fühlt sich niedergedrückt und hat ihre sozialen Kontakte aufgrund der Symptomatik reduziert. Trotz zahlreicher stationärer Aufenthalte mit umfassender Abklärung lautet die Diagnose immer noch Schwere Depression und Soziale Phobie, die Diagnose DP/DR wurde übersehen, obwohl die Patientin immer wieder auf ihr entsprechendes Erleben hinwies. Zur Behandlung der gestellten Diagnosen erhält die Patientin diverse Medikamente, die bei ihr eine Reihe unangenehmer Nebenwirkungen verursachen. Hierzu gehören Gewichtszunahme und Libidoverlust. Zusätzlich erhält die Patientin EKT-Serien (insgesamt bereits etwa 50 EKT-Anwendungen). Diese führen über die Zeit zu immer stärker werdenden kognitiven Ausfällen und damit zu einer Verschlechterung der DP/DR-Symptomatik. In keinem stationären Aufenthalt ist die Patientin mit der richtigen Diagnose belegt worden.

K., eine 17-jährige Schülerin, ist seit fünf Monaten aufgrund anhaltender DP/DR-Symptomatik in psychotherapeutischer Behandlung. Die Therapeutin ist überzeugt davon, dass K. schwere Traumatisierungen erlebt haben muss. In jeder Einheit befragt sie K. ausführlich hierzu. K. kann sich jedoch an keine Traumatisierungen erinnern. Auch die Eltern und Geschwister von K. werden immer wieder zu Familiengesprächen eingeladen und diesbezüglich befragt. Eine gezielte Bearbeitung und Vermittlung von Methoden zur Reduzierung der DP/DR-Symptomatik finden in der Therapie nicht statt. Die Eltern von K. sind schließlich extrem verunsichert, ihr Verhältnis zu K. ist belastet. K. zieht sich immer mehr zurück und weigert sich, weiterhin zur Therapie zu gehen. Gemeinsam mit den Eltern entscheidet sie sich schließlich zu einem Wechsel der Therapeutin.

2 Symptomatik

Im Zentrum der Symptomatik des chronischen DP/DR-Syndroms steht ein Entfremdungserleben gegenüber dem eigenen Selbst, dies wird als Depersonalisation bezeichnet, und/oder ein Unwirklichkeitserleben gegenüber der Umwelt, als Derealisation bezeichnet. Viele Betroffene von chronischer DP/DR klagen jedoch darüber hinaus über weitere Symptome, durch die sie sich massiv eingeschränkt fühlen (vgl. hierzu die Auflistung bei Lukas 2003; Simeon et al. 2003; Michal 2015, S. 64 ff., sowie: AMDP 2018; Gast et al. 2000; Simeon at al. 2001; Frischholz et al. 1990; Sierra et al. 2000; Dell 2015, S. 439).

Diese unterschiedlichen Symptome können in sieben Symptomgruppen zusammengefasst werden. Sie basieren auf der eigenen Arbeit der Autorin und werden im Folgenden im Detail vorgestellt. Selbstverständlich sind nicht alle Betroffenen von allen Symptomen in gleicher Art und Weise betroffen und es zeigen sich nicht bei allen Betroffenen Beeinträchtigungen in all den hier vorgestellten Symptomgruppen.

Es ist wichtig zu unterstreichen, dass sich die Einschränkungen und Veränderungen, die Betroffene von chronischer DP/DR erleben, sehr unterschiedlich gestalten. So berichten einige Betroffene beispielsweise von starken Einschränkungen der Sinneswahrnehmungen, andere scheinen hiervon nicht betroffen zu sein. Insgesamt kann festgehalten werden, dass das Unwirklichkeitsgefühl gegenüber Selbst und Umwelt, die emotionale Taubheit sowie die kognitiven Beeinträchtigungen am ehesten als die am schlimmsten erlebten Symptome wahrgenommen und beschrieben werden.

2.1 Veränderungen im Körpererleben/Ich-Erleben

Körpererleben und Ich-Erleben sollen hier gemeinsam betrachtet werden, da von vielen Menschen der Körper als Gefäß oder Heim des Ich empfunden wird. Das veränderte Körpererleben im Rahmen der DP/DR-Erkrankung führt bei vielen Betroffenen zu einem veränderten Ich-Erleben wie auch umgekehrt ein durch die Erkrankung verändertes Ich-Erleben zu einem veränderten Körpererleben führen kann.

Viele Betroffene empfinden ihren eigenen Körper als fremd oder unwirklich, als würde der Körper nicht zu ihnen gehören. Viele bezeichnen sich als regelrecht losgelöst von ihrem Körper. Sie erleben eine große Distanz zu ihrem Leib. Wenn der Körper etwas tut, sich bewegt oder spricht, kommt es ihnen subjektiv so vor, als handle ein Roboter. Oft haben die Betroffenen aus diesen Gründen auch das Gefühl, ihr Körper sei wie gelähmt und lasse sich nicht mehr willkürlich steuern. Sie glauben, nicht mehr reagieren zu können, selbst wenn sich in ihrer Umgebung etwas Schlimmes ereignen sollte.

Auch im Erleben des eigenen Selbst tauchen Veränderungen auf. Viele Betroffene klagen beispielsweise darüber, dass sie sich im Spiegel nicht mehr erkennen können. Auch wenn sie wissen, dass sie selbst es sind, der/die ihnen entgegenblickt, können sie dieses Bild nicht mehr zuordnen. Einige beschreiben ihr Ich als vollkommen in das Innere ihres Körpers zurückgezogen. Andere dagegen empfinden sich selbst als bis über ihre Körpergrenzen hinweg ausgebreitet. Im extremen Fall kann dies dazu führen, dass Betroffene keine Subjekt-Objekt-Grenzen mehr wahrnehmen können. Sie können nicht mehr unterscheiden, ob sie selbst es sind, der/die etwas berührt oder ob sie das Objekt sind, das berührt wird. Die Undefinierbarkeit des Ich führt bei manchen Betroffenen dazu, sich selbst als von Zerfall bedroht oder sogar schon als fragmentiert wahrzunehmen.

In einigen Fällen kommt es auch zu Phänomenen außerkörperlicher Erfahrungen. Die Betroffenen können sich selbst von außen sehen oder nehmen sich selbst doppelt wahr als zweite, aber identische Person. In einigen Fällen ist hiermit auch eine doppelte Sichtperspektive (einmal von innen und einmal von außen) verbunden. Dass das Ich nicht mehr richtig im Körper verortet werden kann, ist für viele Betroffene eine der schlimmsten Erfahrungen im Rahmen ihrer Erkrankung.

Frau A.: »Ich kann mich selbst gar nicht mehr erkennen. Wer ist das, der mir da im Spiegel entgegenblickt? Bin ich das wirklich?«
Herr D.: »Ich kann nicht spüren, wo ich beginne und wo ich ende. Es ist, als ob ich im ganzen Raum ausgebreitet bin. Oder vielleicht bin ich auch ganz in mein Inneres zurückgezogen. Ich weiß es nicht.«
Herr M.: »Sind das meine Füße, die den Boden berühren? Oder sind das die Beine des Stuhls da drüben an der Wand? Ich kann das nicht unterscheiden.«
Herr B.: »Es ist, als ob ich mich von außen sehen kann. Ich sehe mir zu, wie ich etwas tue. Aber das bin gar nicht ich, der das tut. Das ist irgendwer, ein Roboter vielleicht.«

Veränderungen im Körpererleben/Ich-Erleben

- Körper wirkt fremd, unwirklich, gefühlte Distanz zum Körper
- Gefühl, wie ein Roboter zu handeln
- Körper wie gelähmt, nicht mehr handeln können
- Sich im Spiegel nicht mehr erkennen können
- Verschwimmen der Körpergrenzen
- Gefühl des innerlichen Zerfalls
- Außerkörperliche Erfahrungen: sich selbst von außen/oben sehen, sich selbst als doppelte Person wahrnehmen

2.2 Beeinträchtigungen der Sinneswahrnehmungen

Viele Betroffene beschreiben im Rahmen der DP/DR-Erkrankung auch Beeinträchtigungen ihrer Sinneswahrnehmungen. In den meisten Fällen sind Sehen, Hören und/oder Fühlen/Spüren/Schmecken eingeschränkt. Es handelt sich in diesen Bereichen allerdings nicht nur lediglich um ein Gefühl, als ob ein gewisser Sinn eingeschränkt wäre, sondern die Betroffenen erleben die Einschränkung tatsächlich als eine Beeinträchtigung des jeweiligen Sinnes. Das bedeutet beispielsweise, dass Betroffene nicht nur das Gefühl haben, ihre Sicht sei durch Nebel erschwert, sondern dass sie diesen Nebel auch tatsächlich sehen können.

Sehen

Die meisten von DP/DR Betroffenen leiden unter Beeinträchtigungen im Sehen. Ihre Sicht ist durch Nebel oder einen Schleier erschwert. Manche sehen auch Flecken, Punkte oder »Flimmern« vor den Augen. Zumeist ist die Sicht auf ein bestimmtes Sichtfeld eingeengt (Tunnelblick), die Ränder werden nur verschwommen, undeutlich oder auch gar nicht wahrgenommen.

Zudem beschreiben viele Betroffene Einschränkungen im perspektivischen Sehen. Die Umwelt wird von ihnen eher zweidimensional wahrgenommen. Gegenstände können aus diesem Grund auch weiter weg oder näher erscheinen, sie können größer oder kleiner wirken, als sie tatsächlich sind. Zudem werden von einigen Betroffenen Veränderungen in der Farbintensität der Dinge angegeben, sodass beispielsweise alle Farben nur noch blass oder einzelne Farben aber besonders intensiv wahrgenommen werden.

Für viele Betroffene führen die Einschränkungen auf der visuellen Ebene dazu, nur unter großen Anstrengungen sehen, das heißt die Umwelt wahrnehmen zu können. Ihre Orientierung im Raum ist erschwert, Entfernungen können nur noch schwer eingeschätzt werden. Ebenso kommen optische Täuschungen vor, da etwa Schatten im Augenwinkel nicht richtig gedeutet werden können. Oft können die Betroffenen Dinge oder Personen erst sehr spät erkennen. Viele Betroffene sind gangunsicher, haben Angst, irgendwo anzustoßen oder zu stürzen. Die Teilnahme am Straßenverkehr kann deutlich eingeschränkt sein. Besonders bei schlechten Lichtverhältnissen, in der Dämmerung/Nacht oder mit geschlossenen Augen verschlechtert sich die gesamte DP/DR-Symptomatik mit ihren Gefühlen von Unwirklichkeit und Entfremdung oft, da dann die visuelle Fähigkeit noch mehr vermindert ist. Manche Betroffene beschreiben die visuellen Einschränkungen als so gravierend, dass sie das Gefühl haben, blind zu sein, obwohl sie sehen können.

Die Augen selbst werden von den Betroffenen oft als starr und wenig beweglich empfunden. Die beständige Überanstrengung der Augen führt zu Augen- oder Kopfschmerzen. Das betrifft vor allem Personen, die in ihrem Berufsleben eher visuell arbeiten und sich dabei wenig körperlich betätigen (wissenschaftliches Arbeiten, Arbeiten am PC …). Viele Betroffene versuchen, ihre Augen dadurch zu entspannen, dass sie sehr oft nach innen, ins »Narrenkastl«, blicken. Kurzfristig vermag dies zwar die Augen zu entspannen, dieser Vorgang verstärkt auf Dauer aber das Gefühl der Entfremdung von der Umwelt. Hierzu kommt, dass viele Betroffene mehr damit beschäftigt sind, sich selbst zu beobachten, als die Umwelt um sich herum wahrzunehmen. Auch das verstärkt das Gefühl des Abgespaltenseins.

> **Frau R.:** »Ich habe das Gefühl, ich bestehe nur aus Augen. Ich spüre nur meine Augen. Sonst ist nichts da. Nur meine Augen!«
> **Frau D.:** »Überall ist Nebel. Er ist um mich herum. Auch wenn ich den Kopf drehe, ist er da. Ich muss immer aufpassen, dass ich nirgendwo anstoße oder hinfalle. Das ist total anstrengend.«
> **Frau S.:** »Ich sitze unter einer Käseglocke. Ich bin getrennt durch eine Glasscheibe. Die kann ich auch sehen. Manchmal ist sie schmutzig.«

Beeinträchtigungen im Bereich Sehen

- Sichtfeld eingeschränkt (Nebel, Tunnelblick, Flimmern, wie durch eine Glasscheibe ...)
- Einschränkungen im dreidimensionalen Sehen
- Veränderungen in der Farbintensität
- Orientierung im Raum erschwert/Unsicherheit im Straßenverkehr
- Optische Täuschungen
- Gefühl, blind zu sein
- Symptomatik verschlechtert sich bei schlechten Lichtverhältnissen/Dunkelheit

---

Hören

Für viele Betroffene von chronischer DP/DR klingen Geräusche dumpf. Aus diesem Grund haben sie häufig Schwierigkeiten, eine Geräuschquelle richtig zu lokalisieren. Oft müssen sie zweimal hinhören, bis sie wissen, woher ein Geräusch kommt. In Gesprächen fragen sie häufig nach, ehe sie jemanden richtig verstanden haben. Das kann Scham hervorrufen, sodass die Betroffenen Gesprächen ausweichen.

Einige Betroffene erleben auch die eigene Stimme oder andere Geräusche als verändert, teilweise als so sehr verändert, dass sie sie nicht mehr erkennen können. Für manche von ihnen dringen Geräusche von außen so wenig zu ihnen durch, dass sie das Gefühl haben, taub zu sein, obwohl sie hören können.

> **Frau R.:** »Ich muss so oft nachfragen, weil ich nicht gut höre. Das ist peinlich. Da bin ich lieber still!«
> **Frau G.:** »Seit die Symptomatik da ist, klingt meine Stimme ganz fremd. Oft kann ich sie nicht erkennen, wenn ich spreche. Ich frage mich dann, wer ist das?«

> **Beeinträchtigungen im Bereich Hören**
>
> - Alles klingt dumpf oder wie aus weiter Entfernung.
> - Eigene Stimme klingt verändert und fremd.

Fühlen/Spüren/Riechen/Schmecken

Betroffenen von chronischer DP/DR fällt es aufgrund ihres veränderten Körpererlebens häufig schwer, ihre Körpergrenzen richtig wahrzunehmen. Für sie kann es schwierig sein zu unterscheiden, was zum eigenen Körper gehört und was nicht. Schöne Gefühle, etwa ausgelöst durch Berührungen, oder auch Missempfindungen aus dem eigenen Körper können von ihnen häufig nicht richtig gespürt werden. Einige Betroffene berichten auch, dass ihr Schmerzerleben deutlich herabgesetzt ist und sie Schmerz kaum mehr wahrnehmen können.

Auch die Tastfähigkeit kann eingeschränkt sein, sodass sich Betroffene oftmals schwer tun, Strukturen von Gegenständen richtig zu ertasten. Andere berichten, dass sie seit ihrer Erkrankung kaum mehr etwas schmecken können. Alle Speisen und Getränke kommen ihnen fad vor.

> **Herr B.:** »Wenn ich mit meiner Freundin intim bin, spüre ich nichts. Ich weiß, sie macht irgendwas an meinem Körper, aber es dringt nicht zu mir durch.«
> **Frau R.:** »Oft muss ich alles um mich herum berühren, muss ertasten, wie es sich anspürt. Alles kommt mir so fremd vor. Als ob ich es zum ersten Mal berühre.«

> **Beeinträchtigungen im Bereich Fühlen/Spüren/Schmecken**
>
> - **Riechen/Schmecken:**
>   Alles schmeckt fad.
> - **Fühlen:**
>   Körperberührungen lassen sich nicht mehr richtig wahrnehmen; Strukturen von Gegenständen nur mehr schwer ertasten.

2.3   Körperliche Beschwerden

Das DP/DR-Syndrom kann mit einer ganzen Reihe an körperlichen Symptomen und Beschwerden einhergehen. Einige dieser Symptome hängen vor allem mit den Einschränkungen im Sinneserleben (▶ Kap. 2.3) zusammen. Da Sehen und Hören eingeschränkt sind, müssen die Betroffenen große Anstrengungen aufbringen, um dies auszugleichen. Das führt zu Verspannungen, Augen- und Kopfschmerzen, aber auch zu Müdigkeit und Erschöpfung. Gangunsicherheit und die Tendenz, sich anzustoßen oder sogar zu stürzen, können dazukommen.

Einige Betroffene klagen darüber hinaus über diffuse und weniger klar zuordenbare körperliche Symptome. Hierzu gehören körperliche Unruhe, Übererregung, Schwindel, Panikattacken und Schlafprobleme, Würgegefühle im Hals, Bauchschmerzen und viele andere. In der differenzierteren Betrachtung der Symptomatik zeigt sich zumeist, dass körperliches Unwohlbefinden und DP/DR-Symptomatik in einem engen Zusammenhang stehen können. So kann eine subjektiv empfundene Verstärkung des DP/DR-Erlebens mit körperlichen Erkrankungen oder Beschwerden verknüpft sein. Viele Betroffene von chronischer DP/DR erleben zum Beispiel bei stärkeren Erkältungen oder fieberhaften Infekten auch eine Verschlechterung des DP/DR-Syndroms.

Insgesamt ist das Erleben während der DP/DR-Erkrankung sehr auf das Gefühl des Entfremdung vom eigenen Selbst bzw. dem eigenen Körper ausgerichtet. Treten hier kleinste Veränderung auf, so werden diese von den Betroffenen unmittelbar wahrgenommen, da diese dazu neigen, sich fortwährend selbst zu beobachten. Oft werden solche Veränderungen ausschließlich der DP/DR-Erkrankung zugeschrieben, obwohl sich dahinter auch andere körperliche Erkrankungen verbergen können. Anhaltende körperliche Missempfindungen sollten stets ärztlich abgeklärt werden.

Herr D.: »Mir tut immer irgendwas weh. Meistens der Kopf und die Augen!«

Körperliche Beschwerden

- Kopfschmerzen
- Augenschmerzen
- Verspannungen (Nacken, Rücken ...)
- Körperliche Müdigkeit
- Unruhe, Übererregung
- Schwindel
- Andere körperliche Beschwerden

2.4 Emotionale Einschränkungen

Betroffene von chronischer DP/DR berichten häufig über diverse Einschränkungen und Veränderungen im emotionalen Erleben. Als besonders belastend wird erlebt, keine Gefühle, weder positive noch negative, wahrnehmen zu können. Selbst wenn sich in der Umgebung etwas Schlimmes ereignet, haben die Betroffenen dabei keinerlei Emotionen. Sie tun sich auch schwer, für nahe Bezugspersonen, etwa PartnerInnen oder Kinder, etwas zu empfinden. Dem steht gegenüber, dass die Betroffenen auf einer rein kognitiven Ebene natürlich wissen, dass sie ihre PartnerInnen oder Kinder lieben. Doch sie finden in ihrem emotionalen Erleben hierfür keine Entsprechung.

Manche erleben gar eine regelrechte emotionale Taubheit, was mit einem großen Verlust (oder gar dem totalen Verlust) an Lebensfreude einhergeht. All dies führt zu einer großen Selbstunsicherheit, weil kognitives und emotionales Erleben nicht mehr deckungsgleich sind.

> **Frau V.** erlebte eine Phase starker DP/DR direkt nach der Geburt ihres ersten Kindes: »Das war das Schlimmste für mich: Gegenüber diesem gerade erst geborenen Kind nichts empfinden zu können. Ich hatte mich doch so gefreut. Und nun war das Baby da und es war mir egal.«
> **Frau S.:** »Ich kann nicht spüren, dass ich meinen Mann liebe. Nicht einmal wenn wir Sex haben, spüre ich ihm gegenüber etwas. Das macht mich sehr traurig.«
> **Herr B.:** »Das Leben macht mir keinen Spaß mehr. Wie soll es auch Spaß machen, wenn einem alles egal ist?«

Emotionale Einschränkungen

- Gefühlstaubheit
- Verlust an Lebensfreude

2.5 (Irrationale) Ängste

Wenngleich Betroffene von DP/DR oftmals unter emotionaler Taubheit leiden, so gehören (irrationale) Ängste zumeist doch zum Erkrankungsbild. Dabei ist die Angst, verrückt zu werden und z. B. Stimmen zu hören, so verbreitet, dass sie als ein Grundsymptom bezeichnet werden kann.

Ängste, die Betroffene erleben, können aber auch unmittelbar mit dem DP/DR-Geschehen zusammenhängen. Ein Beispiel hierfür wäre die Angst, innerlich zu zerfallen und sich aufzulösen oder vollkommen in ein »Nichts« hineinzukippen und nie mehr daraus auftauchen zu können.

Betroffene interpretieren ihre Symptome häufig fehl und sind davon überzeugt, an einer schwerwiegenden Gehirnerkrankung, etwa Alzheimer, zu leiden. Ebenfalls kann ein mögliches Aufwachen aus der DP/DR Betroffenen große Ängste bereiten, denn damit geht einer zu begreifen, was sie alles über die Zeit der Erkrankung verpasst haben und nie mehr nachholen können.

Andere Ängste hängen mit dem Zusammensein mit anderen Menschen zusammen. Etwa die Angst, in der Öffentlichkeit die Kontrolle zu verlieren und »auszuflippen«. Oder Angst, vor anderen zu stürzen oder zu versagen. Wie auch die Angst davor, nicht adäquat handeln zu können.

Zusätzlich versetzt das Gefühl, selbst nicht real zu sein und in einer lediglich eingebildeten Welt zu leben, viele der Betroffenen in große Angst. Es gehört wohl zu den schlimmsten Erfahrungen, die ein Mensch machen kann, zu glauben, dass weder man selbst noch die Welt real sind. Manche Betroffene erleben Ängste, die für sie so überwältigend und unaushaltbar sind, dass sie das Bedürfnis haben, ihren Kopf gegen die Wand zu schlagen, oder krampfen und sich schütteln zu müssen. Zum Glück werden solche innerlichen Spannungszustände nur selten in die Tat umgesetzt.

Viele Betroffenen erleben allerdings Zwangsgedanken oder setzen Zwangshandlungen, um ihre Ängste zu kontrollieren. Beispielsweise überprüfen sie ständig in zwanghafter Weise in Gedanken, ob sie wohl noch da sind. Oder sie schauen unzählige Male pro Tag in den Spiegel, um sich ihrer Präsenz zu vergewissern.

Auch Selbstverletzungen, um Ängste zu kontrollieren (und sich selbst mehr zu spüren), kommen hin und wieder vor.

Frau S.: »Beim Einschlafen ist es am schlimmsten. Da habe ich so große Angst, dass ich Stimmen höre, weil ich verrückt bin, dass ich das Licht anlassen muss.«
Frau G.: »Ich habe Angst davor, dass ich mich irgendwann auflöse. Dass ich irgendwann gar nicht mehr da bin. Die Symptomatik wird mich ganz auffressen. Daher muss ich immer gegen sie kämpfen, um zumindest noch ein bisschen da zu sein.«
Frau R.: »Ich weiß, dass mit meinem Gehirn alles in Ordnung ist, seit ich das MRT gemacht habe. Aber trotzdem ist da immer noch die Angst, dass ich einen Tumor haben könnte.«
Herr B.: »Es ist verrückt: Ich habe Angst vor der Symptomatik, aber fast noch mehr Angst habe ich davor, dass sie irgendwann weggeht. Denn dann werde ich ja erst merken, wie viel ich über die Zeit verpasst habe.«

(Irrationale) Ängste

- Angst, verrückt zu werden/zu sein
- Angst, in ein Nichts hineinzufallen, sich vollkommen aufzulösen
- Angst, man selbst und die Welt sei nicht real
- Angst, dass der Zustand immer wieder kommt/dass er immer stärker wird
- Angst vor dem Aufwachen aus der DP/DR
- Angst, DP/DR sei Hinweis auf eine schlimme Erkrankung
- Panikattacken
- Angst, vor anderen Menschen die Kontrolle zu verlieren
- Zwangsgedanken oder Zwangshandlungen, um Ängste zu kontrollieren
- Wunsch, sich selbst zu verletzen, um Ängste zu kontrollieren

2.6 Einschränkungen der kognitiven Leistungsfähigkeit

Viele Menschen mit chronischer DP/DR berichten von diversen Einschränkungen ihrer kognitiven Leistungsfähigkeit. Für etliche ist die Erkrankung mit einem ständigen Grübeln und Gedankenkreisen verbunden. Themen sind das veränderte Erleben, das eigene Ich, die Zukunft etc.

Auch erleben viele Betroffene eine gedankliche Unruhe, die sich bis hin zu ausgeprägten Konzentrationsstörungen steigern kann. Den Betroffenen fällt es schwer, bei einer Sache zu bleiben, sie können anderen Menschen nur schwer zuhören (▶ Kap. 2.2), die Fähigkeit zur Fokussierung ist deutlich eingeschränkt. Manche Betroffene beschreiben einen regelrechten Nebel im Gehirn (»brain fog«), der ihnen zeitweise das Denken sogar unmöglich macht. Die Betroffenen tappen dann wie blind im eigenen Gehirn umher auf der Suche nach verlorenen Gedanken. Diese sind für sie nicht mehr fassbar, Worte fallen ihnen nicht mehr ein. Das bildliche Vorstellungsvermögen kann ebenfalls eingeschränkt sein.

Auch das Erinnerungsvermögen beschreiben viele Betroffene als deutlich beeinträchtigt. Dies zeigt sich zum einen in der Schwierigkeit, etwas zu lernen und das Gelernte auch zu behalten. Zum anderen ist das Zugreifen auf zurückliegende Erinnerungen deutlich eingeschränkt. Sich nicht erinnern zu können, ist für viele Betroffene mit großer Scham verbunden, sodass sie Gesprächen über Vergangenes oft ausweichen aus Angst davor, andere könnten bemerken, dass sie einen Großteil des Geschehens vergessen haben.

Die kognitiven Beeinträchtigungen in Verbindung mit den Beeinträchtigungen des Sinneserlebens führen bei vielen Betroffenen zu einer ständigen Müdigkeit bis hin zur Erschöpfung. Oft fällt es ihnen schwer, sich noch zu irgendetwas zu motivieren.

Herr D.: »Es ist so schwierig für mich, mich auf irgendetwas zu konzentrieren. Ich versuche es ja, aber es gelingt mir nicht. Je länger ich mich konzentrieren muss, desto schwieriger. Hinterher bin ich todmüde.«

Herr K. verliert täglich mehrere Stunden seiner produktiven Arbeitszeit durch Gedankenkreisen und Grübeln. Seine Gedanken drehen sich immer wieder um die gleichen Themen: »Warum ist die Symptomatik aufgetreten?«, »Was habe ich falsch gemacht?«, »Was ist, wenn das nie wieder weggeht?«, »Mein Leben hat keinen Sinn mehr.«

Frau G.: »Ich erlebe es immer wieder, dass mein Kopf einfach leer ist. Da ist nichts mehr. Kein Gedanke, keine Erinnerung. Es ist, als ob ich ausgelöscht wäre.«

Einschränkungen der kognitiven Leistungsfähigkeit

- Grübeln, Gedankenkreisen
- Gedankliche Unruhe

- Konzentrationsstörungen
- »Brain fog«
- Einschränkungen im bildlichen Vorstellungsvermögen
- Einschränkung der Erinnerungs-/Merkfähigkeit
- Geistige Müdigkeit/Erschöpfung

2.7 Verändertes Erleben der Außenwelt

Chronische DP/DR ist eine Erkrankung, die auch das Erleben der Außenwelt deutlich verändert. Die Beeinträchtigungen im Bereich des Sinneserlebens (▶ Kap. 2.2) zeigen dies besonders.

Manche Betroffene berichten, dass sie eine bislang vertraute Umwelt kaum mehr erkennen können. Sie fühlen eine deutliche Distanz zu bekannten Orten oder auch Personen. Im schlimmsten Fall wird die Umwelt als überhaupt nicht mehr real, sondern nur als eingebildet und andere Menschen lediglich als Marionetten wahrgenommen. Das Gefühl einer Verbindung zu anderen Personen stellt sich nicht mehr ein.

Betroffene berichten auch darüber, dass die Dreidimensionalität der Umwelt für sie nur noch schwer wahrnehmbar ist. In vielen Fällen wird die Außenwelt als lediglich zweidimensional erlebt. Dies kann dazu führen, dass sich Betroffene orientierungslos durch den Raum bewegen und Distanzen zu Gegenständen oder Personen kaum noch einschätzen können. Gangunsicherheit, Greifen ins Leere oder Stürze sind die Folge (▶ Kap. 2.3). Die aktive Teilnahme am Straßenverkehr kann zudem deutlich eingeschränkt sein.

Eine weitere Dimension, in der Betroffene Veränderungen erleben, ist die Dimension der Zeit. Viele Betroffene beschreiben die Zeit in ihrem Erleben als langsamer oder auch schneller verlaufend. Dies führt dazu, dass sie die tatsächlich vergangene Zeit nur schwer einschätzen können und sich beständig rückversichern müssen.

Herr B.: »Ich kenne mich nicht mehr aus. Alles wirkt fremd auf mich. Manchmal sogar meine eigene Wohnung. Wie soll ich mich noch zurecht finden?«

Frau S.: »Die Zeit rast dahin. Ich kann ihr nicht folgen. Die Tage verfliegen und ich habe wieder nichts gemacht.«

Verändertes Erleben der Außenwelt

- Fremdheit der vertrauten Umwelt
- Gefühlte Distanz zu vertrauter Umwelt oder Personen
- Alles erscheint wie im Traum
- Veränderung im Zeiterleben

3 Diagnostik

3.1 Bestehende Fragebögen/Interviewleitfäden

Zur Diagnostik chronischer DP/DR stehen einige Fragebögen und Interviewleitfäden zur Verfügung:

- Strukturierte Interviews/Fragebögen: *Das AMDP-System: Manual zur Dokumentation psychiatrischer Befunde* (AMDP 2018), *Strukturiertes Klinisches Interview für DSM-IV Dissoziative Störungen* (Gast et al. 2000), *Depersonalization Severity Scale* (Simeon at al. 2001)
- Fragebögen zur Messung der DP/DR (Häufigkeit/Schwere): *Dissociative Experiences Scale* (Frischholz et al. 1990), *Cambridge Depersonalization Scale* (Sierra et al. 2000)

Diese Diagnoseinstrumente klassifizieren chronische DP/DR als Störung an sich. Zur Klassifikation des chronischen DP/DR-Syndrom sind sie daher hinreichend geeignet, da sie das dissoziative Erleben (Unwirklichkeitsgefühle, Veränderungen im Selbst-, Zeit- und Raumerleben) im Rahmen der Erkrankung abfragen.

Allerdings weisen all diese bestehenden Instrumente keine Struktur hinsichtlich von Symptomgruppen auf, noch fragen sie diese vollständig ab. Insofern spiegeln die Instrumente in nur unzureichender Art und Weise das individuelle und subjektive Erleben der Betroffenen. Noch dazu lassen sich aus den Ergebnissen kaum Ansätze für das weitere therapeutische Vorgehen ableiten.

3.2 Symptomgruppenfokussierter Leitfaden für qualitative Interviews zur DP/DR-Diagnose

Für die therapeutische Arbeit mit Betroffenen wurde ein eigener Interviewleitfaden (▶ Anlage 2.1) entwickelt, der die Symptomgruppen strukturiert und detailliert abfragt. Aus ihm kann auf die subjektive Schwere und damit auch Beeinträchtigung durch einzelne Symptome geschlossen werden. Zudem ermöglichen die Ergebnisse der Erhebung eine detaillierte Therapieplanung im Bereich der Symptomreduktion.

Ebenso wie bei den bereits bestehenden Diagnoseinstrumenten steht bei dem von der Autorin entwickelten Leitfaden das Unwirklichkeitserleben gegenüber dem eigenen Selbst und/oder der Umwelt als zentrales Element des DP/DR-Syndroms im Zentrum. Eine Klassifizierung nach ICD-10 F48.1 darf nur bei Vorliegen zumindest eines dieser Bereiche vorgenommen werden. Andere Symptome wie Einschränkungen der kognitiven Leistungsfähigkeit oder des emotionalen Erlebens können bei einem DP/DR-Syndroms als assoziative Symptome hinzukommen, sind aber nicht spezifisch genug, um aufgrund allein dieser Symptomatik eine Klassifizierung vorzunehmen. Dennoch stellen sich in der Praxis oftmals gerade jene Symptome für die Betroffenen als besonders einschränkend dar und sind daher wichtige Themen für die weitere Therapie. Im Leitfaden können bei Vorliegen von einzelnen Symptomen zusätzlich Einschätzungen der individuellen Betroffenheit auf einer Skala von 0 (=keine Beeinträchtigung) bis 10 (=extreme Beeinträchtigung) vorgenommen werden.

Es wird empfohlen, den Leitfaden gemeinsam mit dem/der PatientIn durchzugehen und nicht etwa als Hausaufgabe mitzugeben. Im gemeinsamen Gespräch können die subjektive Ausgestaltung des jeweiligen Symptoms im Detail besprochen und bereits Rückschlüsse auf die weitere Therapie gezogen werden.

4 Vulnerabilität, auslösende- und aufrechterhaltende Faktoren

4.1 Vulnerabilität

Studien zu Persönlichkeit und Biografie von Menschen mit chronischer DP/DR brachten folgende Ergebnisse: Bei einem Großteil der Betroffenen lag bereits in der Kindheit eine erhöhte Ängstlichkeit und Sensibilität vor (Kennedy, Kennerly & Pearson 2013, S. 165). Ebenso zeigte sich keine ausreichend tragfähige emotionale Bindung zwischen Eltern und Kindern oder andere Belastungsfaktoren in der Kindheit (Michal 2015, S. 53–59). Dies führte zu starken Ängsten und Scham gegenüber anderen, zu Unsicherheit, einem schlechten Selbstwertgefühl und negativen Erwartungen.

Aus der eigenen therapeutischen Praxis kann bestätigt werden, dass Betroffene von chronischer DP/DR über eine gewisse Dünnhäutigkeit verfügen. Sie besitzen nur unzureichende Möglichkeiten, mit belastenden Situationen und Stress umzugehen. Oftmals zeigten sich erste DP/DR-ähnliche Symptome in Stresssituationen in Kindheit oder Jugend, wie Betroffene in der Anamnese berichten.

4.2 Auslösende Faktoren

Wie weiter oben bereits dargelegt, gibt es eine ganze Reihe an Faktoren, die zum kurzzeitigen Auftreten von DP/DR führen können. In der überwiegenden Mehrheit der Fälle klingen die Symptome bald wieder ab, sobald auch die auslösende Situation wieder abgeklungen ist. Daher ist der konkrete Auslöser solcher kurzzeitiger DP/DR-Phasen zumeist gut benennbar.

Schwieriger gestaltet es sich, konkrete Auslöser für chronische DP/DR zu finden, vor allem für solche Fälle, in denen die DP/DR anhaltend ohne Unterbrechung über Jahre bestehen bleibt. Nach bisherigen Untersuchungen (Baker et al. 2003; Medford et al. 2003; Michal et al. 2009b) lässt sich in 50 % dieser Fälle kein konkreter Auslöser finden, durch den die Symptomatik das erste Mal auftrat. In den anderen 50 % zeigten sich emotionale Belastungen sowie Konsum illegaler Drogen (vor allem Marihuana) als häufigste Auslöser.

Zu den emotionalen Belastungen zählen:

- Geistige und/oder körperliche Überforderung
- »In ein Loch fallen« nach einer herausfordernden Phase
- Anhaltende Einsamkeit
- Das Gefühl, allein zu sein/ohne Unterstützung
- Beengende Lebensverhältnisse
- Unfähigkeit, sich aus etwas befreien zu können, z. B. einer schädigenden Beziehung
- Traumatisierung
- Ausgeprägte Angst vor dem Tod

Bei den aufgelisteten Belastungen handelt es sich zumeist um eine Stresssituation, die über eine längere Zeit andauerte, oder eine subjektiv empfundene unaushaltbare Situation.

Dies deckt sich mit neueren Studien, die darauf hinweisen, dass Menschen, die sich einem dauerhaften Stress (welcher Art auch immer) ausgesetzt sehen, eher Phasen von DP/DR erleben (Michal et al. 2015). Möglicherweise ist DP/DR also ein Symptom, das Menschen vor zu viel Stress und Belastung schützt. Offen bleibt hier allerdings die Frage, weshalb das DP/DR-Erleben bei manchen Menschen auch nach Abschluss der stressigen Phase nicht wieder verschwindet, sondern sich chronifiziert.

> **Herr V.** erlebte DP/DR im Zusammenhang mit der plötzlichen Veränderung einer Medikation. Aufgrund einer Lungenerkrankung war der Patient schon länger in ärztlicher Behandlung. Nach einem vom behandelnden Arzt festgelegten Wechsel des Medikaments, reagierte der Patient mit heftiger DP/DR.
> Bei **Herrn Q.**, einem 20jährigen Schüler, trat die chronische DP/DR in Zusammenhang mit Leistungsstress und sozialer Isolation auf. Herr Q., der an einer Lernbeeinträchtigung leidet, fand nach einem Schulwechsel keinen Anschluss zu seinen MitschülerInnen. Er zog sich daraufhin immer mehr von den anderen zurück und geriet zunehmend in einen Leistungsstress hinein, da eine Gruppenarbeit abzugeben war, die er nun ganz allein bewältigen musste.
> **Frau E.** erlebte erste Phasen von chronischer DP/DR im Alter von 13 Jahren, nachdem im damaligen Wohnhaus der Eltern ein junger Mann ermordet worden war. Zunehmend fiel schwerer es ihr, die Wohnung auch nur für kurze Zeiten zu verlassen. Die DP/DR-Symptomatik trat immer außerhalb des für sie sicheren Raums auf.
> Bei **Frau W.** trat die DP/DR plötzlich nach einmaliger Cannabiseinnahme im Alter von 15 Jahren auf. Die Symptomatik hielt dauerhaft über Jahrzehnte an. Andere auslösende Faktoren zeigten sich auch nach ausführlicher Anamnese bei dieser Patientin nicht.

4.3 Aufrechterhaltende Faktoren

Abgesehen von einer bestehenden Vulnerabilität und einem möglicherweise konkret benennbaren Auslöser zeichnet sich ein chronisches DP/DR-Syndrom auch durch aufrechterhaltende Faktoren aus, die dazu führen, dass DP/DR entweder immer wieder auftritt oder dauerhaft anhält (Neziroglu & Donnelly 2010, S. 33–46; Baker at al. 2010, S. 32–40; Michal 2015, S. 59–63).

Folgende Punkte können als aufrechterhaltende Faktoren gewertet werden:

1   Die Symptomatik wird von den Betroffenen als nicht zugehörig erlebt/Passivität gegenüber der Symptomatik

In der überwiegenden Mehrheit der Fälle erleben Betroffene von chronischer DP/DR die Symptomatik als ich-dyston. Oft können sie sich keinen Reim darauf machen, warum ausgerechnet sie diese Symptomatik bekommen haben. So ist ihnen beispielsweise eine einmalige Cannabiseinnahme nicht Grund genug für eine jahrzehntelang anhaltende Symptomatik. Es ist auffällig, dass sich viele Betroffene der Symptomatik gegenüber sehr passiv verhalten und keine aktiven Maßnahmen treffen (und auch nicht treffen wollen), damit sich ihre Situation verbessert (▶ Kap. 4.3; Anhaltende Stressoren). Häufig überwiegt die Haltung: »*Erst muss die Symptomatik weg, dann erst kann ich mich wieder um mein Leben kümmern!*«

> **Frau U.:** »Ich weiß nicht, warum ich das habe. Ich habe doch immer ganz normal gelebt. Hab auch nie Drogen genommen oder so was. Was unterscheidet mich von meinen Freunden, die das nicht haben?«
> **Herr P.:** »Die Symptomatik passt gar nicht zu mir. Ich bin ja eigentlich total lebenslustig und sehr sozial. Ich bin immer unterwegs und fühle mich überall wohl.«
> **Herr B.:** »Die Symptomatik ist einfach so gekommen. Jetzt soll sie auch einfach so wieder weggehen. Darauf warte ich.«

2   Negative Bewertung der Symptomatik

In der Arbeit mit von chronischer DP/DR Betroffenen fällt auf, dass diese die von ihnen erlebte Symptomatik durchwegs als negativ erleben und interpretieren. Diese negative Interpretation reicht von der Überzeugung, die Symptomatik zeige an, dass »*etwas mit dem Gehirn nicht stimme*«, über die Angst, verrückt zu werden, bis hin zu Befürchtungen, dass die Symptome nie wieder weggehen werden. Diese zum Teil regelrecht katastrophisierenden Bewertungen verstellen den Blick auf alternative Erklärungen. Auch lassen sie keinen Platz dafür, dass DP/DR normale Phänomene, die viele Menschen erleben, sein könnten.

> **Herr B.:** »Die DP macht mein ganzes Leben kaputt. Ich kann überhaupt nichts mehr genießen.«

> **Frau S:** »Ich weiß ja, dass ich keinen Gehirntumor habe, seit ich das MRT gemacht habe. Aber ganz sicher bin ich nicht. Vielleicht ist doch was mit meinem Gehirn nicht in Ordnung.«

3 Fokussierung auf die Symptomatik/ständige Selbstbeobachtung

Die meisten Personen, die an chronischer DP/DR leiden, sind fortwährend mit der Symptomatik beschäftigt. Ständig prüfen sie innerlich ab, wie stark die Symptomatik im Moment ist. *»Wie fühle ich mich gerade?«*, *»Ist die DP/DR jetzt stark oder schwach?«*, *»Wie viel Prozent bin ich gerade anwesend?«*, sind typische Fragen, die sich Betroffene andauernd stellen.

Die innerliche Fixierung trägt dazu bei, dass die Symptomatik sehr viel gedanklichen Raum einnimmt. Noch dazu zeigen viele Betroffene ein ausgeprägtes sicherheitssuchendes (rückversicherndes) Verhalten. Beides verhindert auf Dauer die Konzentration auf andere Lebensbereiche.

> **Frau Z.:** »Ich verbringe die meiste Zeit am Sofa. Liegend. Da liege ich dann und prüfe ab, wie sehr ich mich anwesend fühle. Wenn die Symptomatik sehr stark ist, bewege ich mich gar nicht. Manchmal lässt sie dann nach.«
>
> **Herr B.:** »Ich kann mich gar nicht auf etwas Anderes konzentrieren. Was sollte das denn sein? Es gibt für mich nichts neben der DP/DR.«
>
> **Frau S.:** »Immer wieder muss ich in den Spiegel schauen, muss mich versichern, dass ich überhaupt noch da bin. Das mache ich mindestens 30-mal am Tag.«

4 Ständiges Nachdenken und Grübeln über die Symptomatik

Durch die ständige Fokussierung auf die Symptomatik in Verbindung mit einer negativen Bewertung derselben, befinden sich viele Betroffene in einem anhaltenden Gedankenkreislauf. Ständig grübeln sie darüber nach, warum ausgerechnet sie diese Symptomatik haben, was sie falsch gemacht haben. Auch philosophische Fragen wie, welchen Sinn das Leben mache, können hinzukommen. Dieses fortwährende Grübeln kann mehrere Stunden am Tag in Anspruch nehmen.

> **Herr K.** verliert täglich mehrere Stunden seiner produktiven Arbeitszeit durch Gedankenkreisen und Grübeln. Seine Gedanken drehen sich immer wieder um die gleichen Themen: »Warum ist die Symptomatik aufgetreten?«, »Was habe ich falsch gemacht?«, »Was ist, wenn das nie wieder weggeht?«, »Wie soll mein Leben jetzt noch einen Sinn machen?«

5 Vermeidungsverhalten

Viele Personen mit chronischer DP/DR praktizieren ein ausgeprägtes Vermeidungsverhalten, um ihre Symptome zu kontrollieren und kleinzuhalten. Dieses Vermeidungsverhalten führt allerdings nur kurzfristig zu einer Entlastung. Auf lange Sicht kommt es zu einer deutlichen Einschränkung des Handlungsspielraums.

> **Frau Z.** leidet seit 18 Jahren unter anhaltender DP/DR. Wenn gleich die Symptomatik pausenlos anhält, hat Frau Z. mit der Zeit doch festgestellt, dass diese sich verbessert, wenn sie allein ist, und verschlechtert, wenn sie mit anderen Menschen zusammen ist oder ihre Wohnung verlässt. Auf Dauer führt dies dazu, dass Frau Z. immer weniger soziale Kontakte pflegt und kaum noch aus ihrer Wohnung hinausgeht. Mit der Zeit aber wird die Symptomatik auch in der eigenen Wohnung bei bestimmten Handlungen schlechter, was Frau Z. dazu bringt, sehr viel Zeit mit Schlafen oder liegend auf dem Sofa zu verbringen. Manchmal bewegt sie sich dabei über Stunden nicht, aus Angst, die Symptomatik könnte wieder schlechter werden.

6 Anhaltende Stressoren/das Verbleiben in schädigenden Lebenssituationen

In der Arbeit mit von chronischer DP/DR betroffenen Personen ist auffällig, dass diese sich sehr häufig in ungünstigen bis hin zu schädigenden Lebenssituationen befinden. Obwohl von den Betroffenen selbst ein Zusammenhang der anhaltenden negativen Situation mit dem chronischen DP/DR-Erleben vermutet wird, reagieren sie mit einem großen Widerstand auf eine vorgeschlagene Veränderung der Situation. Hier wirkt besonders stark die oben bereits beschriebene Haltung der Betroffen ein: »*Zuerst muss die Symptomatik weg und dann kann ich mich wieder um mein Leben kümmern!*« In der Realität ergibt sich hieraus allerdings ein Teufelskreislauf, da eine chronische DP/DR als Schutzsymptom vor zu viel Stress kaum reduziert werden kann, wenn schädigende Situationen aufrecht bleiben und diese nicht verändert werden, solange eine entsprechende Haltung bei den Betroffenen vorhanden ist. Für die Betroffenen ergibt sich hieraus häufig das Gefühl, sich nicht rühren zu können.

> **Frau O.** leidet seit ihrer Jugend an anhaltender DP/DR. Vor zwei Jahren hat sie allerdings eine massive Verschlechterung der Symptomatik erlebt, die sie mit Unstimmigkeiten in ihrer Ehe in Verbindung bringt. Frau O. kann sich trotzdem nicht dazu entscheiden, an diesen Problemen gemeinsam mit ihrem Mann zu arbeiten oder die Beziehung zu beenden. »Das hat alles keinen Wert, solange die DP/DR nicht weggeht!«, ist ihre Haltung hierzu.
> **Frau L.** kann sich aus einer ausbeutenden Arbeitssituation nicht befreien. Sie sagt: »Ich fühle mich wie ein Vogel, der eingesperrt ist in einem Käfig. Ich habe das Gefühl, mich nicht bewegen zu können. Immer warte ich darauf, dass jemand das Türchen öffnet und mich hinauslässt.«

4.4 Zusammenfassung

Menschen, die in der Kombination ihrer Persönlichkeit, Biografie und den sozialen Rahmenbedingungen eine spezifische Vulnerabilität aufweisen, sind anfällig dafür, in bestimmten Situationen oder Phasen (=Auslöser) mit Phänomenen von DP/DR zu reagieren. Zumeist haben sie ungünstige Haltungen diesen Symptomen gegenüber, betreiben eine ausgeprägte Fokussierung auf jene und neigen zu vermeidendem Verhalten. All diese Faktoren tragen dazu bei, dass sich die Symptomatik chronifiziert. Hinzu kommt bei vielen Betroffenen das Verbleiben in schädigenden Situationen, was ebenfalls als aufrechterhaltender Faktor gewertet werden muss.

Die folgende Abbildung (▶ Abb. 4.1) veranschaulicht diesen Zusammenhang.

Vulnerabilität
Was macht mich aus? Wer bin ich? Was bringe ich mit mir?

Was trägt dazu bei, dass eine Person in bestimmten Situationen oder Phasen mit Phänomenen von DP/DR reagiert?
- Genetik
- Persönlichkeit
- Biografie
- Soziale Rahmenbedingungen
- Werte
- Welthaltungen

Auslösende Faktoren
Was zeichnet die Situation oder Phase aus, in der die Symptomatik auftritt?
- Überforderung/Stress
- große Emotionalität
- Einsamkeit
- Traumatisierung
- als ausweglos erlebte Situationen

Achtung: manchmal auch kein Auslöser feststellbar

Symptome von DP/DR treten auf +

Aufrechterhaltende Faktoren
Was trägt dazu bei, dass DP/DR-Symptome auch über lange Zeit aufrechtbleiben oder immer wieder auftreten?

Sind frühere Vulnerabilitätsfaktoren hier noch relevant?
- Ungünstige Haltungen zur Symptomatik
- Passivität
- Negative Bewertungen
- Fokussierung auf Symptomatik
- Nachdenken/Grübeln

Folge: Chronifizierung von DP/DR

Abb. 4.1: Zusammenhang zwischen Vulnerabilität, auslösenden und aufrechterhaltenden Faktoren

5 Psychotherapeutische Behandlung des chronischen DP/DR-Syndroms

Chronische DP/DR erzeugt bei den meisten Betroffenen einen massiven Leidensdruck, der eine Behandlung der Symptomatik notwendig macht. Dieses Kapitel widmet sich den grundlegenden therapeutischen Haltungen und darauf aufbauenden möglichen Behandlungsansätzen und -methoden. Ein Unterkapitel wird sich mit dem Aufbau von Therapiemotivation beschäftigen, da diese bei Betroffenen von chronischer DP/DR nicht immer unmittelbar gegeben ist. Ebenfalls größere Unterkapitel widmen sich anschließend den Themenkomplexen Psychoedukation, Konfrontation mit der Symptomatik, Symptomreduktion sowie Rückfallprophylaxe. Auch das Thema Leben mit/trotz chronischer DP/DR wird nicht ausgespart, da es für die Arbeit mit Betroffenen besonders relevant ist.

5.1 Therapeutische Grundhaltungen und Herangehensweisen[2]

Die Betroffenheit von chronischer DP/DR ist nicht unmittelbar nachvollziehbar. Zwar haben die meisten Menschen – und damit auch die meisten TherapeutInnen – schon einmal eine kurze Phase von DP/DR erlebt, dies unterscheidet sich aber doch gravierend von einer dauerhaft erlebten DP/DR-Symptomatik. Insofern ist es von zentraler Bedeutung, das subjektive Leiden der Betroffenen anzuerkennen und ihnen mit Empathie und Wertschätzung zu begegnen.

Betroffene von chronischer DP/DR kommen verständlicherweise oftmals in eine Therapie mit dem Wunsch, die Symptomatik »loszuwerden«. Nicht selten haben sie zuvor schon vieles probiert, waren bei unterschiedlichen ÄrztInnen, gar in stationärer psychiatrischer Behandlung und haben diverse Medikamentenversuche unternommen. Viele sind am Ende ihrer Kräfte und ihres Wissens, wenn sie in die Therapie kommen. Nachdem Betroffene die Symptomatik zumeist als überaus ichdyston erleben, ist Psychotherapie für viele oftmals der letzte Weg, den sie beschreiben, nachdem sie zuvor alles Mögliche andere ausprobiert haben. Viele Be-

---

2 Die hier dargelegten Grundhaltungen und Herangehensweisen wurden zum größten Teil von der Autorin erarbeitet.

troffene haben bislang noch keine Erfahrung mit Psychotherapie gemacht, können daher oft auch nicht einschätzen, was Psychotherapie leisten kann. Daher erwarten sie sich in vielen Fällen eine komplette Heilung durch die Therapie und diese noch dazu in möglichst kurzer Zeit. So nachvollziehbar der Wunsch der Betroffenen ist, ist von therapeutischer Seite hier Zurückhaltung angeraten.

Auf der einen Seite gibt es weder aus der Erfahrung der Autorin noch aus der Literatur und Forschung verlässliche Hinweise darauf, wie viel Prozent an Betroffenen überhaupt dauerhaft von einer Therapie in dem Sinne profitieren können, dass sich die Symptomatik vollkommen auflöst. Oftmals ist es wohl lediglich realistisch, zu lernen, mit der Symptomatik zu leben, dass sich durch die Therapie eine gewisse Reduktion ergibt oder der Fokus sich auf andere Lebensbereiche verschiebt. Hierdurch kann Hoffnung auf eine Verbesserung der Symptomatik geweckt werden.

Auf der anderen Seite besteht die Gefahr, Betroffene von chronischer DP/DR in der Therapie zu verlieren, wenn keine Heilung zugesichert werden kann. Betroffene haben einen immensen subjektiven Leidensdruck und sind kaum in der Lage, Abstriche von ihrer Vorstellung einer kompletten Heilung zu machen. »*Die DP/DR muss weg, sonst hat alles andere keinen Sinn*«, ist oftmals die Haltung der Betroffenen, wie bereits weiter oben dargelegt wurde.

Die/der TherapeutIn befindet sich somit in einem Zwiespalt zwischen dem Vermitteln therapeutischer Hoffnung und einer realistischen Einschätzung der Situation. TherapeutInnen sollten sich daher nicht dazu verleiten lassen, den PatientInnen Zusicherungen über unrealistische Verbesserungs- oder gar Heilungserfolge zu machen, nur um die PatientInnen in der Therapie zu halten. Denn dies führt schon bald zu einer großen Enttäuschung auf beiden Seiten und dann erst recht zu einem Therapieabbruch. Stattdessen sollten TherapeutInnen ihren PatientInnen nur das vermitteln, was auch realistisch zugesichert werden kann:

- Realistisch ist, dass PatientInnen durch ein umfassendes Verständnis für die eigene Symptomatik auch eine Entlastung in ihrer subjektiven Beeinträchtigung erleben können. Daher wird auf diesen Punkt in der Therapie besonderen Wert gelegt.
- Realistisch ist ebenfalls, dass bestimmte in der Therapie vermittelte Ansätze und Methoden eine Symptomreduktion bringen können, wenn sie zur/zum PatientIn und seiner/ihrer individuellen Symptomatik passen und von der/dem PatientIn regelmäßig auch außerhalb der Therapie praktiziert werden. Oftmals ist die Anwendung solcher Methoden allerdings nur kurzzeitig hilfreich und führt nicht zu einer dauerhaften Symptomreduktion (AWMF 2014, S. 21). Für manche PatientInnen ist es dennoch hilfreich, solche Methoden zu kennen, um sich über besonders schwere Phasen der DP/DR hinwegzuhelfen.
- Realistisch ist schließlich, dass PatientInnen eine Erleichterung erleben können, wenn es gelingt, die andauernde Fokussierung auf die eigene Symptomatik zu lösen und den Blick auf andere Lebensbereiche zu legen. Dies führt in jedem Fall zu einer Verbesserung der Lebensqualität. Manchmal ergibt sich hierdurch auch eine tatsächliche Symptomreduktion.

Die Mitarbeit des/der PatientIn ist in all den genannten Bereichen gefordert. Es ist vonseiten des/der PatientIn notwendig, eine möglicherweise bestehende Passivität gegenüber der eigenen Symptomatik aufzugeben. Der/die TherapeutIn wird hierzu Hilfestellung leisten.

> **Therapeutische Grundhaltungen**
>
> - Empathie und Wertschätzung
> - Zurückhaltung bei Forderungen nach »Heilsversprechen« vonseiten des/der PatientIn
> - Offenheit/Ehrlichkeit hinsichtlich dessen, was realistisch erreicht werden kann
> - Wichtigkeit der aktiven Mitarbeit des/der PatientIn deutlich machen

5.2 Hinweise zu einer therapiebegleitenden Medikation

Nach aktuellem Stand (2021) sind zur Behandlung des chronischen DP/DR-Syndroms derzeit noch keine Medikamente zugelassen. In Studien hat das Antiepileptikum Lamotrigin bei einem Teil der Betroffenen eine Besserung der Symptomatik erbracht (Sierra et al. 2003; Sierra 2008). Dabei kann das Mittel entweder allein oder gemeinsam mit einem SSRI gegeben werden. Betroffene von chronischer DP/DR können motiviert werden, mit ihrem/ihrer Facharzt/Fachärztin über einen Versuch mit Lamotrigin zu sprechen. Vor allem kann dies sinnvoll sein, wenn die Person noch nicht lange von DP/DR betroffen ist.

Eine therapiebegleitende Medikation kann auch dann hilfreich sein, wenn sich zu einer chronischen DP/DR-Symptomatik starke depressive Elemente oder ausgeprägte Ängste dazugesellen. Hier können Mittel aus der Reihe der Antidepressiva bzw. Anxiolytika zum Einsatz kommen. Die Auswahl ist dabei dem/der Fachärztin überlassen.

Immer wieder stellt es sich in der Praxis als hilfreich heraus, mit dem/der behandelnden Fachärztin in Kontakt zu treten, um für den/die PatientIn das Bestmögliche herauszuholen. Eine Entbindung von der Schweigepflicht muss dazu vorher vonseiten des/der PatientIn eingeholt werden.

5.3 Erstgespräch und Anamnese[3]

Das Erstgespräch sowie die Anamnese mit einer von chronischer DP/DR betroffenen Person sind zentrale Bestandteile einer Therapie (▶ Anlage 2.2: Strukturierter Anamnesebogen).

Unterschieden werden muss dabei, ob die Betroffenheit von chronischer DP/DR bereits vor dem ersten Treffen bekannt ist, weil die Person bspw. dies schon bei Kontaktaufnahme erwähnt oder ob sich eine Betroffenheit von chronischer DP/DR erst allmählich im Verlauf des ersten Treffens herausstellt. Ist die Betroffenheit bereits vor dem ersten Treffen bekannt, so sollte dieses sorgfältig vorbereitet werden und Anamnesebogen und Interviewleitfaden bereitliegen. Stellt sich eine Betroffenheit von chronischer DP/DR erst während des Erstgespräches heraus, so ist es oftmals zielführender, dieses ohne strukturierte Anamnese zu Ende zu führen und die Anamnese anhand des Anamnesebogens und Interviewleitfadens auf die folgende Einheit zu verschieben. In jedem Fall ist davon auszugehen, dass Erstgespräch sowie strukturierte Anamnese ihre Zeit brauchen und nicht innerhalb von einer Einheit abgearbeitet werden können. Zumeist sind zwei bis drei Einheiten dafür notwendig.

Zu Beginn des Erstgesprächs sollte der/dem PatientIn ausreichend Zeit gegeben werden, frei über seine/ihre Betroffenheit zu sprechen (vgl. AWMF 2014, S. 26). In sehr seltenen Fällen kommen Betroffene recht bald nach Beginn der Chronifizierung der Symptomatik in eine Therapie. Dann kann schnell zu einer strukturierten Erfassung der individuellen Symptomatik übergegangen werden, wobei einige Punkte des oben vorgestellten Leitfadens für diese Personen nur wenig relevant sein dürften, etwa die Frage danach, ob der/die Betroffene »Angst vor dem Aufwachen aus der DP/DR« hat.

In den meisten Fällen aber kommen Betroffene erst nach einigen Monate, wenn nicht sogar Jahren bis Jahrzehnten anhaltenden Betroffenheit. Oftmals haben sie bereits andere Therapien, auch nicht psychotherapeutischer Art, versucht, waren in stationärer Behandlung oder haben Medikamente ausprobiert. Das Mitteilungsbedürfnis dieser Personen ist entsprechend groß.

Während der Erzählung des/der PatientIn kann sich der/die TherapeutIn bereits einige Notizen machen, um auf diese dann später noch einmal in strukturierter Weise zurückzukommen. Es ist zentral, in diesem Gespräch den Leidensdruck der/des PatientIn anzuerkennen und auch Emotionen wie etwa Wut darüber, dass die Symptomatik bis jetzt von niemandem richtig erkannt und behandelt wurde, zu validieren.

Oft spielen auch die Emotionen Einsamkeit und Scham eine große Rolle bei Betroffenen von chronischer DP/DR. Zum einen ist chronische DP/DR eine für die Außenwelt vollkommen unsichtbare Erkrankung, zum anderen fühlen sich die Betroffenen in ihrem individuellen Erleben ganz und gar verändert. Sprechen sie diese innerliche Veränderung in ihrem Umfeld an, so erleben sie häufig großes Unverständnis, weil ihr verändertes Erleben nicht von außen erkennbar ist. Dies

---

3 Die hier vorgestellten Hinweise zu Erstgespräch und Anamnese stammen zum größten Teil aus der Arbeit der Autorin.

führt dazu, dass die Betroffenen das Gefühl haben, sie seien die einzigen Personen mit chronischer DP/DR weit und breit und könnten sich niemandem anvertrauen. Viele schämen sich für ihr innerliches Erleben, da sie sich selbst für verrückt halten. Auch hier ist es vonseiten des/der TherapeutIn wichtig, dies ernst zu nehmen und anzuerkennen.

Menschen mit chronischer DP/DR erbringen jeden Tag erstaunliche Anpassungsleistungen, um in einer Welt, deren Wahrnehmung und Empfinden sie nicht mehr teilen, bestehen zu können. Dies gilt es auszuzeichnen, umso mehr, als dass viele dieser Anpassungsleistungen mit extremen Anstrengungen für die Betroffenen verbunden sind. So sind beispielsweise Gespräche mit anderen Personen für die meisten Betroffenen aufgrund der veränderten Sinneswahrnehmungen und der kognitiven Beeinträchtigungen sehr kräftezehrend und auslaugend, die Personen sind aber dennoch mit anderen Menschen in Kontakt, gehen immer noch regelmäßig zur Arbeit oder stellen sich einem anstrengenden Erstgespräch in einer Psychotherapie.

Sobald das Mitteilungsbedürfnis des/der PatientIn gestillt ist und die Anspannung sichtbar abgenommen hat, kann der/die TherapeutIn dazu übergehen, die individuelle Symptomatik strukturiert zu erheben. Dazu eignen sich der oben bereits vorgestellte Interviewleitfaden sowie der Anamnesebogen, der sich am Ende dieses Abschnitts befindet. Eine strukturierte Anamnese sollte die folgenden Fragen behandeln, die hier mit Hinweisen für den/die TherapeutIn versehen wurden:

- Seit wann besteht der Zustand bereits?
  Ist der/die PatientIn bereits seit langer Zeit oder erst seit kurzem betroffen?
- Hält die DP/DR dauerhaft über die gesamte Zeit der Betroffenheit an? Oder verläuft sie episodisch? Wie lange sind die einzelnen Phasen (Minuten, Stunden, Tage, Monate)?
  In der Praxis zeigt sich ein größerer Leidensdruck bei einem dauerhaften Anhalten der Symptomatik.
- Welches waren/sind die konkreten Auslöser (=Ereignisse oder Situationen), in denen die DP/DR erstmals auftrat oder immer wieder auftritt?
  Häufig sind emotionale Faktoren wie Einsamkeit, Überforderung oder Stress. Nicht selten aber tritt chronische DP/DR nach der Einnahme von Drogen, v. a. Marihuana, auf. Viele Betroffenen fühlen sich schuldig, weil sie glauben, sie hätten die DP/DR durch die unbedachte Einnahme dieser Drogen verursacht. Gleiches gilt für Betroffene, die chronische DP/DR in Folge von erlebten Traumatisierungen erfahren, v. a. wenn es sich bei diesen um sexualisierte Gewalt handelt. Daher sollte immer gezielt nach Drogenerfahrungen oder Traumatisierungen in Zusammenhang mit der erlebten DP/DR gefragt werden.

Bei der Erhebung der konkreten Auslöser geht es vor allem darum, Hinweise darauf zu erhalten, ob der ursprüngliche Auslöser immer noch relevant ist und dessen Bearbeitung in die zu planende Therapie miteinbezogen werden muss.

- Verändert sich der Zustand manchmal? Was macht die DP/DR besser/schlechter?
  Viele Betroffene geben hier spontan an: »Es ist immer gleich!« In der Praxis zeigt sich allerdings, dass dies zumeist nicht stimmt. Es lohnt sich, hier hartnäckig zu bleiben. Aus den Ergebnissen können wichtige Hinweise auf die weitere Therapie gewonnen werden.

- Was haben Sie schon alles versucht, um die chronische DP/DR zu verbessern? Welche Therapien, Medikamente haben Sie ausprobiert? Mit welchen Diagnosen wurden Sie belegt? Was davon war (nicht) hilfreich für Sie und warum?
Unter dieser Frage sollen sowohl individuell unternommene Schritte aufgelistet werden wie auch die Inanspruchnahme ambulanter oder stationärer Angebote. Viele Betroffene haben im Lauf der Zeit schon diverse Dinge ausprobiert. Manchmal lässt sich unter diesen auch etwas finden, das der/die PatientIn als hilfreich bezeichnet und das in die zu planende Therapie miteinbezogen werden könnte.
Immer sollten auch bisherige Diagnosen abgefragt werden. Betroffene von chronischer DP/DR sind nicht selten im Verlauf der Zeit mit unterschiedlichsten Diagnosen belegt worden, von denen die meisten nicht zutreffend sind. In einigen Fällen kann eine früher vergebene Diagnose beibehalten werden, sofern diese zum individuellen Erleben des/der PatientIn passt. Falls nicht, sollte die Diagnose auf ICD-10 F48.1 geändert werden.
- Ist Ihr DP/DR-Erleben für Menschen in Ihrem Umfeld erkennbar? Werden Sie darauf angesprochen, dass Sie sich verändert haben?
Gewöhnlicherweise ist ein chronisches DP/DR-Erleben für andere Menschen nicht erkennbar. Dies kann dazu führen, dass Betroffene das Gefühl haben, ihr innerliches Erleben dürfe auch nicht nach außen hin erkennbar werden, da sich die Menschen ansonsten von ihnen abwenden würden. Der verzweifelte Wunsch, die eigene DP/DR nach außen hin zu verstecken, kann auf Dauer allerdings zu enormer Belastung (und damit auch zu einer Verstärkung der DP/DR-Symptomatik) in Gegenwart anderer Personen führen und nicht selten in einen sozialen Rückzug münden.
Sozialer Rückzug, sichtbares Versunkensein in Gedanken, Verschlechterung der Stimmung sowie häufige Gesprächsversuche über existentielle Themen sind auch am ehesten die Punkte, weshalb Betroffene von chronischer DP/DR von ihrem Umfeld auf eine Veränderung angesprochen werden. Dies kann zusätzlich Scham auslösen.
- Welche Erklärungsansätze haben Sie selbst, warum gerade diese Symptomatik bei Ihnen aufgetreten ist/auftritt?
An dieser Stelle sollen erste Hinweise auf das individuelle Krankheitsmodell des/der PatientIn gewonnen werden. Mit diesem kann später in der Therapie weitergearbeitet werden.
- Gibt es Dinge, Handlungen, Verhaltensweisen, die Sie *mehr* als früher tun, um die Symptomatik auszuhalten oder zu reduzieren (sicherheitssuchendes Verhalten)?
Beispiele hierfür wären: ständige Selbstbeobachtung; Rückversicherung durch Betrachten der eigenen Person im Spiegel; sich selbst kneifen, um sich zu spüren u. Ä.
Sicherheitssuchendes Verhalten soll im Verlauf der Therapie reduziert werden, da es aufrechterhaltend wirkt.
- Gibt es Dinge, Handlungen, Verhaltensweisen, die Sie *weniger* als früher tun, um die Symptomatik auszuhalten oder zu reduzieren (vermeidendes Verhalten)?
Beispiele hierfür wären: sozialer Rückzug; nicht mehr an bestimmten Aktivitäten teilnehmen; Arbeitsstelle/Berufstätigkeit aufgeben; Beziehungen auflösen u. Ä.
Vermeidendes Verhalten soll im Verlauf der Therapie abgebaut werden, da es aufrechterhaltend wirkt.

Ziel einer solch strukturierten Anamnese ist es, der/dem TherapeutIn einen detaillierten Einblick in die individuelle Symptomatik und Betroffenheit des/der PatientIn zu ermöglichen und dem/der PatientIn ausreichend Zeit zu geben, um seine/ihre Symptome zu schildern und Verständnis vonseiten des/der TherapeutIn zu erleben. Zu Abschluss des Erstgesprächs sollten TherapeutIn und PatientIn gemeinsam in der Lage sein, eine erste Auswahl an Therapieschwerpunkten vorzunehmen.

Ziel der Anamnese ist auch, eine Einschätzung darüber vorzunehmen, ob zu diesem Zeitpunkt überhaupt eine psychotherapeutische Behandlung notwendig ist. Besteht die Betroffenheit erst seit kurzer Zeit, ist die Symptomatik nur leicht ausgeprägt oder hat sich bereits in den letzten Wochen/Monaten eine deutliche Symptomreduktion ergeben, so kann mit dem Beginn einer psychotherapeutischen Behandlung noch abgewartet werden. Denn eine psychotherapeutische Behandlung bedeutet immer auch eine gewisse Fokussierung auf die Symptomatik und kann daher (zumindest zu Beginn) zu einer Symptomverstärkung führen.

Hält eine chronische DP/DR allerdings bereits seit Jahren oder gar Jahrzehnten an, scheint diese relativ starr und unbeweglich und besteht ein großer subjektiver Leidensdruck des/der PatientIn, so sollte in jedem Fall zum unmittelbaren Beginn einer Psychotherapie geraten werden.

5.4 Aufbau und Struktur der Therapie[4]

Die Behandlung chronischer DP/DR erfordert eine längere Psychotherapie. 30-50 Einheiten über einen Zeitraum von ein bis zwei Jahren sollten eingeplant werden (vgl. hierzu: AWMF 2014, S. 26). Dies muss offen mit dem/der PatientIn zu Beginn der Behandlung besprochen werden, denn nicht alle Betroffenen gehen von einer solch langen Therapiedauer aus. In Ländern, in denen Betroffene zumindest einen Teil ihrer Psychotherapie selbst zahlen müssen (z. B. Österreich) kann dies über den zeitlichen Aufwand hinaus auch eine massive finanzielle Belastung darstellen. Nicht alle Betroffenen sind in der Lage, das zu leisten. In solchen Fällen sollte mit der/dem Betroffenen besprochen werden, was für sie/ihn leistbar ist und die Therapie von Beginn an danach geplant werden.

Die Behandlung chronischer DP/DR beinhaltet drei Bereiche, die als gleichwertig anzusehen sind:

1. Verständnis für die eigene Erkrankung erarbeiten
2. Vermittlung von Methoden und Übungen zur konkreten Symptomreduktion
3. Aufbau von Lebensqualität und Ausweitung der Handlungsfreiheit

---

4 Die in diesem Abschnitt vorgestellten Hinweise zu Aufbau und Strukturierung der Therapie entstammen zum größten Teil der Arbeit der Autorin.

Zu Beginn der Therapie ist es wichtig, ausreichend Zeit für das bessere Verständnis des/der PatientIn für die eigene Erkrankung zu widmen. Hierzu gehört einerseits die Psychoedukation (▶ Kap. 5.6), bei der der/die TherapeutIn der/dem PatientIn wichtige Informationen über die chronische DP/DR-Symptomatik vermittelt. Andererseits gehört hierzu aber auch das angeleitete Erkunden (kollaborativer Empirismus vgl. Wills 2014, Teil 3, Kapitel 18 und 19; Kanfer et al. 1991, S. 93 [angeleitetes Entdecken]; ▶ Kap. 5.7) der eigenen Erkrankung durch den/die PatientIn selbst. PatientInnen sollten sich mit der Biografie ihrer Symptomatik, mit der dahinter liegenden Vulnerabilität, aber auch mit bestehenden aufrechterhaltenden Faktoren beschäftigen. In den meisten Fällen führt ein besseres Verständnis der eigenen Erkrankung zu einer Entlastung. Zu Beginn der Psychotherapie wird der Psychoedukation und dem angeleiteten Erkunden der eigenen Erkrankung recht viel Zeit gewidmet. Im Verlauf der Therapie nimmt dies ab.

Da die meisten Betroffenen massiv unter der chronischen DP/DR-Symptomatik leiden, ist es notwendig, ihnen bereits zu Beginn der Therapie, immer wieder aber auch im Verlauf derselben, Methoden und Übungen zur konkreten Symptomreduktion an die Hand zu geben (▶ Kap. 5.8). Diese werden von der/vom TherapeutIn je nach individueller Ausgestaltung und Betroffenheit beim/bei der PatientIn ausgewählt und vermittelt. Die Vermittlung findet dabei während der Einheiten vor Ort in der Praxis statt. Danach werden die PatientInnen zur Durchführung der Übungen zu Hause ermutigt. Immer wieder sollte während der psychotherapeutischen Einheiten auch nach dem Erfolg der zu Hause angewandten Übungen gefragt werden, um gegebenenfalls Veränderungen vornehmen zu können. Für die Vermittlung von Methoden und Übungen zur Symptomreduktion sollte auf jeder Stufe der Psychotherapie immer je nach Notwendigkeit und Bedürfnissen des/der PatientIn ausreichend Zeit eingeplant werden.

Viele Personen, die von chronischer DP/DR betroffen sind, ordnen der Symptomatik ihr gesamtes Leben unter. Ihre Lebensqualität und Handlungsfreiheit können als extrem niedrig und beschränkt angesehen werden. Die Psychotherapie wird sich diesen Punkten ausgiebig widmen. Hierzu gehören der gezielte Abbau von vermeidendem oder sicherheitssuchendem Verhalten (▶ Kap. 5.10.2) sowie die Entwicklung positiver Werte und Zukunftsperspektiven (▶ Kap. 5.10.1). Auch Aspekte aus dem Feld der Radikalen Akzeptanz (▶ Kap. 5.9.1) fallen hierunter.

Dem Aufbau von Lebensqualität und der Ausweitung der Handlungsfreiheit wird im Verlauf der Psychotherapie immer mehr Zeit gewidmet. Den Abschluss der Psychotherapie bilden einige Einheiten mit dem Schwerpunkt Rückfallprophylaxe (▶ Kap. 5.11).

5 Psychotherapeutische Behandlung des chronischen DP/DR-Syndroms

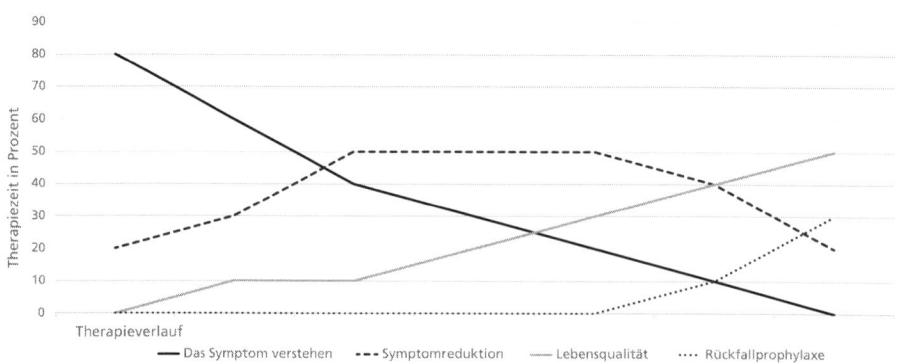

Abb. 5.1: Zeitlicher Verlauf der Therapieelemente

5.5 Aufbau von Therapiemotivation[5]

Die notwendige längere Therapie zur Behandlung des chronischen DP/DR-Syndroms erfordert von den PatientInnen ein entsprechendes Durchhaltevermögen. Trotz eines hohen Leidensdrucks wird dieses nicht von allen Betroffenen aufgebracht. Nicht nur zu Beginn, sondern auch im Verlauf einer Therapie stellt sich die schwindende Motivation als Herausforderung für PatientInnen und TherapeutInnen dar.

Dem Aufbau sowie Erhalt von Therapiemotivation sollte daher stets ausreichend Zeit gewidmet werden. Geringe Therapiemotivation hängt mit einigen Faktoren zusammen, die typisch für eine Betroffenheit von chronischer DP/DR sind. Im Folgenden sind diese Faktoren mit Hinweisen zum Erhalt und Aufbau von Therapiemotivation aufgelistet. Die bei den einzelnen Punkten genannten therapeutischen Interventionen werden in den folgenden Kapiteln dann im Detail dargestellt.

5.5.1 Erleben der Symptomatik als ich-dyston

Für viele Betroffene von chronischer DP/DR ist der Zusammenhang zwischen persönlicher Vulnerabilität, konkretem Auslöser und aufrechterhaltenden Bedingungen nicht nachvollziehbar. Viele erleben die Symptomatik als so ich-dyston, dass ihnen auch noch nach Jahren unklar ist, was die Symptomatik mit ihnen zu tun hat und weshalb ausgerechnet sie von dieser Erkrankung betroffen sind.

> **Herr K.:** »Es ist wie als ob plötzlich ein Lichtschalter ausgegangen wäre. Plötzlich war es da, so rums, aus dem Nichts irgendwie.«

---

5 Die Bestandteile in diesem Kapitel stammen zum größten Teil aus der Arbeit der Autorin.

> **Frau R.:** »Ich verstehe gar nicht, warum ich das habe. Was habe ich denn getan?«
> **Frau L.:** »Eigentlich war die stressige Phase ja schon vorbei. Ich hatte die Prüfung gut geschafft. Da, ganz plötzlich, ist es gekommen.

Eine solche Sichtweise mindert oder verhindert eine Therapiemotivation in vielen Fällen. Um das Verständnis für die Verbindung zwischen eigener Person und der Symptomatik zu erhöhen, bieten sich folgende therapeutische Interventionen an:

- Biografie des Symptoms (▶ Kap. 5.7.1)
- DP/DR-Tagebuch (▶ Kap. 5.7.3)

In der Praxis stellt es sich oft als überaus hilfreich und entlastend für die Betroffenen heraus, einen guten Grund für das Auftauchen der Symptomatik anzunehmen, z. B. dass die Symptomatik einen Schutz gegen zu viel Stress oder Überforderung biete. In vielen Fällen ermöglicht die Annahme eines guten Grundes den Betroffenen, die immerwährende gedankliche Suche nach einem solchen Grund einzustellen und hierdurch kognitive Ressourcen zu gewinnen.

5.5.2 Passivität der Betroffenen

Betroffene von chronischer DP/DR zeigen sich in ihrem konkreten Verhalten der Symptomatik gegenüber oft auffällig passiv. Dies kann zu einem Teil damit erklärt werden, dass die Symptomatik an sich auch passiv macht, indem sie emotionales Erleben dämpft und eine gefühlte Distanz der betroffenen Person zum eigenem Körper und zur Umwelt erzeugt. Viele Betroffene wirken allerdings darüber hinaus, als hätten sie sich selbst aufgegeben, als hielten sie es nicht für möglich, dass sie selbst etwas an ihrem Zustand verändern könnten. Sie warten auf eine Erlösung von außen. Besonders zeichnet diese Haltung Personen aus, die die Symptomatik als nicht zugehörig erleben.

Eine praktizierte Passivität gegenüber der Symptomatik geht in den meisten Fällen allerdings mit Einschränkungen der Handlungsfreiheit einher und trägt dazu bei, dass sich die Betroffenen der Symptomatik gänzlich ausgeliefert fühlen.

> **Frau Z.** hat ihr Leben mittlerweile vollkommen eingeschränkt. Sie trifft keine Freundinnen mehr, fährt nicht mehr mit dem Auto, geht keinen Interessen mehr nach. Sie verbringt sehr viel Zeit liegend auf dem Sofa. Frau Z. fühlt sich der Symptomatik vollkommen ausgeliefert und in ihrem Handlungsspielraum beschränkt.
> **Herr K.:** »Es ist einfach so gekommen, aus dem Nichts. Ich warte darauf, dass es auch einfach so wieder weggeht. Ich weiß gar nicht, was ich sonst tun soll.«

Eine konstante Therapiemotivation kann bei solch inneren Haltungen kaum aufgebracht werden. Oft ist es daher gerade zu Beginn einer Therapie erforderlich, mit den PatientInnen intensiv daran zu arbeiten, ihre eigenen Einflussmöglichkeiten auf die Symptomatik zu eruieren, um ihnen hierdurch auch ein Stück weit ihre Handlungsfähigkeit zurückzugeben, und mit ihnen zu diskutieren, was sie selbst zur Verbesserung der Beschwerden tun können. Andernfalls bleiben die PatientInnen in einem starren Zustand hängen und fühlen sich den Symptomen hilflos ausgeliefert.

Um Aktivität und die Ausweitung des Handlungsspielraums zu fördern, bieten sich folgende therapeutische Interventionen an:

- Biografie des Symptoms (▶ Kap. 5.7.1)
- DP/DR-Tagebuch (▶ Kap. 5.7.3)
- Explizite Trennung zwischen Ich und Symptomatik (▶ Kap. 5.10.1)
- Ansätze aus dem Bereich »Leben mit/trotz chronischer DP/DR« (▶ Kap. 5.10)
- Entwicklung von Werten und Zielen (▶ Kap. 5.10.1)

5.5.3 Medizinisches Krankheitsmodell versus psychologisches Krankheitsmodell

In der Arbeit mit von chronischer DP/DR Betroffenen fällt auf, dass diese häufig ein sehr stark medizinisch orientiertes Krankheitsbild vertreten, das auf der Annahme einer ganz bestimmten und auch identifizierbaren Ursache für die erlebte Symptomatik basiert: »*Es muss doch einen Grund für dieses seltsame Erleben geben, irgendwas stimmt da in meinem Gehirn nicht...*« Diese Haltung führt viele Betroffene in eine Arztpraxis nach der anderen und von einer Untersuchung zur nächsten, ohne dass jemals konkrete Ergebnisse aufgefunden werden. In Zusammenhang mit einem solchen Krankheitsmodell steht auf Seiten der PatientInnen zumeist auch der Wunsch nach einem kompletten Auflösen der Symptomatik, die in erster Linie als extrem störend betrachtet wird, ohne dass für die Reduktion der Symptomatik aktiv gehandelt werden müsste.

Viele Betroffene bringen eine solche Haltung auch in die Psychotherapie mit, von der sie sich ebenfalls – manchmal als letzte Hoffnung – ein Verschwinden der Symptomatik wünschen. Ein psychologisch orientiertes Krankheitsmodell im Sinne »*Wie bewerte ich diese Symptomatik, dass sie für mich als so negativ und störend erscheint?*« ist den meisten Betroffenen zunächst einmal nicht zugänglich.

> **Frau O.:** »Das alles soll wirklich nur diese DP/DR sein? Das kann ich nicht glauben. Da muss doch etwas in meinem Gehirn nicht stimmen. Vielleicht habe ich ja doch auch Schizophrenie, wie meine Schwester und Tante.«
> **Frau G.:** »Die DP stört mich bei allem, was ich tue. Ich kann nichts tun, ohne von ihr unbehelligt zu sein. Das nervt mich total. Es soll endlich weggehen.«
> **Herr K.:** »Sie meinen, die Symptomatik ist nur deswegen negativ, weil ich sie negativ bewerte? Nein, dem kann ich nicht zustimmen. Die Symptomatik ist an sich negativ. Oder würden Sie es nicht als negativ bezeichnen, wenn man nichts fühlen kann?«

Solange an einem solch medizinisch orientierten Krankheitsmodell festgehalten wird, kann die Therapiemotivation nicht als stabil gelten. Hieran muss zu Beginn der Therapie intensiv gearbeitet werden (AWMF 2014, S. 26). Folgende Interventionen bieten sich an:

- Psychoedukation über aufrechterhaltende Bedingungen (▶ Kap. 5.6)
- Teufelskreis der Symptomatik (▶ Kap. 5.10.2)
- Herausarbeiten von Ängsten sowie Modifikation derselben (▶ Kap. 5.8.5)

5.5.4 Großer Widerstand gegen Veränderungen

Betroffene von chronischer DP/DR zeigen oft einen spürbar großen Widerstand gegenüber möglichen Veränderungen. Die Symptomatik wird von ihnen so sehr nicht zu sich selbst zugehörig empfunden, dass dies zur oben beschriebenen Passivität führt – in Verbindung mit einem medizinisch orientierten Krankheitsmodell.

Doch auch die einseitig negative Bewertung der Symptomatik führt zu Widerstand gegenüber möglichen Veränderungen. Häufig sind Aussagen wie: *»Erst muss das Symptom weg, dann kann ich was anderes denken oder tun!«* oder: *»Eigentlich ist mein Leben ja perfekt, nur die Symptomatik stört ...«* Durch solch innere Haltungen ordnen die Betroffenen allerdings ihr gesamtes Leben der Symptomatik unter. Positive Aspekte des Lebens können weder gesehen noch genossen werden, da die Symptomatik als »dazwischenstehend« und somit massiv lebensqualitätsbeeinträchtigend erlebt wird. Oft ist Betroffenen nicht klar, dass ihre beständige Fokussierung auf die Symptomatik, die andauernde Selbstbeobachtung, die negative Bewertung und die damit verbundenen Ängste zu einem Fortbestand der Symptomatik beitragen und die Sicht auf positive Aspekte des Lebens verstellen.

> **Herr K.:** »Ich habe alles, was man sich vorstellen kann: Einen tollen Job, genug Geld, eine liebe Freundin, eine Eigentumswohnung, viele Freunde, aber ich kann das alles nicht genießen, solange die DP/DR da ist. Die verdirbt mir alles. Ständig ist sie mit dabei und flüstert mir ins Ohr: ›Vergiss nur nicht mich! Nicht, dass du es dir zu gut gehen lässt.‹ Dann macht mir alles keinen Spaß mehr und ich bleibe lieber zu Hause.«
>
> **Frau R.:** »Immer, wenn ich mich mit meinen alten Freundinnen treffe, wird die Symptomatik so übergroß. Dann versinke ich ganz in mir und kann meinen Freundinnen überhaupt nicht zuhören. Wenn ich mir jetzt vorstelle, dass ich mich trotzdem treffen soll, wird mir ganz schlecht. Das mache ich sicher nicht.«

Veränderungen an äußerem oder innerem Verhalten sowie an den Lebensbedingungen der Betroffenen sind notwendig, um eine Reduktion der Symptomatik zu erreichen. Solange der Widerstand hiergegen vonseiten der PatientInnen groß ist, ist auch die Psychotherapie als Ganzes in Gefahr. Um die Sichtweise der Betroffenen auszuweiten, bieten sich folgende therapeutische Interventionen an:

- Psychoedukation über aufrechterhaltende Bedingungen (▶ Kap. 5.6)
- Teufelskreis der Symptomatik (▶ Kap. 5.10.2)
- Explizites Trennen zwischen Ich und Symptomatik (▶ Kap. 5.10.1)
- Methoden aus dem Bereich »Leben mit/trotz chronischer DP/DR« (▶ Kap. 5.10)
- Entwicklung von Werten und Zielen (▶ Kap. 5.10.1)

5.6 Psychoedukation

Viele Betroffene von chronischer DP/DR kommen in die Therapie, nachdem sie bereits einige Zeit, nicht selten sogar Jahre, unter der Symptomatik leiden. Die meisten von ihnen haben schon mit vielen verschiedenen ÄrztInnen über ihre Symptome gesprochen, haben dort aber häufig keine befriedigende Antwort erhalten, unter was genau sie eigentlich leiden (Michal 2015, S. 68). Viele Betroffene haben sich daher selbst Informationen (vor allem über das Internet) gesucht, sind dabei auch oftmals auf die richtige Diagnose gestoßen, sind aber immer noch verunsichert, ob ihr Erleben tatsächlich dem entspricht oder ob sie nicht doch an einer ernsthaften Gehirnerkrankung leiden.

Aus diesen Gründen ist es wichtig, der Psychoedukation zum Thema chronische DP/DR zu Beginn der Therapie ausreichend Zeit zu widmen (vgl. AWMF 2014, S. 28). Zumeist haben die Betroffenen auch viele Fragen hierzu. Sie erleben es als erleichternd, nun endlich mit einer Fachperson über die Symptomatik sprechen zu können. Ziel jeder Psychoedukation ist es, dass PatientInnen besser verstehen, von welchen Störungen sie betroffen sind, um vorherrschende Ängste abzubauen. Eine gelungene Psychoedukation führt in vielen Fällen bereits zu einer deutlichen Erleichterung auf Seiten der PatientInnen, was nicht selten mit einer Symptomreduktion einhergehen kann.

Folgende Punkte, auf die unten detailliert eingegangen wird, sollten in jedem Fall Teil der Psychoedukation sein:

- Was DP/DR ist und in welchen Situationen kurzfristige DP/DR auftreten kann (▶ Kap. 1)
- Normalität von DP/DR (▶ Kap. 1.2.1)
- Abgrenzung kurzfristige DP/DR – chronische DP/DR (▶ Kap. 1.2.2)
- Gründe/Auslöser für chronische DP/DR (▶ Kap. 1.2.2)
- Häufigkeit, Prävalenz von chronischer DP/DR (▶ Kap. 1.2.2)
- Mögliche Komorbiditäten (▶ Kap. 1.3)
- Die 7 Symptomgruppen (▶ Kap. 2)
- Informationen zu Sicherheitssuchendes- und Vermeidungsverhalten (▶ Kap. 4.3)
- Behandlungsmöglichkeiten von chronischer DP/DR

Natürlich sollten all diese Punkte in Hinblick auf die betroffene Person erläutert werden. Was genau erlebt die Person und wo braucht sie detailliertere Informationen? Wichtig ist es, hierbei zu normalisieren und die individuell erlebte Symptomatik in ein klinisch gut bekanntes Bild einzuordnen. Die/der TherapeutIn sollte hierbei auch immer im Hinterkopf haben, dass eine gelingende Psychoedukation die Therapiemotivation steigert und sich aus offenen Punkten Ansätze für die weitere Therapie ableiten lassen.

Die Mutter von **Herrn M.** zeigt sich in einem telefonischen Kontakt sehr besorgt. Der Sohn leide an einem komischen Erleben. Ob er nicht etwa eine Psychose habe? Durch Recherchen im Internet sei sie auf die Website der

Autorin zur DP/DR-Symptomatik gestoßen, das käme dem, was der Sohn erlebe, sehr nahe. Sie bitte um eine Abklärung. In einem ausführlichen Anamnesegespräch mit Herrn M. wird anhand des Anamnesebogens und des Interviewleitfadens die subjektive Symptomatik erhoben. Es zeigen sich in allen Bereichen Symptome. Hiernach werden einige gezielte Fragen zu psychotischem Erleben gestellt, die Herr M. eindeutig verneint. Mit Herrn M. wird das chronische DP/DR-Syndrom ausführlich besprochen. Da er erst seit wenigen Monaten unter der Symptomatik leidet, wird mit ihm besonders ausführlich mögliches Vermeidungsverhalten diskutiert und ihm erklärt, dass dieses die Symptomatik aufrechterhält. Herr M. gibt an, hierauf in Zukunft mehr Augenmerk zu legen. Herr M. wird auch über die Verbindung von Cannabiskonsum und chronischer DP/DR aufgeklärt. Herr M. versichert, seinen Cannabiskonsum bereits eingestellt zu haben. Herr M. spricht nach der Anamnese mit seiner Mutter. Beide zeigen sich sehr erleichtert, was aus einer kurzen Rückmeldung der Mutter hervorgeht.

Frau T. hat ein großes Bedürfnis, in der Therapie mehr über chronische DP/DR zu erfahren. Sie zeigt sich beruhigt darüber, dass DP/DR ein normales Erleben ist, das bei einem Großteil der Menschen hin und wieder auftritt. Frau T. versteht, was die Unterschiede zwischen kurzzeitiger und langfristiger DP/DR sind. Durch die Vermittlung der 7 Symptomgruppen kann die Patientin ihr eigenes Erleben zum ersten Mal gut einordnen. Besonders hilfreich ist allerdings das Vermitteln der unterschiedlichen Behandlungsansätze, die bei chronischer DP/DR zum Tragen kommen können: »Ich habe gar nicht gewusst, dass es so viele verschiedene Möglichkeiten gibt, um an einer Verbesserung der Symptomatik zu arbeiten.«

Psychoedukative Materialien

Was ist DP/DR?

ICD-10 F48.1: Depersonalisations-Derealisationssyndrom (Dilling & Freyberger 2017, 199 f.)

A. Entweder 1 oder 2:
  1. Depersonalisation: Die Betroffenen klagen über ein Gefühl von entfernt sein, von »nicht richtig hier« sein. Sie klagen z. B., darüber, dass ihre Empfindungen, Gefühle und ihr inneres Selbstgefühl losgelöst seien, fremd, nicht ihr eigen, unangenehm verloren oder, dass ihre Gefühle und Bewegungen zu jemand anderem gehören scheinen, oder sie haben das Gefühl, in einem Schauspiel mitzuspielen.
  2. Derealisation: Die Betroffenen klagen über ein Gefühl von Unwirklichkeit. Sie klagen z. B. darüber, dass die Umgebung oder bestimmte Objekte fremd aussehen, verzerrt, stumpf, farblos, leblos, eintönig und uninteressant sind, oder sie empfinden die Umgebung wie eine Bühne, auf der jedermann spielt.
B. Die Einsicht, dass die Veränderungen nicht von außen durch andere Personen oder Kräfte eingegeben wurde, bleibt erhalten.

Normalität von DP/DR-Symptomen

Das Erleben von Phänomenen von DP/DR ist normal, die meisten Menschen erleben dies hin und wieder!

Vergleich kurzzeitige und chronische DP/DR

Tab. 5.1: Vergleich kurzzeitige und chronische DP/DR

Kurzzeitige DP/DR	Chronische DP/DR
Auslöser: Genuss von Alkohol und anderen Drogen, Schlafdefizit, Medikamente, Angsterleben, Lärm, künstliches Licht, sich wiederholende Bewegungen, Meditation, hormonelle Schwankungen, fremde Umgebung, Auraerleben vor Migräne oder epileptischen Anfällen, Reizüberflutung oder -mangel, lebensbedrohliche Situationen, Phasen starker Belastung oder Stress	
DP/DR hält nur kurz an; klingt ab, wenn die Situation oder Phase vorbei ist.	DP/DR-Symptome bleiben bestehen, obwohl die Situation oder Phase schon vorbei ist. DP/DR-Phänomene können: • dauerhaft bestehen über lange Zeit • immer wieder auftreten
Kann als störend erlebt werden, in vielen Fällen aber auch als hilfreich, um die Situation gut zu überstehen.	Wird in den meisten Fällen als extrem störend und lebensbeeinträchtigend erlebt. Häufigste Komorbiditäten: • Angsterkrankungen • Depressionen • Traumafolgeerkrankungen
Ca. 80 % aller Menschen erleben dies zumindest hin und wieder.	1-2 % der Gesamtbevölkerung.

5.6 Psychoedukation

Die 7 Symptomgruppen

Abb. 5.2: Die 7 Symptomgruppen

Behandlungsmöglichkeiten

Das Symptom verstehen

Vulnerabilität	Auslösende Faktoren	Aufrechterhaltende Faktoren
Was macht mich aus? Wer bin ich? Was bringe ich mit mir? Was trägt dazu bei, dass eine Person in bestimmten Situationen oder Phasen mit Phänomenen von DP/DR reagiert? • Genetik • Persönlichkeit • Biographie • Soziale Rahmenbedingungen • Werte • Welthaltungen	Was zeichnet die Situation oder Phase aus, in der die Symptomatik auftritt? • Überforderung/Stress • große Emotionalität • Einsamkeit • Traumatisierung • als ausweglos erlebte Situation **Achtung:** manchmal auch kein Auslöser feststellbar	Was trägt dazu bei, dass DP/DR-Symptome auch über lange Zeit aufrechtbleiben oder immer wieder auftreten? Sind frühere Vulnerabilitätsfaktoren hier noch relevant? • Ungünstige Haltungen zur Symptomatik • Passivität • Negative Bewertungen • Fokussierung auf Symptomatik • Nachdenken/Grübeln • Vermeidung • Anhaltende Stressoren
Methoden • Anamnese, Biografiearbeit, Biografie des Symptoms, individuelles Störungsmodell, DP-Tagebuch, Verhaltensanalyse, Plananalyse, dem Symptom begegnen		

Abb. 5.3: Das Symptom verstehen

Symptomreduktion

Die Ansätze und Methoden zur Reduktion der Symptomatik auf verschiedenen Ebenen sind meist nur kurzzeitig hilfreich.

Auf Umwegen führt auch

- Arbeit an aufrechterhaltenden Faktoren und
- Arbeit an Verbesserung der Lebensqualität

zu einer (langsamen, aber langfristigen) Symptomreduktion.

Verbesserung der Lebensqualität

Die meisten von DP/DR Betroffenen leiden unter einer Verminderung ihrer Lebensqualität und mangelnden Perspektiven ihrer selbst und ihrer Zukunft. Von Beginn an sollte dies immer parallel bedacht und bearbeitet werden, da

- Arbeit an aufrechterhaltenden Faktoren Zeit braucht,
- Skills oft nur kurzzeitig wirken,
- es keine Garantie gibt, dass die Symptomatik ganz verschwindet.

Methoden: Entwicklung positiver Perspektiven (bspw.: Engelmann 2015), Leben und Rahmenbedingungen verändern, ressourcenorientierte Ansätze (nach Bertolino et al. 2015), ACT (nach Wengenroth 2012).

5.7 Die eigene DP/DR erkunden

Viele Menschen, die unter chronischer DP/DR leiden, wissen trotz ihrer lang andauernden Betroffenheit kaum etwas über die eigene Symptomatik. Die Erkrankung wird von ihnen als so sehr nicht zu sich selbst gehörig empfunden, dass sie sich bislang nahezu geweigert haben, sich mit dieser ausführlich zu beschäftigen.

Vielen Betroffenen ist etwa unbekannt, ob und vor allem wie sich die Symptomatik im Tagesverlauf ändert oder auf welche Art und Weise sie auf innere emotionale oder körperliche Spannungszustände reagiert. »*Es ist immer gleich, ganz egal, was ich tue oder wo ich bin*«, ist eine häufige Antwort von Betroffenen auf die Frage nach Veränderungen oder Schwankungen der Symptomatik. Da ein Großteil der Betroffenen aufgrund der mit der Erkrankung in Verbindung stehenden Passivität auf ein Auflösen der Symptomatik (möglichst ohne eigenes Zutun) wartet, ist mit einer solchen Aussage vor allem gemeint, dass die Symptomatik niemals ganz weggeht, egal was die Betroffenen auch tun.

Die eigene Erkrankung zu verstehen, ist eine wichtige Aufgabe der Therapie und zudem ein großer Schritt auf dem Weg zu einer erlebten Verbesserung. Wer die eigene Symptomatik gut kennt, ihre Tücken und Versuchungen identifiziert hat, fühlt sich dieser nicht so sehr ausgeliefert und erlangt einen Teil der eigenen Handlungsfreiheit zurück. Der/die TherapeutIn sollte möglichst schon zu Beginn der Therapie auf diesen Zusammenhang aufmerksam machen, um das Interesse der Betroffenen zum Erkunden der eigenen Symptomatik zu wecken. Im Zentrum dieses Prozesses, der deutlich über eine Psychoedukation hinausgeht, stehen Fragen wie: Was genau habe ich? Wie ist die Symptomatik bei mir individuell ausgeprägt? Warum habe ich diese Symptomatik? Was verbirgt sich hinter meiner DP/DR?

Zu Ende dieses Prozesses sollen TherapeutIn wie PatientIn den Zusammenhang zwischen Vulnerabilität, Auslösern und aufrechterhaltenden Faktoren klar erkannt haben und benennen können.

5.7.1 Biografie der Symptomatik

Das Erleben chronischer DP/DR ist individuell. Jede/r Betroffene hat seine/ihre eigene Geschichte mit der Symptomatik. Diese soll in der Therapie im Detail nachvollzogen werden. Zum Teil zeigen sich den Betroffenen bei einer solchen Analyse erstmals Schwankungen im Zeitverlauf auf: Phasen, in denen die DP/DR stärker, und Phasen, in denen die DP/DR schwächer war. Was genau hat dazu geführt, dass die Symptomatik sich verbessert/verschlechtert hat? Aus diesen Punkten können auch allgemeine Auslöser und Verstärker als Inhalte für die weitere Therapie erarbeitet werden.

Die Biografie des Symptoms wird in der Therapie am besten bildlich durch Aufzeichnen am Flipchart oder Legen einer Linie am Boden nachvollzogen (ähnlich einer Lifeline, wie sie etwa auch aus traumafokussiertem Vorgehen bekannt ist, vgl. Schauer et al. 2011, S. 43 ff.). Der/die Therapeutin leitet diesen Prozess an und achtet darauf, dass der/die PatientIn stets auch wichtige Punkte, Erlebnisse, Phasen etc. aus seiner/ihrer Biografie dazu notiert. Es ist wichtig, einen möglichen Zusammenhang zwischen biografischen Erlebnissen und der jeweiligen Ausgestaltung der DP/DR-Symptomatik zu jener Zeit im Detail zu erheben. Der/die TherapeutIn fragt daher gezielt nach: »*Wie genau haben Sie das erlebt? Was hat das in Ihnen ausgelöst? Hat das auch etwas an Ihrem DP/DR-Erleben verändert?*«, oder: »*Hier sieht man, dass die DP/DR-Symptomatik ansteigt. Wissen Sie noch, was damals gerade los war in Ihrem Leben? Wie könnte das mit dem Ansteigen der Symptomatik zusammenhängen?*«

Im Folgenden wird ein Gespräch zwischen Therapeutin und Patient wiedergegeben, das beispielhaft für viele andere gelten kann:

T: Hier habe ich mal Ihre bisherige Lebenslinie auf das Flipchart gezeichnet. Von Ihrer Geburt bis jetzt, Sie sind ja jetzt 34 Jahre alt.
P: Ja, genau.
T: Bitte markieren Sie den Zeitraum, an dem Sie zuerst Symptome von DP/DR erlebt haben.
P: Das war schon in der Jugend. Vielleicht so mit 12 Jahren.

T: OK, bitte zeichnen Sie das ein.
P macht ein Kreuz auf der vorgezeichneten Linie und schreibt »12 Jahre« dazu.
T: Was genau haben Sie zu diesem Zeitpunkt an Symptomen verspürt?
P: Da habe ich mich immer wieder so komisch gefühlt. Als ob ich nicht da wäre.
T: Können Sie das etwas genauer beschreiben?
P: Ich habe mich immer wieder außerhalb von meinem Körper gefühlt. Als ob ich schweben würde. Und so, als ob ich eben auch gar nicht da wäre.
T schreibt »schweben« und »gar nicht da« neben die Markierung des ersten Auftretens der Symptomatik.
T: Wissen Sie noch, was zu dieser Zeit in Ihrem Leben los war? Waren das irgendwelche besonderen Situationen, in denen die Symptomatik aufgetaucht ist?
P: Ja, das war immer, wenn ich für längere Zeit nicht zu Hause war. Zum Beispiel auf mehrtägigen Schulausflügen. Einmal, da erinnere ich mich jetzt gerade, waren wir aber auch mit der Jugendgruppe unserer Kirche weg. Da hatte ich das ebenfalls.
T: Wie alt waren Sie da? Auch 12?
P: Nein, da muss ich schon etwas älter gewesen sein. Vielleicht 14 Jahre.
T: Zeichnen Sie das auch bitte ein.
P zeichnet weitere Markierung bei »14 Jahre« ein.
T: Haben Sie eine Vermutung, was der Grund gewesen sein könnte, dass die Symptomatik zu dieser Zeit und bei diesen Gelegenheiten immer aufgetreten ist?
P: Hm. Eigentlich soll das ja Spaß machen, mit anderen Jugendlichen unterwegs zu sein. Aber ich glaube, für mich war das eher anstrengend. So viele Leute auf einem Haufen. Und keinen Platz, um sich zurückzuziehen. Ich habe immer viel Zeit für mich alleine gebraucht.
T notiert ein paar Stichworte aus der Erzählung von P an die entsprechende Stelle.
T: Als wie stark haben Sie die Symptomatik zu diesen Zeitpunkten wahrgenommen?
P: Als sehr stark. Aber zum Glück hat sie immer nur kurz angehalten.
T: Vielleicht können Sie auch die Stärke der DP/DR noch einzeichnen.
P zeichnet an den jeweiligen Markierungen einen deutlichen Ausschlag nach oben hin an.
T: Wie ging es dann weiter?
P: Zum ersten Mal eine wirklich lange Phase von DP/DR, also das waren, glaube ich, drei oder vier Monate, habe ich mit 16 Jahren erlebt.
P zeichnet weitere Markierung ein und versieht sie mit »16 Jahre«.
T: Was war da genau?
P: Begonnen hat das auf einer Party. Wir haben alle gekifft. Für mich war es das erste Mal.
T: Sie haben gesagt, das hat über einige Monate angehalten. Wie genau hat sich die Symptomatik geäußert?
P: Wieder dieses Schweben und das Gefühl, nicht da zu sein. Alles wie im Traum. Aber auch die anderen Symptome, über die wir schon gesprochen haben, haben sich deutlich gezeigt. Ich konnte mich nicht mehr konzen-

5.7 Die eigene DP/DR erkunden

trieren, hatte auch einen Absacker in der Schule. Und das Visuelle … Immer das Gefühl, als wäre was mit meinen Augen.
T: Ängste auch?
P: Ja, furchtbare Angst, verrückt zu sein. Und, dass die anderen was merken.
T macht ein paar Notizen neben die Markierung.
T: Haben Sie irgendeine Vermutung, warum die Symptomatik auf dieser Party begonnen hat? War da irgendwas Besonderes?
P: Außer dem Kiffen, meinen Sie? Nein, eigentlich nicht. Vielleicht war was drin in dem Stoff, ich weiß nicht … Oder jemand hat mir was ins Cola geschüttet.
T: Im Vergleich zu vorhin: als wie stark haben Sie die Symptomatik in dieser Phase wahrgenommen?
P: Etwas schwächer, würde ich sagen. Aber dafür viel länger anhaltend.
P zeichnet eine waagrechte Linie über dem Zeitraum ein.
T: Wie sind Sie mit der Symptomatik damals umgegangen?
P: Ich weiß noch, zu Beginn, da konnte ich an nichts anderes denken. Hab mir den ganzen Tag Gedanken darüber gemacht, warum das gekommen ist, was ich falsch gemacht habe.
T: Ist die Symptomatik dadurch besser geworden?
P: Ganz im Gegenteil! Immer schlimmer wurde sie davon.
T: Und dann? Wie haben Sie es schließlich geschafft, diese Phase hinter sich zu lassen?
P: Ich habe ein Mädchen kennengelernt. Und mich verliebt. Da waren meine Gedanken woanders. Ich habe es zuerst gar nicht so richtig gemerkt, wie es langsam besser geworden ist. An einem Abend saß ich mit diesem Mädchen im Park. Wir haben einfach nur in den Sternenhimmel geschaut, ohne zu reden. Plötzlich ist mir bewusst geworden: Die DP/DR ist ja gar nicht mehr da!
T: Das ist toll. Sie müssen sehr erleichtert gewesen sein.
P: Oh ja!
T: Wie ist es dann weitergegangen? Wann kam die Symptomatik zurück?
P: Das nächste Mal war mit 21 Jahren. In Zusammenhang mit meinem ersten Job nach der Lehre.

Im weiteren Verlauf der therapeutischen Einheit wird der gesamte bisherige Lebensweg des Patienten auf der Lebenslinie abgebildet und wichtige mit der DP/DR-Symptomatik verbundene Ereignisse und Phasen werden markiert.

Durch ein solches Gespräch entsteht schließlich ein detaillierter zeitlicher Verlauf der Symptomatik in Zusammenhang mit Erlebnissen aus der eigenen Biografie sowie Hinweisen auf die jeweilige Schwere der Ausprägung. PatientIn und TherapeutIn gewinnen auch bereits erste Hinweise auf aufrechterhaltende wie auch verbessernde Faktoren, mit denen in der Therapie dann weitergearbeitet wird.

Frau Z. erlebte bereits in ihrer Jugend kurzzeitige DP/DR Phasen in Zusammenhang mit Migräneauren. Als sie nach dem Schulabschluss mit einer, von den

Eltern für sie ausgesuchten, Ausbildung beginnt, wird die DP/DR chronisch und geht in einen zwar noch latenten, aber dauerhaften Zustand über. Auf diesem Level verbleibt Frau Z. etwa anderthalb Jahre, bis das Niveau der chronischen DP/DR beginnt stetig anzusteigen. Zum Zeitpunkt der Therapie leidet Frau Z. bereits 18 Jahre lang unter einem dauerhaften und stetig ansteigendem DP/DR-Erleben.

In der konkreten Biografiearbeit kann Frau Z. den Zusammenhang zwischen dem Ansteigen ihrer Symptomatik und äußeren Stressoren immer mehr erkennen. Frau Z. schildet, wie die DP/DR-Symptomatik sich stets dann verstärkte, wenn sie sich in unbefriedigenden Beziehungen mit Männern oder herausfordernden Arbeitssituationen wiederfand.

Frau Z. erlebte jedoch auch, dass sich die Symptomatik auch dann noch weiter verschlechterte, als sie bereits ihre Arbeit aufgegeben hatte. Auch eine ersehnte Frühpensionierung führte nicht zu einem Rückgang der Symptomatik. Erst durch die konkrete Biografiearbeit kann Frau Z. erkennen, dass die Pensionierung aufgrund der Perspektivlosigkeit ebenfalls einen massiven Stressor für sie darstellt.

Zu Ende der Biografiearbeit fasst Frau Z. schließlich für sich selbst zusammen, dass ihre Symptomatik offenbar auf Fremdbestimmtsein, Beziehungsprobleme und mangelnde Lebensperspektiven mit einer deutlichen Verschlechterung reagiert. Durch das Erkennen dieses Zusammenhangs erlebt Frau Z. eine deutliche Entlastung, da sie ihren eigenen Anteil, aber auch ihre eigenen Einflussmöglichkeiten auf die Symptomatik begreift.

Nicht bei allen PatientInnen lassen sich so eindeutige Schwankungen und Reaktionen der Symptomatik auf innere oder äußere Veränderungen wie in den vorgestellten Beispielen feststellen. Bei einigen Betroffenen beginnt die Symptomatik plötzlich und ohne Vorankündigung und bleibt über Jahre konstant ohne wahrnehmbare Schwankungen. In diesen Fällen stellen sich die anderen, in diesem Kapitel vorgestellten Methoden als zielführender dar, etwa die Erarbeitung eines individuellen Störungsmodells, das Führen eines DP/DR-Tagebuches, konkrete Verhaltensanalysen oder angeleitete Begegnungen mit der Symptomatik. Auch diese Methoden führen zu einem besseren Verständnis des eigenen Erlebens.

5.7.2 Erarbeitung eines individuellen Störungsmodell

Wie oben bereits dargelegt wurde, haben Betroffene von chronischer DP/DR zu Beginn der Therapie zumeist noch ein recht medizinisch angelegtes Krankheitsverständnis. Sie sind der Ansicht, dass die DP/DR bei ihnen durch eine identifizierbare (organische) Ursache ausgelöst wurde, die man auch behandeln könnte, wenn man nur draufkäme, was genau diese Ursache ist.

In Einzelfällen kann eine chronische DP/DR tatsächlich eine organische und identifizierbare Ursache haben. Sollten PatientInnen an einer solchen Möglichkeit festhalten und bestimmte Untersuchungen noch nicht gemacht haben (wie bspw. ein MRT), so können sie motiviert werden diese vorzunehmen. Ebensolches gilt für Medikamentenversuche in Zusammenarbeit mit einem/einer FachärztIn. In jedem Fall sollte mit den PatientInnen vorher besprochen werden, dass chronische DP/DR nur äußerst selten identifizierbar organisch verursacht wird, Untersuchungen zumeist ohne Ergebnis bleiben und auch durch die Einnahme verschiedener Medikamente nur selten eine Verbesserung der Symptomatik erwartet werden kann (vgl. AWMF 2014, S. 26 f.). Es sollte verhindert werden, dass PatientInnen beginnen, von einem Arzt zum nächsten zu rennen, in der Hoffnung, irgendwer würde endlich die *tatsächliche* Ursache für die Symptomatik herausfinden.

Die meisten von DP/DR betroffenen Personen kommen allerdings erst in eine Psychotherapie, nachdem sie bereits alle möglichen Untersuchungen haben machen lassen und diverseste Medikamente ausprobiert haben. Zwar hängen viele immer noch einem medizinisch orientierten Krankheitsmodell an, sind aber mit Unterstützung des/der TherapeutIn bereit, sich auf ein eher psychologisch orientiertes Krankheitsmodell einzulassen bzw. ein solches zu erkunden. Es ist notwendig, dass die/der TherapeutIn den Nutzen eines solchen Modells deutlich macht (vgl. Kanfer et al. 1991, S. 87-91):

- Die Erarbeitung eines individuellen Krankheitsmodells führt zu einem besseren Verständnis der eigenen Symptomatik.
- Es kommt zu einer Ausweitung des Handlungsspielraums statt bleibender Abhängigkeit von Untersuchungen und Medikamentenversuchen.

In der Erarbeitung des individuellen Störungsmodells wird gemeinsam mit der/dem PatientIn ein Zusammenhang zwischen Vulnerabilität, den konkreten Auslösern und den aufrechterhaltenden Faktoren hergestellt und dieser in ein, am besten auch grafisch umgesetztes, Bild gebracht (AWMF 2014, S. 26). Im Gegensatz zur Biografie des Symptoms steht bei der Erarbeitung des individuellen Störungsmodells nicht so sehr der zeitliche Verlauf der Erkrankung im Vordergrund, sondern die Analyse des Gesamtzusammenhangs.

Frau O. leidet bereits seit über 20 Jahren an chronischer DP/DR. Begonnen hat die Symptomatik in jugendlichem Alter mit leichtem traumartigem Erleben und nur mehr gedämpften Gefühlen. Auf diesem Niveau verblieb die Symptomatik nach Frau O.s Erzählungen für fast 15 Jahre. Dann allerdings kam es plötzlich, für Frau O. »vollkommen aus dem Nichts«, zu einer extremen Verschlechterung.

Zu Beginn der Therapie ist Frau O. noch davon überzeugt, dass die Symptomatik ein Zeichen für eine bei ihr bestehende Schizophrenie sei. In ihrer Familie gäbe es einige Fälle von Schizophrenie und bereits das Auftauchen der Symptomatik in jugendlichem Alter sei ein Vorbote der Erkrankung gewesen, die bei ihr, mit über 30 Jahren, schließlich ausgebrochen sei.

In der Anamnese stellt sich heraus, dass Frau O. bereits alle Untersuchungen hinsichtlich einer möglichen Schizophrenie hat durchführen lassen, die allesamt ohne Ergebnis geblieben sind. Auf eigenen Wunsch wurde Frau O. bei einem stationären Aufenthalt auch mit antipsychotischen Medikamenten behandelt, die allerdings zu einer Verschlechterung der DP/DR-Symptomatik geführt haben.

In der Therapie kann Frau O. langsam für die Erarbeitung eines mehr psychologisch orientierten Krankheitsmodells gewonnen werden. Es stellt sich heraus, dass Frau O. aufgrund der Überforderung ihrer Eltern mit der an Schizophrenie erkrankten Schwester bereits recht früh eine gewisse emotionale Vernachlässigung erlebte. Frau O. zog sich daher immer mehr in eine Traumwelt zurück. Als Jugendliche stürzte sie sich dann regelrecht in eine Beziehung nach der anderen hinein, immer in der Hoffnung, hierin nun endlich den lang ersehnten emotionalen Rückhalt zu erfahren. Als dieser jedoch ausblieb, entwickelte Frau O. erste Phänomene von chronischer DP/DR.

Frau O. heiratete schließlich mit etwa 30 Jahren. Die Beziehung war allerdings von Beginn an durch massive Konflikte belastet und stellte für Frau O. eine große Einschränkung ihrer Freiheit dar, da ihr Mann gänzlich andere Vorstellung eines gemeinsamen Lebens hatte als sie selbst. Die Situation spitzte sich für Frau O. zu, als ihr Mann bei einem gemeinsamen Essen mit Freunden davon sprach, dass sie nun auf der Suche nach einem Haus in Eigentum seien. Frau O., die von diesen Plänen ihres Mannes zuvor nichts gewusst hatte, verspürte einen massiven innerlichen Druck, als ihr klar wurde, dass sie »aus dieser Beziehung nun nicht mehr herauskäme«. Noch während des gemeinsamen Essens mit den Freunden erlebte Frau O. eine deutliche Verschlechterung der Symptomatik.

Diese Verschlechterung hält seither an, zum Zeitpunkt des Therapiebeginns seit etwa 2 Jahren. Im Verlauf der Erarbeitung des individuellen Störungsmodells begreift Frau O. immer mehr auch die Bedeutung aufrechterhaltender Faktoren. Bei ihr stellen sich als zentral heraus: Die andauernde Fokussierung auf die Symptomatik seit ihrer Verschlechterung, der soziale Rückzug – Frau O. verbringt seitdem nahezu ihre gesamte Zeit in ihrer Wohnung – und mangelnde Tagesstruktur sowie das Verbleiben in der unbefriedigenden Beziehung, da sich Frau O. einem offenen Konflikt mit ihrem Mann nicht stellen will.

Frau O. kann die von ihr erlebte Symptomatik schließlich auch als Schutzsymptom begreifen, das es ihr ermöglicht, die von ihr als unaushaltbar erlebte Situation weiterhin durchzustehen.

Tab. 5.2: Zusammenhang zwischen Vulnerabilität, auslösenden und aufrechterhaltenden Faktoren am Beispiel von Frau O.

Vulnerabilität	Auslösende Faktoren	Aufrechterhaltende Faktoren
• Emotionale Vernachlässigung • Flucht in Traumwelt	• Unbefriedigte Bedürfnisse in Jugend • Beziehungskonflikte in Ehe • Innerliche Anspannung	• Anhaltende Beziehungskonflikte • »aushalten« der Konflikte, ausbleibende Klärung • Andauernde Fokussierung auf Symptomatik • Soziale Isolation • Mangelnde Tagesstruktur
	→DP/DR tritt auf	→DP/DR bleibt aufrecht

5.7.3 Führen eines DP/DR-Tagebuchs

Chronische DP/DR kann sich auf zweierlei Arten zeigen. Zum einen als dauerhaftes Erleben, ohne dass die Symptomatik je ganz weggeht. Hier sind Betroffene oftmals der Ansicht, an ihrer Symptomatik verändere sich nichts, ganz egal, was sie auch täten oder versuchten. In der detaillierteren Analyse zeigt sich, dass diese Starrheit zumeist so nicht stimmt, die Betroffenen die Veränderungen und Schwankungen aber nicht wahrnehmen können, weil sie zu sehr darauf konzentriert sind, ob die Symptomatik ganz verschwindet. Zum anderen kann sich chronische DP/DR als rezidivierende Symptomatik zeigen, die häufig anfallsartig erlebt wird. Oftmals haben die Betroffenen Mühe, die genauen Auslöser für einen solchen DP/DR-Anfall anzugeben.

Für beide Gruppen kann es hilfreich sein, ein DP/DR-Tagebuch (▶ Anlage 2.3; eigene Ausführung, angelehnt an: Michal 2015, S. 102-106; Baker et al. 2010, S. 67; 83-89; AWMF 2014, S. 27) zu führen, um die Zusammenhänge zwischen dem eigenen DP/DR-Erleben und inneren Vorgängen oder äußeren Einwirkungen besser sichtbar zu machen. In einem solchen Tagebuch sollte festgehalten werden, in welchen Situationen die Symptomatik auftritt bzw. sich verschlimmert. Was genau ist zuvor geschehen? Welche Gefühle, Gedanken waren involviert? Ebenso sollte festgehalten werden, wann der Anfall endet bzw. wann eine deutliche Besserung der Symptomatik bemerkt wird. Wichtig ist es hier, auch kleine Veränderungen, beispielsweise für wenige Sekunden, festzuhalten. Für solche Fälle sollte das DP/DR-Tagebuch zumindest am Anfang ständig bei sich getragen werden.

Die Stärke der erlebten DP/DR-Symptomatik sollte auf einer Skala (0–10) eingestuft werden. Für Betroffene, die unter ständig anhaltender Symptomatik leiden, sollte zuvor eine Zahl auf dieser Skala definiert werden, die dem »Normalerleben« der DP/DR entspricht, z. B. 6, sodass von hier aus Verschlechterungen bzw. Verbesserungen vorgenommen werden können.

> **Anleitung für das DP/DR-Tagebuch**
>
> Bitte beurteilen Sie jeden Tag einige Male, wie stark Sie die DP/DR-Symptome wahrnehmen. Am besten verwenden Sie dazu eine Skala von 0–10 (0 = gar keine DP/DR-Symptomatik spürbar; 10 = schlimmste vorstellbare DP/DR-Symptomatik).
> Vor allem sollten Sie Situationen und Aktivitäten festhalten, bei denen sich die DP/DR-Symptomatik plötzlich verändert, also auftritt oder stärker bzw. schwächer wird. Können Sie Muster erkennen? Haben Sie Erklärungen für die Veränderung? Probieren Sie, wenn möglich, aktiv verschiedene Situationen und Aktivitäten aus, z. B. Sport machen, FreundInnen treffen, sich in der Natur aufhalten, bzw. beobachten Sie Situationen, die sich bei Ihnen passiv ergeben, wie etwa Stress in der Arbeit oder Streit, und halten Sie fest, ob diese einen Einfluss auf die empfundene Stärke des DP/DR-Erlebens haben.
> Können Sie bewusst etwas tun, um die DP/DR-Symptomatik zu verbessern oder zu verschlechtern?
> Füllen Sie für jeden Tag ein neues Blatt aus.

Wenn das Führen eines DP/DR-Tagebuchs in der Therapie durch den/die TherapeutIn vorgeschlagen wird, sollte auch darüber gesprochen werden, dass diese Tätigkeit natürlich bedeutet, sich selbst und die eigene Symptomatik genau zu beobachten, was zunächst zu dem subjektiven Empfinden einer Verschlechterung der Symptomatik führen kann. Wenn Betroffene sich selbst für das Tagebuch genau beobachten, haben sie oft das Gefühl, dass die Symptomatik dadurch noch viel schlimmer wird. Tritt eine solche Erfahrung auf, sollte diese therapeutisch genutzt werden: Wenn Betroffene durch eine gezielte Fokussierung auf die Symptomatik eine Verschlechterung erleben, dann besteht auch die Möglichkeit, dass sie durch eine gezielte Verschiebung der Fokussierung hin zu etwas anderem eine Reduktion der Symptomatik erleben können.

Das Führen eines DP/DR-Tagebuchs über einen Zeitraum von etwa zwei Wochen stellt sich in den meisten Fällen als ausreichend dar. Zumeist werden in dieser Zeit bereits von den Betroffenen selbst Muster erkannt, nach denen die Symptomatik auftritt oder sich jeweils verstärkt. In den therapeutischen Einheiten werden aus den Aufzeichnungen des/der PatientIn heraus die Elemente gesammelt, die zu einem Auftreten, einer Verstärkung oder auch Verbesserung der Symptomatik beitragen. An ihnen wird das weitere Vorgehen ausgerichtet.

Im Gegensatz zur Biografie der Symptomatik und der Erarbeitung eines individuellen Störungsmodells stellt das Führen eines DP/DR-Tagebuchs eine Möglichkeit dar, Zusammenhänge zwischen dem Alltag der betroffenen Person und der von ihr erfahrenen Symptomatik aufzuspüren.

Frau X. leidet seit einigen Jahren unter immer wieder auftretender DP/DR-Symptomatik, dazwischen hat sie symptomfreie Phasen. Zu Beginn der Therapie kann Frau X. keine konkreten Auslöser für das immer wiederkehrende Auftreten der Symptomatik nennen. Sie wird gebeten, über einen Zeitraum von 2 Wochen ein DP/DR-Tagebuch zu führen.

Im Folgenden das DP/DR-Tagebuch von Frau X.:

Tab. 5.3: DP/DR-Tagebuch von Frau X

Datum: X.X.XX			
Situation	Stärke der DP/DR	Veränderung gegenüber davor	Muster
(was, wann, mit wem?) Wie genau haben Sie die Situation erlebt?	(0-10)	(DP/DR aufgetreten oder besser/schlechter geworden?/Wie lange angehalten?)	(Erklärungen für Auftreten/Veränderung)
Steige in Garage aus Auto, bin alleine, mir ist unwohl	10	DP/DR tritt auf Hält an, bis ich in Wohnung bin, ca. 5 Minuten	DP/DR immer in Garage Angst?

Tab. 5.3: DP/DR-Tagebuch von Frau X – Fortsetzung

Datum: X.X.XX			
Situation	Stärke der DP/DR	Veränderung gegenüber davor	Muster
Mit Mutter und Kindern einkaufen, muss mich sehr konzentrieren	8	DP/DR tritt auf und wird immer schlechter Hält an auf hohem Niveau, bis ich wieder im Auto bin Ganz weg erst zu Hause Insgesamt ca. 1,5 Stunden	Immer beim Einkaufen Weil ich mich konzentrieren muss? Zu viele Reize?

Durch das Führen des DP/DR-Tagebuchs kann Frau X. mit der Zeit erkennen, dass die Symptomatik bei ihr immer dann auftritt, wenn sie sich in Situationen befindet, die ihr unmittelbar Angst machen (in der dunklen Garage) oder in denen die Angst zumindest im Hintergrund lauert (könnte Mutter und/oder Kinder im Einkaufszentrum verlieren).

Frau S. erlebt eine durchgängige DP/DR-Symptomatik seit ihrer Jugend. Zwar gibt sie an, dass sich diese über die vielen Jahre langsam verbessert habe, sie nimmt die Symptomatik aber zu Beginn der Therapie immer noch als relativ starr und unbeweglich dar. Frau S. kann nach eigenen Angaben keine Schwankungen wahrnehmen und auch keine Auslöser für mögliche Verschlechterungen oder Verbesserungen angeben. Frau S. beschreibt ihren Normalzustand an DP/DR-Erleben auf einer Skala von 0–10 bei 3.

Im Folgenden das DP/DR-Tagebuch von Frau S.

Tab. 5.4: DP/DR-Tagebuch von Frau S.

Datum: Tag 1			
Situation	Stärke der DP/DR	Veränderung gegenüber davor	Muster
(was, wann, mit wem?) Wie genau haben Sie die Situation erlebt?	(0-10)	(DP/DR aufgetreten oder besser/schlechter geworden?/Wie lange angehalten?)	(Erklärungen für Auftreten/Veränderung)
Streit mit Partner über Essen, ärgere mich sehr	7-8	DP/DR massive Verschlechterung Kann fast nichts mehr sehen Kann mich nicht mehr konzentrieren, höre nicht mehr zu Besser wird's erst, als ich mich hinlege und eine Stunde schlafe	DP/DR schlechter bei Ärger

Datum: Tag 2			
Situation	Stärke der DP/DR	Veränderung gegenüber davor	Muster
(was, wann, mit wem?) Wie genau haben Sie die Situation erlebt?	(0-10)	(DP/DR aufgetreten oder besser/schlechter geworden?/Wie lange angehalten?)	(Erklärungen für Auftreten/Veränderung)
Telefongespräch mit Mutter über Geburtstagsfest von Onkel genervt	5	DP/DR mehr spürbar Verbesserung unmittelbar nach Gespräch	Problematisches Verhältnis zum Onkel (könnte sein)

Datum: Tag 5			
Situation	Stärke der DP/DR	Veränderung gegenüber davor	Muster
(was, wann, mit wem?) Wie genau haben Sie die Situation erlebt?	(0-10)	(DP/DR aufgetreten oder besser/schlechter geworden?/Wie lange angehalten?)	(Erklärungen für Auftreten/Veränderung)
Hab mir freigenommen, mache alleine eine Wanderung Sehr entspannt, gedankenverloren	2	Spüre deutliche Verbesserung Hält die ganze Zeit über an, mehrere Stunden	Bin alleine, nur mit mir Muss mich gegenüber niemandem rechtfertigen

Durch das Führen des DP/DR-Tagebuchs erkennt Frau S., dass die von ihr erlebte Symptomatik doch nicht ganz so starr ist, wie von ihr angenommen. Zwar gibt es Ausschläge zum Negativen hin, immer wieder aber auch zum Positiven, als dass sich die Symptomatik in bestimmten Situationen verbessert.

Frau S. kann erkennen, dass es trotz der langen Zeit der Betroffenheit auch für sie immer noch Möglichkeiten gibt, Einfluss auf die Symptomatik zu nehmen und sich Erleichterung zu verschaffen.

5.7.4 Verhaltensanalyse

Aufbauend auf den identifizierten Mustern und Hinweisen auf Auslöser der Verschlechterung der Symptomatik aus einem DP/DR-Tagebuch (▶ Kap. 5.7.3) können in der Therapie im Sinne des kollaborativen Empirismus (Wills 2014, Teil 3, Kapitel 18 und 19; Kanfer et al. 1991, S. 93 (angeleitetes Entdecken)) detaillierte Verhaltensanalysen erstellt werden.

Anhand des SORKC-Modells (Kanfer et al. 1991, Phase 3, Kapitel 1) werden einzelne Situationen im Detail betrachtet und hinsichtlich ihrer vier Verhaltenskomponenten, ihrer Konsequenzen sowie ihrer die Symptomatik aufrechterhaltenden Faktoren analysiert. Wichtig ist hierbei, die Situation stets in Hinblick auf die DP/DR-Symptomatik zu diskutieren. Wie war die Situation genau? Wie war die Symptomatik zu Beginn der Situation? Wann hat sie sich wie verändert? Innere Vorgänge? Gedanken? Körperliches Erleben? Was hat die betroffene Person getan? Wie hat sich die Symptomatik hierdurch verändert? Was lässt sich hinsichtlich aufrechterhaltender Faktoren ableiten?

Der/die TherapeutIn ist hierbei gefordert, den/die PatientIn ausreichend anzuleiten, da nur die wenigsten Betroffenen in der Lage sind, ihr Verhalten auf all diesen Ebenen zu analysieren. Vielen Betroffenen ist darüber hinaus auch nicht klar, dass das Verhalten, das sie in bestimmten Situationen setzen, dazu beitragen kann, die Symptomatik über lange Zeit aufrechtzuerhalten.

Das Durchführen von Verhaltensanalysen sollte in der therapeutischen Praxis im Detail geübt werden, um die PatientInnen in die Lage zu versetzen, diese außerhalb der Therapie eigenständig durchzuführen. Ziel der Verhaltensanalysen ist es, das in Zusammenhang mit der Symptomatik auftretende Verhalten analysieren und in weiterer Folge auch verändern zu können.

Patientin 1:

S (Stimulus): Komme von der Arbeit nach Hause, fahre in Garage, rufe Eltern an, ob diese in der Wohnung sind. Niemand hebt ab.

O (Organismusvariable): Fürchte mich alleine im Haus, seit vor vielen Jahren ein junger Mann hier ermordet wurde.

Wohne aber seit einiger Zeit wieder bei meinen Eltern, weil ich alleine nicht mit der Kinderbetreuung klar komme.

Sehe mich als schwach und hilflos an (=Grundannahme).

R_{kog} (Reaktion kognitiv): »Scheiße, die sind nicht da.«, Was mache ich jetzt?«, »Wen kann ich noch anrufen, wenn das Gefühl kommt?«

R_{phys} (Reaktion physiologisch): kalte Hände, Herzschlag steigt an, mir wird schlecht

R_{emo} (Reaktion emotional): verspüre Abgespaltensein von der Welt und von mir selbst, wird immer stärker, je länger ich im Auto sitzen bleibe

R_{Verh} (Reaktion Verhalten): nehme Beruhigungstablette, Schlüssel und Handy fest in die Hand. Haste zur Tür ins Treppenhaus. Renne durch das Treppenhaus bis in Wohnung. Knalle Tür hinter mir zu.

K (Kontingenz): immer, wenn ich nach Hause komme und alleine von Garage zur Wohnung hinauf gehen muss

$C_{k,i}$ (Konsequenz, kurzfristig, intern): Erleichterung, Anspannung geht runter, fühle mich wieder in Sicherheit

$C_{l,i}$ Konsequenz, langfristig): traue mir noch weniger zu

$C_{l,e}$ (Konsequenz, langfristig, extern): warte nächstes Mal, bis Eltern wieder daheim sind; rufe noch rechtzeitiger an; Eltern bevormunden mich noch mehr

Durch die Verhaltensanalyse kann die Patientin schließlich erkennen, dass die Situation (»bin alleine in Garage«) bei ihr auf der kognitiven und auch körperlichen Ebene Symptome von Angst auslöst, sie diese aber emotional nicht spüren kann. Stattdessen erfährt sie ein Gefühl des Abgespaltenseins (=DP/DR-Erleben). Auf der Ebene des konkreten, sichtbaren Verhaltens greift die Patientin zu unterschiedlichem versicherndem Verhalten (ruft Eltern an, Beruhigungstablette, Handy, Schlüssel in Hand nehmen) und hastet durch Garage und Treppenhaus nach oben in die Wohnung, wo sich die Symptomatik nahezu augenblicklich beruhigt.

Die Patientin erkennt durch die Verhaltensanalyse auch, dass ihr Umgang mit der Situation dazu beiträgt, die Symptomatik aufrechtzuerhalten. Statt sich ihrer Angst zu stellen und diese auszuhalten, greift die Patientin auf den Mechanismus DP/DR zurück, der es ihr ermöglicht, schnell durch die dunkle Garage und das Treppenhaus bis in die Wohnung zu hasten, wo sie sich wieder in Sicherheit fühlt. Solange die Patientin ihren Umgang mit dieser Art von Situationen nicht ändert, »braucht« sie die Symptomatik, weil sie ohne diese so viel Angst hätte, dass sie den Weg nach oben in die Wohnung nicht schaffen würde.

Patientin 2:
S: Treffe mich mit einer Freundin, wir gehen zusammen mit den Hunden spazieren, Freundin redet zu viel. Spüre sehr massive DP/DR-Symptomatik.
O: Sei zurückhaltend! Stoße niemanden vor den Kopf! Wenn du sagst, dass es dir nicht gut geht, wollen die anderen mit dir nichts mehr zu tun haben! (Grundannahmen, Pläne und Regeln)
R_{kog}: »Wann hört sie endlich auf zu reden?«, »Ich kann mich nicht mehr konzentrieren.«, »Am liebsten würde ich sie einfach stehen lassen und nach Hause gehen.« »Aber so etwas kann ich auf keinen Fall machen, ich muss hier bleiben!«, »Was denkt sie sonst über mich?«
R_{phys}: Enge im Brustbereich, Kehle wie zugeschnürt
R_{emo}: Traurigkeit steigt an, fühle mich einsam
R_{Verh}: stapfe wortlos neben der Freundin her. Höre nicht mehr zu. Bin im Inneren nur noch auf DP/DR konzentriert.
K: häufig in Kontakt mit anderen
$C_{k,i}$: DP/DR-Symptomatik steigt immer weiter an, habe nichts von Treffen mit Freundin
$C_{k,i}$: kleine Entlastung, da ich mich nicht »outen« muss, wie es mir geht
$C_{l,i}$: überlege das nächste Mal, ob ich mich überhaupt treffen will
$C_{l,e}$: erhalte Freundschaft (glaube ich zumindest)

Die Verhaltensanalyse fällt der Patientin nicht leicht. Aufgrund der tief eingegrabenen Annahmen und Pläne, sich immerzu unauffällig verhalten zu müssen, um soziale Beziehungen nicht zu gefährden, scheint es ihr zu Beginn die einzig logische Umgangsweise mit solcherart von Situationen zu sein, diese entweder auszuhalten oder gänzlich zu vermeiden. Alternative Umgangsweisen kommen ihr gar nicht in den Sinn, etwa sich der Freundin gegenüber zu öffnen und diese, Anteil an ihrem inneren Geschehen nehmen zu lassen, um hierdurch eine Entlastung zu erfahren. Oder die Freundin zu bitten, für eine Zeitlang still zu sein, damit die Patientin Methoden anwenden kann, um ihr DP/DR-Erleben wieder besser in den Griff zu bekommen. Oder selbst aktiv das Gespräch zu steuern, um wieder mehr inneren Freiraum zu gewinnen und sich als nicht nur fremdbestimmt zu erleben.

Zumindest kann die Patientin im Verlauf der Analyse erkennen, dass ihr Umgang mit der Situation – wortlos neben der Freundin herzustapfen und diese weiterreden zu lassen – in jedem Fall nicht dazu beiträgt, die von ihr erlebte DP/DR-Symptomatik zu reduzieren, sondern diese im Gegenteil sogar weiter verschlechtert.

Gefragt danach, warum sich die Symptomatik in solcherart von Situationen immer verschlechtere, gab die Patientin an, dies hänge wohl mit der von ihr erlebten Anstrengung bei solchen Unternehmungen zusammen. Aufgrund der Einschränkungen im visuellen und auditiven Bereich müsse sie sich sehr stark konzentrieren, um auf die Umgebung zu achten, sich selbst zu orientieren, gleichzeitig den Hund im Blick zu haben und dann auch noch der Freundin zuzuhören. Daher sei es ihrer Ansicht nach »kein Wunder«, wenn sich die Symptomatik in solchen Situationen verschlechtere.

5.7.5 Individuelle Plananalyse

Mit Hilfe einer Plananalyse ist es möglich, die funktionalen Aspekte der DP/DR-Symptomatik zu analysieren (vgl. hierzu Belz 2009, S. 43). Bei betroffenen PatientInnen zeigt sich im Hintergrund oftmals der Wunsch nach Abgabe von Verantwortung (»Ich kann gar nicht selbst für mein Leben verantwortlich sein mit dieser Symptomatik«), damit einhergehend einerseits ein Bedürfnis nach Kontrolle (»Bin ich wirklich da?« »Ist das Leben echt?«), andererseits aber auch nach Bindung (»Kümmere dich um mich! Ich bin so allein.«).

Herr Q. leidet seit einigen Jahren unter zwar leichter, aber doch beständig anhaltender DP/DR-Symptomatik. Bei Herrn Q. besteht auch eine Lernbeeinträchtigung, die es ihm erschwert, in der Schule gut zu folgen. Immer wenn herausfordernde Aufgaben oder auch Prüfungen anstehen, erlebt Herr Q. eine Verstärkung der DP/DR-Symptomatik. Auf diese reagieren vor allem die Eltern von Herrn Q. recht panisch und es ist für den Sohn leicht, in solchen Situationen immer wieder für einige Tage zu Hause zu bleiben, sodass er die anstehenden Aufgaben oder Prüfungen nicht bewältigen muss.

Mittels einer durchgeführten Plananalyse zeigen sich bei Herrn Q. Pläne wie »Stelle dich dumm!«, »Zeige Überforderung!«, »Bleib abhängig von anderen!«, aber auch »Bestimme über deine Zeit selbst!« als sehr zentral. Diese verweisen zum einen auf das Bedürfnis Bindung (weil andere sich dann um mich kümmern), aber auch auf das Bedürfnis Kontrolle (ich bestimme über meine Zeit selbst).

Eine Plananalyse kann in der Praxis gemeinsam mit dem/der PatientIn erarbeitet, aber auch vom/von der TherapeutIn in Vorbereitung auf die Einheiten erstellt werden. Vor allem bei Betroffenen, die entweder unter immer wiederkehrendem DP/DR-Erleben leiden oder bei denen sich die DP/DR-Symptomatik von Zeit zu Zeit deutlich verstärkt, sind Annahmen und Pläne identifizierbar, die auf eine Funktionalität der Symptomatik hinweisen. Diese sollte in jedem Fall mit dem/der PatientIn reflektiert werden.

5.7.6 Begegnung mit dem Symptom

Viele Betroffene von chronischer DP/DR empfinden die Symptomatik als äußerst bedrohlich. Daher weichen sie ihr zumeist aus und haben ein ausgeprägtes Vermeidungsverhalten entwickelt. Fast nie haben sie sich die Frage gestellt, wie sich die Symptomatik bei ihnen im Detail gestaltet oder ob man mit der Symptomatik *ins Gespräch* kommen könnte, ob diese den Betroffenen vielleicht auch etwas zu sagen habe.

Eine Begegnung mit der Symptomatik, so wie sie hier in diesem Abschnitt vorgestellt wird, dient in erster Linie dazu, die Symptomatik zu erkunden und besser kennenzulernen. Hierzu eignen sich insbesondere Imaginationen und Stühletechnik, da PatientInnen durch diese oftmals tiefgreifendere Erfahrungen machen können als durch reine Gesprächstechniken. Ziel einer solchen Begegnung mit der Symptomatik ist es, sich der eigenen Erkrankung anzunähern, diese im Detail zu betrachten und mögliche Ängste abzubauen.

Viele PatientInnen reagieren allerdings sehr skeptisch bis offen ablehnend auf den Vorschlag, sich der eigenen Symptomatik anzunähern bzw. ihr zu begegnen. Die meisten von chronischer DP/DR Betroffenen machen in ihrem Alltag immer wieder die Erfahrung einer Konfrontation mit der Symptomatik, die sie zumeist als aversiv erleben und daher vermeiden wollen. Viele Betroffene sind auch der Überzeugung, dass sie ihre Symptomatik klein halten können, wenn sie darauf achten, diese nicht allzu sehr zu konfrontieren. Der Vorschlag, der eigenen Symptomatik zu begegnen, löst bei den meisten PatientInnen daher große Ängste aus.

An dieser Stelle ist es wichtig, den PatientInnen klar zu machen, dass es bei einer Begegnung mit der Symptomatik nicht um Konfrontation, im Sinne einer bewusst herbeigeführten Begegnung inklusive Aushalten der Symptomatik geht, sondern darum, mehr über die eigene Erkrankung zu erfahren. Hierdurch soll der Symptomatik auch ihre Überdimensionalität, ihre Macht genommen werden, die sie bei den meisten Betroffenen besitzt.

Imaginationen

In der Imaginationsarbeit wird der/die PatientIn mittels einer leichten Tranceinduktion (vgl. Schmidt 2019, S. 142–146; S. 183) zu einer Begegnung mit der Symptomatik geführt. Dabei wird sie/er angeleitet, die von ihm erlebte Symptomatik gut zu spüren, um von hier aus eine Erkundungsreise zu starten. Bei dieser wird der/die PatientIn vom/von der TherapeutIn begleitet und mit gezielten Fragen unterstützt: Wie gestaltet sich das Symptom (Körper, Farbe, Form, Nähe-Distanz etc.)? Was will das Symptom von mir? Wie kann ich mit dem Symptom in Kontakt treten?

Fallbeispiel 1

T: Wir beginnen jetzt mit der Imagination. Schließen Sie die Augen, atmen Sie ruhig und gleichmäßig. Versuchen Sie, so gut es geht, den Raum um sich herum auszublenden. Konzentrieren Sie sich nur auf sich selbst. Wenn Sie so weit sind, dann nehmen Sie die DP/DR-Symptomatik gut wahr. So, wie Sie sie jetzt in diesem Moment spüren. Was nehmen Sie wahr?
P: Ich fühle mich seltsam, so leicht, schwerelos irgendwie.
T: Spüren Sie nach. Was bedeutet das genau?
P: Als ob ich nicht da wäre.
T: Als ob Sie nicht da wären?
P: Ich spüre meinen Körper nicht.
T: Den ganzen Körper?
P: Bis auf meine Augen. Die sind da. Die kann ich spüren.
T: Und sonst in Ihrem Kopf?
P: Nichts. Da ist Leere.
T: Spüren Sie genau hin. Wie fühlt sich die Leere an?
P: Da zieht etwas.
T: In Ihrem Kopf?
P: Ja, genau. Da zieht etwas. Zieht mich nach hinten. Wie ein Magnet. Oder ein schwerer Gegenstand, der mit meinem Kopf, meinem Gehirn durch Seile verbunden ist. Und mich nach hinten zieht.
T: Und da hinten, was ist da? Was ist das für ein Gegenstand?
P: Ich weiß nicht.
T: Können Sie sich mal nach hinten umwenden, um zu schauen, was da ist?
P: Es ist dunkel. Aber irgendwas wabert dort in der Dunkelheit. Wie Nebel. Ich glaube, das ist die Symptomatik. Und es fühlt sich an, als wäre auch ein Teil von mir dort. Meine Gefühle sind dort, meine guten Gefühle ...
T: Schauen Sie noch ein bisschen weiter dorthin. Können Sie die Seile erkennen, die von diesem Nebel zu ihrem Gehirn herüberverlaufen?
P: Ja, wie leuchtende Bänder.
T: Sind sie stabil?
P: Sehr stabil, glaube ich.
T: Bleiben Sie noch bei der Symptomatik, bei diesem Nebel. Spüren Sie nach: Will die Symptomatik irgendetwas von Ihnen?
P: Ich glaube, sie will zu mir.
T: Zu Ihnen?
P: Genau. Zurück zu mir.
T: Und Sie? Wollen Sie sie haben?
P: Hm, ich weiß nicht. Eigentlich will ich nur meine guten Gefühle wieder haben.
T: Was passiert denn, wenn Sie leicht an den leuchtenden Seilen ziehen?
P: Sie kommt näher.
T: Die Symptomatik?
P: Ja.
T: Und was spüren Sie?

P: Ein bisschen Angst. Aber nicht so sehr. Irgendwie auch Freude, dass da die Gefühle wieder näher kommen.

Dem Patienten gelingt es, sich mittels der durchgeführten Imagination seiner Symptomatik erstmals anzunähern. Er macht die Erfahrung, dass die Symptomatik gar nicht so angstbesetzt für ihn ist, wie er immer angenommen hat. Als der Patient sogar wagt, die Symptomatik aktiv näher an sich heranzuziehen, erlebt er ein Gefühl der Freude, das er bereits als verloren geglaubt hatte. Die erlebte Imagination hat großen Einfluss darauf, dass der Patient hiernach eine Entlastung erlebt und sich der Symptomatik nicht mehr so ausgeliefert fühlt.

Fallbeispiel 2

T: Beschreiben Sie ein bisschen, was da bei Ihnen gerade passiert.
P: Ich gehe durch einen Park. Es ist der Park bei meiner Wohnung.
T: Wie geht es Ihnen?
P: Ich fühle mich nicht wohl. Irgendwo ganz in der Nähe ist die Symptomatik. Ich kann sie spüren. Fühle mich beobachtet von allen Seiten.
T: Schauen Sie sich um. Wo könnte die Symptomatik stecken?
P: Da, sie springt hinter einem Busch hervor.
T: Und wie sieht sie aus?
P: Es ist – ein Zwerg. Ein hässlicher Zwerg. Mit einer feuerroten Nase.
T: Was tut der Zwerg?
P: Er zeigt auf mich. Mit einem Finger. Einem gebogenen Finger.
T: Sagt er auch was?
P: Ja, er sagt: »Ich sehe alles, was du machst! Du bist ja total gestört! Jemand wie du kann niemals ein normales Leben führen!«
Patientin fängt an zu weinen.
T: Erinnert Sie der Zwerg an irgendjemanden?
P: Ja, an meine Mutter. Die hat auch immer so ähnliche Dinge zu mir gesagt.
Die Imagination hilft der Patientin dabei, zu erkennen, dass die Symptomatik Teile ihrer Mutter verkörpert, mit denen sie sich noch nicht ausreichend auseinandergesetzt hat und die sie daher immer noch negativ in ihrem Leben beeinflussen. In der weiteren Therapie werden diese Aspekte aufgegriffen und bearbeitet.

In der Praxis zeigt sich die Arbeit mittels Imaginationen, bei denen der Symptomatik »eine Gestalt« gegeben und zu dieser auch Kontakt hergestellt wird, für viele Betroffene als äußerst hilfreich. Auffallend ist, dass die Symptomatik zumeist als bedrohliches, oft auch körperloses oder durchscheinendes Wesen imaginiert wird. Viele PatientInnen beschreiben, dass sie das Gefühl haben, dieses Wesen habe wichtige Teile ihrer selbst weggenommen, z. B. die guten Gefühle oder auch die Fähigkeit klar zu denken. Obwohl von diesem Wesen eine Bedrohlichkeit ausgeht, empfinden viele Betroffene auch einen Sog hin zu ihrer Symptomatik, dem sie sich nur unter größter Mühe widersetzen können. Dies macht die Mühsal deutlich, mit der sich viele Betroffene Tag für Tag gegen die Symptomatik zu wehren versuchen.

Kann die Symptomatik mittels einer Imagination erfahren werden, stellt sich dies für viele Betroffene als große Entlastung dar, weil die Erkrankung hierdurch auch etwas von ihrem Schrecken verliert. Wurde die Symptomatik erst einmal visualisiert, ist es in vielen Fällen auch möglich, mit dieser in ein Gespräch zu kommen, um sie noch weiter zu erkunden. Hierzu eignen sich weitere Imaginationen oder auch die Stühlearbeit.

Stühlearbeit

In der Stühlearbeit (Auszra et al. 2017, S. 192-222) finden der Kontakt und die Begegnung mit der Symptomatik sichtbar im Therapieraum statt. Dabei können verschiedene Stühle so platziert werden, wie der/die Betroffene die Symptomatik empfindet (z. B. um sich herum oder auf einer Seite hinter sich). In der Stühlearbeit kann einerseits mit dem Symptom kommuniziert werden, andererseits aber auch konkrete Veränderungen durch Verrücken der Stühle vorgenommen werden. In der Stühlearbeit ist es ebenfalls möglich, dass PatientInnen die Perspektive der Symptomatik einnehmen, um den eigenen Blickwinkel auszuweiten.

Eine Stühlearbeit kann sich an eine zuvor durchlaufene Imagination anschließen und auf deren Ergebnissen aufbauen oder auch unabhängig von einer solchen durchgeführt werden. Manche PatientInnen, die Imaginationen eher skeptisch gegenüber stehen, sind doch für eine Stühlearbeit zu gewinnen.

Ebenso wie in der Imagination soll der/die TherapeutIn in der Stühlearbeit den/die PatientIn durch passende Fragen motivieren, das Geschehen im Detail zu erkunden. Dabei fasst die/der TherapeutIn das bisher Erarbeitete immer wieder kurz zusammen, um dem/der PatientIn Zeit für innere Reflexion zu ermöglichen. Sollte der/die PatientIn im Verlauf der Einheit auch auf den unterschiedlichen Stühlen Platz nehmen, so übernimmt der/die TherapeutIn immer die Rolle der jeweils anderen Stühle, indem sie/er sich hinter diese stellt und deren Botschaft paraphrasiert.

Fallbeispiel 1

T: Spüren Sie mal genau hin. Wie nehmen Sie die Symptomatik im Moment wahr?
P: Sie ist sehr stark. Das ist alles total anstrengend hier.
T: Können Sie die Symptomatik lokalisieren? Hier im Raum? Wo spüren Sie sie?
P: Irgendwie so rechts. Auf meiner rechten Seite.
T: Hier?
Therapeutin rückt einen der Stühle rechts neben die Patientin.
P: Nein, weiter hinten. Mehr gegen die Wand.
Stuhl wird verrückt.
T: Passt das so?
P: Nein, höher. Irgendwie schaut sie von oben auf mich herab.
Therapeutin stapelt einige Stühle aufeinander.

T: So?
P: Ja, das kommt hin.
T: Schauen Sie zur Symptomatik hin oder hängt sie in Ihrem Rücken?
P: Im Rücken. Ich schaue geradeaus.
T: Dann machen Sie das jetzt mal so. Wie fühlen Sie sich?
P: Bedroht. Aber auch beobachtet.
T: Kommt die Symptomatik näher?
P: Nein, sie bleibt, wo sie ist. Aber sie beobachtet mich die ganze Zeit. Mit ihren riesigen, starren Augen.
T: Ist es denkbar für Sie, dass Sie Ihren Stuhl mal etwas drehen? In Richtung der Symptomatik.
P: Ich weiß nicht.
T: Mögen Sie es ausprobieren? Nur ein Stück …

Patientin und Therapeutin drehen gemeinsam den Stuhl der Patientin ein Stück weit in Richtung der Symptomatik.

P: Uh, das wirkt ganz gruslig auf mich! Die Symptomatik so zu sehen. Ihr so gegenüber zu sitzen.
T: Bleiben Sie noch ein bisschen dabei.
P: Sie wirkt so riesig. Der ganze Aufbau …
T: Sie könnten ausprobieren, wie es sich anfühlt, wenn Sie mal aufstehen.

Patientin steht auf.

T: Wie sieht die Symptomatik jetzt für Sie aus?
P: Kleiner. Nicht mehr so bedrohlich.

Die Stühlearbeit hilft der Patientin dabei, verschiedene Blickwinkel zu ihrer Symptomatik einzunehmen. Sie experimentiert mit unterschiedlichen Körperpositionen und Distanzen zur Symptomatik. Eine deutliche innerliche Entlastung stellt sich ein.

Fallbeispiel 2

Der Patient hat mittels Imagination die Symptomatik bereits als ein waberndes Etwas visualisiert, das ihn von allen Seiten umgibt. Dieses Bild wird in der Stühlearbeit nun nachvollzogen, indem der Patient auf einem Stuhl inmitten von Stühlen Platz nimmt. Die ihn umgebenden Stühle werden mit einer Decke überdeckt, um die Formlosigkeit der Symptomatik möglichst gut darzustellen.

T: Welches Gefühl entsteht in Ihnen, wenn Sie hier so sitzen?
P: Ich fühle mich bedrängt. Bedrängt von allen Seiten. Ich habe keinen Platz. Ich kriege keine Luft.
T: Das kann ich gut nachvollziehen. Die Symptomatik rückt Ihnen ja ganz schön zu Leibe. Können Sie der Symptomatik mal sagen, wie es Ihnen geht?

Patient spricht zu Symptomatik: Lass mich in Ruhe! Ich kriege keine Luft! Geh weg!

T: Wie fühlen Sie sich jetzt?
P: Etwas erleichtert. Dass ich das mal rauslassen konnte.

T: Könnten Sie sich vorstellen, einen der Plätze der Symptomatik einzunehmen, um zu erfahren, was da auf Seiten der Symptomatik los ist?
P: OK.
Patient nimmt den Platz direkt ihm gegenüber ein. Therapeutin stellt sich auf die andere Seite und paraphrasiert die Worte des Patienten.
T: Symptomatik, du hast gehört, was P. gesagt hat. Du sollt ihn in Ruhe lassen! Du sollst weggehen! Er bekommt keine Luft. Wie ist das für dich, wenn du so etwas hörst?
P: (als Symptomatik): Ich will ihm doch nur helfen.
T: Du willst ihm helfen? Braucht P. Hilfe aus deiner Sicht?
P: (als Symptomatik): Ja, er kommt doch alleine nicht zurecht.
T: Er kommt alleine nicht zurecht?
P: (als Symptomatik): Ja, immer macht er alles falsch, der Idiot.

Im weiteren Verlauf der Einheit können die schützenden, aber auch die selbstabwertenden Aspekte der Symptomatik im Detail erkundet werden, was für den Patienten zu unterschiedlichen wichtigen Erkenntnissen führt. Seine Angst vor der Symptomatik geht deutlich zurück.

In der Praxis zeigen sich bei der Stühlearbeit oftmals zunächst scheinbar schützende Anteile der Symptomatik. Analysiert man diese im Detail, so verwandeln sie sich nicht selten in recht selbstabwertende Anteile. Hinter »*Ich will dich doch nur schützen, damit alles für dich nicht so anstrengend ist!*« steht häufig ein »*Du hast es nicht verdient, ein gutes Leben zu haben!*«

Auch wenn es nicht ihr erstes Ziel ist, so sind Imaginationen ebenso wie Stühlearbeit auch Methoden der Konfrontation mit der Symptomatik. Oftmals nimmt zuvor bestehendes Vermeidungsverhalten gegenüber der Symptomatik nach solchen angeleiteten Begegnungen ab und die Betroffenen können verschiedene Handlungsoptionen erproben.

Das DP/DR-Syndrom als philosophische Erkrankung

Bei vielen von chronischer DP/DR Betroffenen kommen in der Stühlearbeit wie auch sonst in der Therapie von Zeit zu Zeit existenzielle Fragen auf, die von der Symptomatik an die betroffene Person gestellt werden. Das DP/DR-Syndrom wird oft als philosophische Erkrankung bezeichnet (Paulus 2013), da sie bei vielen Betroffenen mit einem ausgeprägten Grübeln über grundlegende Fragen einhergeht. Dazu gehören Fragen nach dem Verhältnis zwischen Körper und Ich, nach dem Sinn des Lebens oder der Ausgestaltung der Realität. Chronische DP/DR macht wie keine andere psychische Erkrankung deutlich, dass unser aller Wahrnehmung nur eine mögliche Interpretation unseres Selbst und der Welt um uns herum ist. Das, was wir als Realität bezeichnen, ist eine von Menschen definierte Übereinkunft, es könnte aber auch ganz anders sein.

Personen, die unter chronischer DP/DR leiden, erfahren ein verändertes Selbst-, Raum- und Zeiterleben, das oftmals alles in Frage stellt, was sie zuvor für richtig

(= als die Realität) und damit auch als sicher erachtet haben. Es gehört wohl zu den schlimmsten und auch bedrohlichsten Erfahrungen, die ein Mensch machen kann, dass die vermeintlich stabilen Grundpfeiler *Selbst*, *Raum* und *Zeit* fragil und veränderlich sind. Verständlicherweise kann dies große Ängste auslösen und viele Fragen aufwerfen. Die meisten Betroffenen bleiben mit ihren Fragen in ihrem Umfeld allein, da sie kaum Menschen finden, die bereit sind, sich hierüber intensiv auseinanderzusetzen.

Aus diesen Gründen sollte in der Therapie hierfür ausreichend Platz sein. Da die auftauchenden Fragen oft mit Ängsten besetzt sind, ist das Diskutieren jener auch als eine Begegnung mit der Symptomatik zu verstehen. Wenn vonseiten des/der PatientIn existenzielle Fragen auftauchen, so sollten diese von der/dem TherapeutIn aufgegriffen werden. In der Diskussion zeigt sich der/die TherapeutIn hierbei als aktiveR GesprächspartnerIn, der/die verschiedene mögliche Sichtweisen auf das Thema einbringt (vgl.: Yalom 2010).

Herr A. beschäftigt sich immer wieder mit der Frage danach, was das Ich sei. Besonders beschäftigt ihn daran die Fragen nach dem Verhältnis von Ich und Körper:

- Wie könne überhaupt ein Ich-Bewusstsein entstehen?
- Wie könne sich das Ich im Körper verankern?
- Existiert das Ich nur innerhalb des Körpers oder auch losgelöst von diesem?

In der Therapie werden diese Fragen ausführlich diskutiert. Die Therapeutin bringt dabei immer wieder eigene Sichtweisen ein. Als besonders hilfreich erlebt Herr A. zu erfahren, dass sich auch die Therapeutin von Zeit zu Zeit mit Fragen nach dem Verhältnis zwischen Ich und Körper auseinandersetzt. Die Therapeutin verweist darauf, dass eine Diskrepanz bzw. die Gleichzeitigkeit der beiden Elemente auch in der Sprache deutlich wird: »Ich habe einen Körper« vs. »Ich bin der Körper«. So ist das Ich zum einen deckungsgleich mit dem Körper, denn es fühlt mit dem Körper, zum anderen hat es aber auch einen Körper, kann sich also von diesem distanzieren und eine Beobachterposition zum eigenen Körper einnehmen.

Gemeinsam wird schließlich an einem Modell gearbeitet. Ein leeres Glas symbolisiert den Körper. In dieses wird ein Luftballon gelegt, der das Ich gewissermaßen als Einsatz in den Körper, der diesem Gegenstand als Hülle dient, versinnbildlicht. Wie der Luftballon kann sich auch das Ich ausdehnen, sodass es deckungsgleich mit dem Körper wird, es kann sich aber auch zurückziehen und eine Distanz zum Körper wahrnehmen.

Bei der Diskussion solch existenzieller Fragen sollte darauf hingewiesen werden, dass es für diese keine eindeutigen und abschließenden Antworten geben kann, da eine solche Antwort außerhalb des menschlichen Wissens- und Erfahrungshorizontes liegt. Es ist aber möglich, durch die Beschäftigung mit diesen Fragen zu einer individuellen Haltung zu finden, z. B.:

- Wie definiere ich für mich selbst das Verhältnis zwischen Ich und Körper?
- Welchen Sinn gebe ich meinem Leben?

Die meisten philosophischen und religiösen Weltanschauungen beinhalten Diskussionen und Haltungen zu existenziellen Fragen, Bei Interesse können PatientInnen dazu ermutigt werden, sich mittels dieser Quellen weiter mit dem Thema zu beschäftigen. Teilweise finden sich in den unterschiedlichen Weltanschauungen auch andere Ansichten über Realität oder das Verhältnis von Körper und Ich, als dies im christlich geprägten Raum der Fall ist.

5.8 Symptomreduktion

Wie oben beschrieben, gehören zur Symptomatik chronischer DP/DR 7 Symptomgruppen, die in individueller Ausprägung vorliegen können. Vor allem die Symptombereiche *Unwirklichkeitsgefühl gegenüber Selbst und Umwelt*, *Beeinträchtigung der Sinneswahrnehmungen*, *emotionale Taubheit* sowie *kognitive Einschränkungen* werden von vielen Betroffenen als besonders störend erlebt.

So ist es nicht verwunderlich, dass sich viele Betroffene von der Therapie auch oder sogar an erster Stelle eine Symptomreduktion wünschen, die im besten Fall zu einem Verschwinden der Symptomatik führt. Dieser Wunsch sollte von TherapeutInnen ernst genommen werden. Zum einen besteht ansonsten die Gefahr, PatientInnen zu verlieren, zum anderen gibt es tatsächlich eine Reihe an Möglichkeiten, einzelne Symptome zumindest zeitweise zu reduzieren.

Im Folgenden findet sich eine Zusammenstellung möglicher Anleitungen und Übungen, die zur gezielten Symptomreduktion gegliedert nach den einzelnen Symptomgruppen genutzt werden können. Die Vermittlung solcher Anleitungen und Übungen findet in den therapeutischen Einheiten statt. Die Vorauswahl passender Übungen trifft dabei der/die TherapeutIn nach der jeweiligen Betroffenheit des/der PatientIn. So werden beispielsweise für eine Patientin mit starken kognitiven Beeinträchtigungen vornehmlich Übungen aus diesem Bereich ausgewählt, Anleitungen und Übungen zur Symptomreduktion in anderen Bereichen nur bei konkretem Bedarf hinzugefügt.

Es hat sich in der Praxis nicht als zielführend erwiesen, den PatientInnen einen Katalog möglicher Übungen und Anleitungen zur Symptomreduktion in den unterschiedlichen Bereichen auszuhändigen, damit diese sich selbst die für sie passenden Übungen heraussuchen können. Es zeigt sich, dass PatientInnen dies nicht tun, wenn sie die Übungen zuvor nicht gemeinsam mit der/dem TherapeutIn erprobt haben.

Die Durchführung von Übungen zur Symptomreduktion hat das Ziel, konkrete von der/dem PatientIn als besonders beeinträchtigend erlebte Aspekte der Symptomatik zu reduzieren. Im Zentrum der Reduktion steht dabei die Reduktion des Beeinträchtigtseins und nicht die Reduktion des jeweiligen Symptoms an sich. Ist die

Symptomatik in bestimmten Bereichen sehr stark ausgeprägt oder verstärkt sich die Symptomatik in bestimmten Situationen, so sind Betroffene oftmals in ihrer Handlungsfreiheit eingeschränkt (Baker et al. 2010, S. 5 f.). Wer immer wieder unter starken visuellen Beeinträchtigungen leidet, kann beispielsweise nicht selbst mit dem Auto fahren. Anleitungen und Übungen zur Verbesserung der visuellen Sinneswahrnehmung sollten sich daher der Reduktion der Beeinträchtigung widmen, also mit dem Ziel durchgeführt werden, der betroffenen Personen zumindest das Fahren kurzer Strecken wieder zu ermöglichen. Eine reine Fokussierung auf die Reduktion der Symptomatik an sich ist nicht ausreichend.

Diese Punkte müssen mit den PatientInnen vor der Vermittlung konkreter Anleitungen und Übungen stets diskutiert werden:

- In welchem Bereich zeigt sich die Symptomatik besonders stark?
- In welchen Situationen tritt das auf?
- Wie genau zeigt sich hierdurch eine Beeinträchtigung?
- Was wäre (wieder) möglich, wenn die Beeinträchtigung weniger werden würde?

Nicht alle PatientInnen können auf diese Fragen sofort eine Antwort finden. Zu sehr sind sie noch mit ihrer Aufmerksamkeit nur auf die Symptomatik fokussiert.

Das Arbeitsblatt (▶ Anlage 2.4) kann den PatientInnen als Hausaufgabe mitgegeben werden. Dies eignet sich allerdings nur für Personen, die die eigene Symptomatik schon ein Stück weit reflektiert und ihren Zusammenhang (d. h. ihre Reaktion i.S.v. Verbesserung oder auch Verschlechterung) mit inneren und äußeren Situationen erkannt haben.

Die meisten Betroffenen von chronischer DP/DR brauchen beim Ausfüllen des Arbeitsblattes die Unterstützung des/der TherapeutIn.

PatientInnen neigen dazu, beim letzten Punkt des Arbeitsblattes den Wert 0 oder höchstens 1 anzugeben, weil sie davon überzeugt sind, dass nur ein gänzliches Verschwinden der Symptomatik wieder ein lebenswertes Leben ermöglichen würde. Dieser Punkt sollte mit den PatientInnen im Detail diskutiert werden, um deren Blickwinkel auszuweiten. Mit welchen Verbesserungen könnte sich der/die PatientIn zufrieden geben? Auf welcher Stufe der Reduktion wären schon die ein oder anderen Veränderungen im konkreten Verhalten möglich bzw. wäre eine Verbesserung der Lebensqualität spürbar?

Es ist sehr unwahrscheinlich, dass sich durch Anleitungen und Methoden zur Symptomreduktion in kurzer Zeit ein Auflösen der Symptomatik einstellt (vgl. AWMF 2014, S. 21). Dies ist auch gar nicht das erste Ziel der Symptomreduktion. Vielmehr geht es darum, den PatientInnen wieder mehr Handlungsfreiheit zu geben und ihre Lebensqualität hierdurch zu erhöhen.

Gemeinsam mit der/dem PatientIn muss daher immer wieder daran gearbeitet werden, den Fokus von der Symptomatik weg und hin auf die eigene Person und das eigene Leben zu richten. Der betroffene Mensch steht im Zentrum der Aufmerksamkeit und nicht die Symptomatik als solche.

Betroffene von chronischer DP/DR neigen dazu, Methoden und Übungen zur Symptomreduktion recht aktionistisch zu betreiben, wenn sie einmal erlebt haben, dass eine bestimmte Übung zu einer (kurzzeitigen) Reduktion der Symptomatik führt. Damit ist ihnen auf Dauer jedoch kaum geholfen. Zum einen liegt der Fokus der/des PatientIn immer noch einseitig auf der Symptomatik, indem sie/er stets nur beobachtet, ob sich die Symptomatik durch die angewendete Übung abschwächt, zum anderen gilt, was auch sonst für die Anwendung von Skills gilt: Was oft angewandt wird, verliert seine Wirkung.

Zurückhaltung ist auch notwendig bei PatientInnen, die stets nach neuen Anleitungen und Methoden verlangen, in der Hoffnung, dass darunter doch irgendwann einmal eine sein muss, die ihnen hilft. Auch hier liegt der Fokus rein auf der Reduktion der Symptomatik und wird nicht mit einer konkreten Verbesserung der Lebensqualität in Zusammenhang gebracht. Außerdem zeigt sich, dass PatientInnen, die über einen solchen Zugang verfügen, kaum eine der vorgeschlagenen Übungen auch tatsächlich über längere Zeit machen, um überhaupt ihre Wirkung zu erproben.

> **Frau I.** leidet seit einigen Jahren unter chronischer DP/DR, die oftmals über mehrere Monate konstant anhält. In diesen Phasen wird die Patientin vor allem von einem starken Distanzgefühl zum eigenen Körper gequält. Frau I. tut sich sehr schwer, ihre konkrete Beeinträchtigung durch dieses Distanzgefühl zu benennen. Frau I. ist beruflich sehr erfolgreich, hat eine stabile Partnerschaft und plant, mit ihrem Mann ein Kind zu bekommen. Dennoch ist sie innerlich sehr viel mit dem erlebten Distanzgefühl beschäftigt, zeitweise kann sie sich auf fast nichts anderes konzentrieren.
> Mit Frau I. werden in der Therapie Übungen zur Verbesserung des Körpererlebens geübt. Dabei erfährt Frau I. eine spontane Reduktion der Symptomatik. Frau I. beginnt, diese Übungen in recht aktionistischer Art und Weise bis zu 20mal pro Tag zu Hause durchzuführen. Zu Beginn führen die Übungen noch jeweils zu einer Verbesserung der Symptomatik, mit der Zeit lässt dies nach, was Frau I. dazu bringt, die Übungen noch öfter durchzuführen. Schließlich zeigt sie sich in der Therapie sehr enttäuscht darüber, dass die Übungen nicht mehr wirken.
> Frau I. verlangt neue Übungen. Diese probiert sie jedoch nur wenige Male zu Hause aus. Sie helfen ihr nicht, so gibt sie an. Und verlangt neue Übungen. Als die Therapeutin darauf verweist, dass Frau I. stets nur auf ihre Symptomatik konzentriert sei, stellt sich bei Frau I. Ärger ein. Sie wäre doch bereit, alle Übungen auch auszuprobieren, die Therapeutin müsse ihr nur welche geben. Einer Arbeit an der Verschiebung der inneren Fokussierung ist Frau I. nicht zugänglich. Sie deutet an, die Therapie abbrechen zu wollen, wenn sie von der Therapeutin keine Anleitungen und Übungen mehr bekäme.

Im gezeigten Beispiel richtet sich der Fokus der Patientin einseitig an der Symptomatik aus. Jede der vorgestellten Anleitungen und Übungen wird von der Patientin nur in Hinblick darauf durchgeführt, ob sich dadurch die Symptomatik verbessert. Ein Zusammenhang mit einer Verbesserung der Lebensqualität wird nicht hergestellt. Die gewünschte Reduktion der Symptomatik bleibt für sich allein stehen und wird nicht in einen Gesamtzusammenhang eingebettet.

Im Zentrum der Arbeit an einer Symptomreduktion sollten daher stets folgende Fragen stehen:

- Welche Übungen eignen sich für den/die PatientIn aufgrund seiner/ihrer speziellen Symptomatik, um eine gewisse Symptomreduktion zu erreichen und um hierdurch ihren/seinen Fokus von der Symptomatik wegrichten und mehr Handlungsfreiheit und Lebensqualität zu erlangen?
- Kann die Person durch die Methoden eingeschliffene Verhaltensweisen verändern?
- Können Gedankenkreise unterbrochen werden?

Dabei dienen die konkreten Anleitungen und Übungen zur Symptomreduktion auch dazu, in schwierigen Situationen ohne selbstschädigendes oder vermeidendes Verhalten durchzukommen. Trägt eine der vorgestellten Methoden und Anleitungen zu diesen Zielen bei, dann ist sie für die/den PatientIn passend und sollte von ihr/ihm durchgeführt werden. In einigen Fällen ist es auch möglich, durch eine konsequente Anwendung der Methoden und Übungen zu einer dauerhaften Symptomreduktion zu kommen.

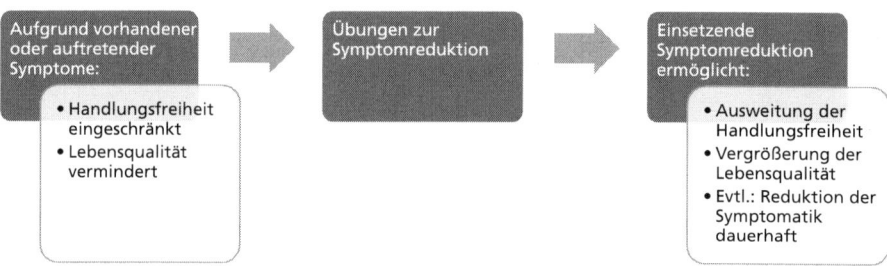

Abb. 5.4: Ziele der Symptomreduktion

Damit eine Symptomreduktion nicht nur kurzfristig wirkt, sondern sich ein dauerhafter Effekt auf die Symptomatik ergibt, sollten die PatientInnen dazu angeleitet werden, die vorgeschlagenen Übungen regelmäßig auch zu Hause durchzuführen. In der Therapie sollte im Sinne konkreter Verhaltensanalysen immer wieder erfragt werden, ob überhaupt, in welchen Situationen und mit welchem Erfolg die PatientInnen die zuvor besprochenen Übungen auch eigenständig durchführen. Hier muss auch Motivationsarbeit durch die TherapeutInnen geleistet werden, da sich eine spürbare Reduktion der Symptomatik oftmals erst nach einiger Übungszeit, frühestens nach vier bis sechs Wochen, ergibt. Es kann hilfreich sein, die PatientInnen ihre subjektive Beeinträchtigung von Zeit zu Zeit auf einer Skala einschätzen zu lassen, um Veränderungen sichtbarer zu machen.

Bei den im Folgenden vorgestellten Anleitungen und Methoden finden sich auch einige, die oberflächlich betrachtet mit einer Vermeidung von Situationen verwechselt werden könnten, etwa der Vorschlag, sich in bestimmten Situationen für kurze Zeit zurückzuziehen. Bei genauerer Betrachtung zeigen sich allerdings deutliche Unterschiede: Bei vermeidendem Verhalten, das von den PatientInnen gesetzt wird, geht es darum, dem unangenehmen Gefühl des Auftretens oder der Verstärkung der Symptomatik auszuweichen. Die betroffene Person zieht sich zurück, um der Situation auszuweichen und kehrt auch nicht mehr in diese zurück. Zieht sich die betroffene Person allerdings kurzfristig zurück, um eine Symptomreduktion zu erreichen und sich ein Stück weit zu regenerieren, um dann wieder in die Situation zurückzukehren, so ist dies nicht als Vermeidungsverhalten zu werten, sondern als konkrete Methode der Symptomreduktion, die dazu beiträgt, mehr Lebensqualität zu erfahren und den eigenen Handlungsspielraum auszuweiten.

5.8.1 Umgang mit Veränderungen im Körpererleben/ Ich-Erleben

Veränderung im Körper- oder Ich-Erleben (▶ Kap. 2.1) werden von vielen Betroffenen häufig als besonders belastend erlebt. Sich selbst nicht mehr als das eigene Ich zu spüren und den eigenen Körper nicht mehr als den eigenen wahrzunehmen ist belastend, ängstigend und verlangt den Betroffenen im täglichen Leben sehr viel Anstrengung ab.

Hilfreich und symptomreduzierend können hier alle Übungen, Methoden und Anleitungen sein, die dazu geeignet sind, überhaupt wieder eine Verbindung zum eigenen Körper zu bekommen oder den eigenen Körper besser zu spüren, besonders auch Körpergrenzen wieder bewusster wahrzunehmen. Dies wird durch die bisherige Forschung zu chronischer DP/DR bestätigt (Michal 2015, S. 88), die hier achtsame Körperübungen wie etwa den Body-Scan (Kabat-Zinn 2014) empfiehlt.

Zu Beginn können PatientInnen mit klassischen Skills aus dem Skillstraining (vgl. Bohus & Wolf-Arehult 2018) angeleitet werden, ihren Körper wieder besser zu spüren. Das Skillstraining – eigentlich für Personen mit Borderline-Persönlichkeitsstörung entwickelt – weist eine enorme Breite an möglichen Skills auf. Es dient in erster Linie dazu, bestimmte Situationen, in denen bislang dissoziatives Erleben auftrat, besser bewältigen zu können, ohne auf Dissoziation als Bewältigungsstrategie zurückgreifen zu müssen. Auch bei Betroffenheit von chronischer DP/DR sind viele dieser Skills geeignet.

Für Betroffene von chronischer DP/DR, die unter Veränderungen im Körper- und Ich-Erleben leiden, sind vor allem körperorientierte Methoden, die starke körperliche Reize setzen, besonders passend. Diese Reize können durch das kalte oder warme Abduschen und Abreiben mit einem Massageschwamm gesetzt werden. Hierdurch wird nicht nur das Körperempfinden verbessert, sondern auch das Spüren der Körpergrenzen. Eine Massage, selbst durchgeführt oder durch eine andere, dem/der Patientin nahestehenden, Person vorgenommen, kann ebenfalls als hilfreich erlebt werden. Wichtig ist es, hierbei nicht allzu sanft vorzugehen, sondern eher etwas kräftiger (kneten, drücken, klopfen) zuzugreifen und den gesamten Körper zu bearbeiten.

Chronische DP/DR ist eine Symptomatik, die von den Betroffenen als äußerst dämpfend erlebt wird. Dies zeigt sich auch auf der körperlichen Ebene, indem körperliche Empfindungen von vielen nur noch schwer wahrgenommen werden können und der Körper oft wie leblos erscheint. Hierzu kommt bei vielen Patient-

Innen aber auch die Tatsache, dass ihnen die Motivation zu körperlicher Bewegung durch die Erkrankung abhandengekommen ist. Etliche Betroffene verbringen daher viel Zeit in Bewegungslosigkeit. Diese führt allerdings wiederum zu dem subjektiven Gefühl einer Verstärkung der Symptomatik.

Abb. 5.5: Zusammenhang DP/DR und Bewegungsmangel

In der Praxis zeigt sich, dass es einen Zusammenhang gibt zwischen mangelnder körperlicher Bewegung und erlebter Schwere der Symptomatik. TherapeutInnen sollten ihre PatientInnen aus diesem Grund dazu ermutigen, wieder mehr in die körperliche Bewegung zu kommen. Vor allem körperliche Bewegung in der Natur beschreiben viele PatientInnen als hilfreich.

Frau Z. verbrachte zu Beginn der Therapie sehr viel Zeit zu Hause liegend am Sofa. Sie hatte das Gefühl, dass sich ihre DP/DR-Symptomatik stets verschlechtere, wenn sie sich zu viel bewege.

Durch die Therapie konnte Frau Z. dazu motiviert werden, wieder ein wenig körperliche Bewegung aufzunehmen, um auszuprobieren, ob sich diese mildernd auf ihre DP/DR-Symptome auswirken würden.

Frau Z. begann mit kurzen Spaziergängen im nahe gelegenen Wald. Zunächst fühlte sie sich durch diese sehr erschöpft und musste sich nach einem solchen Spaziergang immer eine Zeitlang ausruhen. Mit der Zeit aber verbesserte sich ihre Kondition und längere Runden wurden möglich.

Frau Z. entdeckte schließlich einen kleinen Bach im Wald, an dem sie auf ihren Spaziergängen nun stets Rast machte und an warmen Tagen auch ein wenig darin herumwatete. Den Kontakt mit dem kalten Wasser beschrieb sie als symptomreduzierend.

Körperliche Bewegung mit dem Ziel der Mobilisierung des Körpers kann auch in Form diverser Sportarten durchgeführt werden. Die Palette möglicher Sportarten ist dabei so breit wie bestehende Interessen der betroffenen Personen. Es lohnt sich, Sportarten wie etwa Yoga, Joggen oder auch Gruppensportarten wie Basketball auszuprobieren. Für viele Betroffene sind sportliche Betätigungen sehr hilfreich, um sich selbst wieder besser im eigenen Körper zu spüren. Da manche Menschen mit chronischer DP/DR auch unter Rückzug und innerer Einsamkeit leiden, kann die Teilnahme an Gruppensportarten zusätzlich das Bedürfnis nach sozialem Kontakt erfüllen.

Der **Schüler Q.** verbringt während der Corona-Pandemie sehr viel Zeit vor seinem PC, um dem Distance-Learning/Fernunterricht zu folgen und die täglichen Übungen und Hausaufgaben zu erledigen. Seine Symptomatik verschlechtert sich hierdurch enorm, was für Q. mit einer beinahe kompletten Auflösung des Körpergefühls einhergeht.

Unterstützt durch die Therapie beginnt Q. damit, regelmäßige Pausen zu machen und zum Fußballspielen in den elterlichen Garten zu gehen. Dort spielt er einige Runden gegen die Wand oder mit seinem Vater. Die Symptomatik verbessert sich dadurch zumindest zeitweise, sodass Q. wieder an seinen PC zurückkehren kann. Noch dazu trägt das gemeinsame Spiel mit dem Vater dazu bei, dass sich die Beziehung zwischen den beiden positiver gestaltet.

Q. braucht in der Therapie allerdings viel Ermutigung, sich selbst diese Erholungsphasen von der Symptomatik auch tatsächlich zu gönnen und in seinen Tagesablauf einzuplanen, da er unter großem schulischem Druck steht.

Körperliche Bewegung in Form von (leichter) sportlicher Betätigung dient in erster Linie dazu, den oftmals als leblos empfundenen Körper überhaupt wieder in eine Mobilisierung zu bringen. Für viele Betroffene ist dies allerdings nicht genug, da hierdurch nicht spezifisch oder im Detail an der Verbesserung der Körperwahrnehmung gearbeitet wird.

Aus dem Bereich des Grounding (»Erdung«, zahlreiche Beispiele bei: Croos-Müller 2020) lassen sich einige Übungen und Anleitungen herausnehmen, die für viele Betroffene geeignet sind. Besonders hilfreich zeigen sich Tonisierungsübungen, bei denen der/die Betroffene selbst ihren Körper mit den Händen abklopft oder mit den Füßen auf dem Boden aufstampft.

Frau L. erlebt während der Therapiesitzungen oftmals eine Verschlechterung ihrer Symptomatik, was sie einerseits mit der Unbeweglichkeit ihres Körpers (ruhiges Sitzen in einem Sessel über etwa eine Stunde), andererseits mit der geforderten erhöhten Konzentration (zuhören müssen, andauernder Augenkontakt) erklärt.

> Frau L. lernt, bei beginnender Verschlechterung der Symptomatik auch in der Therapiestunde aufzustehen und sich mit den Händen beginnend von den Füßen am Körper abzuklopfen. Hierdurch vermindert sich die Symptomatik. Als hilfreich erlebt die Patientin dabei auch den Wechsel der Körperposition sowie die Unterbrechung des Blickkontaktes. Die Patientin wird ermutigt, stets gut auf sich zu achten.

Weitere Beispiele aus dem Bereich des Groundings: Barfuß über unterschiedliche Böden gehen, sich kleine Steine in die Schuhe legen oder bewusstes Atmen kombiniert mit inneren Affirmationen. Entschleunigung und Achtsamkeit sind hierbei wichtige Stichwörter: Die PatientInnen sollen sich bewusst Zeit nehmen, um sich selbst und die Umgebung zu spüren. In diesem Bereich brauchen Betroffene von chronischer DP/DR oftmals viel Unterstützung und Ermutigung. Es ist wichtig, die vorgestellten Techniken in der Therapie (oft auch mehrmals) zu üben, damit die PatientInnen damit vertraut werden und sich auch sicher fühlen, die Techniken zu Hause auszuführen.

> **Frau R.** empfindet bewusstes Atmen als hilfreich in Phasen, in denen sie die Symptomatik als besonders belastend erlebt. Um die Wirkung zu verstärken, wird in der Therapie ein unterstützender innerer Satz entwickelt: »Ich bin ich, mein Körper ist mein Körper, auch wenn ich das gerade nicht so gut spüren kann.«
> Über mehrere Sitzungen wird dieser Satz in Kombination mit bewusstem Atmen von der Patientin eingeübt. Parallel arbeitet die Patientin daran, sich selbst die Erlaubnis zu geben, sich in schwierigen Situationen für eine kurze Zeit zurückzuziehen, um bewusst zu atmen und diesen Satz auch laut aussprechen zu können, solange bis eine fühlbare Reduktion der Symptomatik eingetreten ist.

In eine ähnliche Richtung gehen Achtsamkeitsmeditation oder auch MBSR-(Mindfulness-Based Stress Reduction-)basierte Interventionen (vgl. die Werke von: Schneider 2012; Kabat-Zinn 2014). Ursprünglich zur Verbesserung der Lebensqualität bei PatientInnen mit chronischer Schmerzsymptomatik entwickelt, wird MBSR heute bei einer Vielzahl an körperlichen Erkrankungen eingesetzt und hat längst auch Eingang in psychotherapeutische Settings gefunden.

Gemeinsam ist allen MBSR-basierten Interventionen das achtsame Wahrnehmen: von Sinneseindrücken wie Umgebungsgeräuschen, des eigenen Atems oder des eigenen Körpers. Bei allen Übungen liegt oder sitzt der/die PatientIn ruhig und konzentriert da, mit voller Aufmerksamkeit auf die Sinneseindrücke oder innerlichen Vorgänge. Tauchen währenddessen Gedanken auf, so lässt er/sie diese vorüber ziehen, ohne sich durch sie stören oder beeindrucken zu lassen. Auch ein Achtsamkeitsspaziergang ist möglich.

Zum Thema MBSR ist in den vergangenen Jahren eine große Menge an Anleitungen in Form von Büchern, CDs oder auch Apps entstanden, aber auch frei verfügbare Anleitungen sind im Internet leicht auffindbar (z. B. über die Videoplattformen YouTube oder Vimeo).

Für Betroffene von chronischer DP/DR, die unter einem veränderten Ich- und/oder Körpererleben leiden, eignen sich besonders solche Anleitungen, die auf den

Körper fokussieren. Eine sehr bekannte Achtsamkeitsübung mit Fokus auf dem eigenen Körper ist der Body-Scan (Kabat-Zinn 2014). In diesem wandert der/die PatientIn (nach Anleitung) in Gedanken nacheinander aufmerksam durch den gesamten Körper und versucht, jede einzelne Region bewusst wahrzunehmen, ohne die Wahrnehmungen zu bewerten. Ziel des Body-Scans ist das bewusste Wahrnehmen und Erleben des eigenen Körpers mit all seinen Empfindungen, auch der DP/DR-Symptomatik. Die Aufmerksamkeit sollte dabei stets hoch gehalten werden, auch beim Auftauchen negativer Empfindungen.

Ein komplett durchgeführter Body-Scan dauert in etwa eine halbe Stunde und sollte in der Therapie immer angeleitet und nachbesprochen werden. Dabei kann die Anleitung durch die/den TherapeutIn auch auf Band, z. B. Mobiltelefon, aufgenommen werden, damit die PatientInnen diese zu Hause verwenden können. Alternativ werden die PatientInnen ermutigt, sich für sie passende Anleitungen, vor allem hinsichtlich Länge der Anleitung und Klang der anleitenden Stimme, aus den oben genannten Videoplattformen auszusuchen.

Im Folgenden findet sich eine Anleitung für einen Bodyscan, der mit den PatientInnen durchgeführt werden kann. Der Text kann den Betroffenen auch nach Hause mitgegeben werden, so dass diese ihn sich selbst aufsprechen können.

Anleitung für einen Bodyscan

»Sie machen jetzt eine Reise durch Ihren eigenen Körper. Legen oder setzen Sie sich dazu bequem hin. Kopf, Arme und Beine liegen locker auf. Sie können die Augen zumachen, wenn das angenehm für Sie ist. Es kann sein, dass Sie während der Übung müde werden. Das ist in Ordnung. Sie sollten aber nicht während der Übung einschlafen. Bleiben Sie mit Ihrer Aufmerksamkeit immer bei sich selbst. Manchmal werden Gedanken auftauchen. Lassen Sie sich nicht ablenken. Kehren Sie immer wieder zu Ihrem eigenen Körper und seinen Empfindungen zurück. Von Zeit zu Zeit werden während der Durchführung der Übung Fragen an Sie gestellt werden. Spüren Sie diesen Hinweisen mit Ihrer inneren Aufmerksamkeit nach.
[kurze Pause, 3 Sekunden]
Atmen Sie nun zunächst ein paar Mal ein und aus. Beobachten Sie, was dabei in Ihrem Körper passiert. Wie fühlt sich Ihr Brustkorb an? Wie fühlt sich Ihr Bauch an? Atmen Sie ein und aus.
[Pause, 6 Sekunden]
Nun gehen Sie mit Ihrer Aufmerksamkeit zu Ihren Füßen hinunter. Können Sie spüren, wie Ihre Füße auf der Unterlage aufliegen? Wie fühlen sie sich an? Sind sie kalt oder warm? Sind sie locker oder angespannt? Vielleicht spüren Sie auch die Socken an Ihren Füßen oder einen kleinen Lufthauch. Alles, was Sie fühlen, ist in Ordnung. Sie müssen nichts Besonderes fühlen.
[Pause]
Immer wenn Sie merken, dass Sie über andere Dinge nachdenken, gehen Sie mit der Aufmerksamkeit wieder zu Ihren Füßen zurück.

Als nächstes gehen Sie ein Stück hinauf zu Ihren Unterschenkeln. Können Sie spüren, wie sie die Unterlage berühren? Wie fühlen sich Ihre Unterschenkel an? Sind sie kalt, warm? Leicht, schwer?
Dann gehen Sie noch weiter hinauf bis zu Ihren Knien. Können Sie Ihre Knie gut spüren? Bleiben Sie ein bisschen mit Ihrer Aufmerksamkeit bei Ihren Knien.
[Pause]
Nun gehen Sie zu Ihren Oberschenkeln. Was spüren Sie hier? Sie können mit Ihrer Aufmerksamkeit auch Ihre ganzen Beine von den Oberschenkeln bis zu den Füßen hinab wandern und wieder zurück. Wie fühlen sich Ihre Beine an? Sind sie ruhig oder unruhig? Egal, was Sie in Ihren Beinen fühlen, es ist vollkommen in Ordnung.
Als nächstes gehen Sie mit Ihrer Aufmerksamkeit zu Ihrem Bauch. Ihr Bauch bewegt sich mit Ihrer Atmung. Können Sie das gut spüren? Wie fühlt sich Ihr Bauch im Inneren an? Sind Sie hungrig oder ist Ihr Magen schwer? Gluckert es in Ihrem Darm? Vielleicht nehmen Sie auch Gefühle in Ihrem Bauch wahr. Gefühle wie Freude oder Ärger. Wenn das so ist, dann ist das vollkommen in Ordnung.
[Pause]
Immer wenn Ihre Gedanken abschweifen, dann konzentrieren Sie sich wieder auf die Stelle in Ihrem Körper, an der Sie gerade sind. Am leichtesten geht das, wenn Sie versuchen, in dieses Körperteil hineinzuatmen.
Nun richten Sie Ihre Aufmerksamkeit auf Ihre Brust. Fühlen Sie, wie Sie atmen. Ihr Brustkorb bewegt sich bei jedem Atemzug.
[Pause]
Ihre Aufmerksamkeit wandert nun Ihre Arme entlang hinunter bis zu Ihren Händen. Spüren Sie, wie Ihre Hände auf der Unterlage aufliegen. Berühren Sie die Unterlage mit der Handinnenseite oder mit der Handaußenseite? Sind Ihre Hände entspannt oder verkrampft? Versuchen Sie, Ihre Hände gut zu spüren, indem Sie ein paar Mal wie in sie hineinatmen.
Nun nehmen Sie Ihre ganzen Arme wahr. Von den Händen bis hinauf zu den Schultern. Wie fühlen sich Ihre Arme an? Sind sie schwer oder so leicht, dass Sie sie kaum spüren?
[Pause]
Gehen Sie nun mit Ihrer Aufmerksamkeit zu Ihrem Rücken. Spüren Sie, wie Ihr Rücken die Unterlage berührt? Ist Ihr Rücken ganz weich und locker oder spüren Sie irgendwelche Verspannungen? Atmen Sie noch tiefer in Ihren Rücken hinein. Können Sie spüren, dass sich dort etwas verändert?
Nun kommen Sie zu Ihrem Nacken und Ihren Schultern. Was können Sie hier spüren? Atmen Sie ein paar Mal langsam ein und aus.
[Pause]
Als letztes richten Sie Ihre Aufmerksamkeit auf Ihr Gesicht. Wie fühlt sich Ihr Gesicht an? Können Sie Ihre Augen spüren? Ihre Nase? Ihren Mund? Welchen Gesichtsausdruck haben Sie gerade?
Nehmen Sie sich zum Abschluss noch ein paar Atemzüge Zeit, um Ihren Körper vom Kopf bis zu den Füßen wahrzunehmen. Wandern Sie dazu noch einmal ganz

> hinunter, bis Sie bei Ihren Füßen angekommen sind. Und dann wieder ganz hinauf bis zu Ihrem Gesicht.
> [Pause]
> Wenn Sie bereit sind, die Übung zu beenden, dann öffnen Sie langsam Ihre Augen. Schauen Sie sich um, wo Sie sind. Bewegen Sie sich vorsichtig, wenn Sie sich aufsetzen oder aufstehen.«
>
> Im Anschluss an die Durchführung eines Bodyscans sollte dieser gemeinsam mit dem/der PatientIn nachbesprochen werden. Was hat die Person erlebt? Sind Schwierigkeiten aufgetaucht? Wie ist es ihr/ihm während der Übung mit der DP/DR-Erleben gegangen? Kann die/der PatientIn sich vorstellen, den Bodyscan regelmäßig zu Hause durchzuführen?

Betroffene von chronischer DP/DR, die unter einem veränderten Körpererleben leiden, das auch mit innerer Anspannung oder Nervosität einhergeht, empfinden oftmals das Autogene Training (Schultz 2020) als hilfreich. Nach Anleitung versucht die/der PatientIn durch ein bewusstes Entspannen in einen Zustand tiefer Ruhe hinein zu kommen. Auch hierfür lassen sich zahlreiche frei verfügbare Anleitungen finden, nach denen in der Therapie geübt werden kann. Mit der Zeit kann das Autogene Training dann von den PatientInnen alleine ohne Anleitung zu Hause durchgeführt werden.

Nicht allen Betroffenen von chronischer DP/DR sind Übungen angenehm, während derer sich ihr Körper in Ruhe befindet. Viele verlieren hierbei den Kontakt zu ihrem Körper erst recht und driften innerlich ab. An dieser Stelle sei noch einmal darauf hingewiesen, dass in diesem Kapitel Methoden und Ansätze zur konkreten Symptomreduktion und nicht zur Konfrontation mit der Symptomatik vorgestellt werden. Aus diesem Grund sollten die hier beschrieben Übungen dazu führen, dass Betroffene eine zumindest zeitweise Symptomreduktion erfahren, die es ihnen ermöglicht, an bislang vermiedenen Lebensbereichen teilzuhaben.

Für Personen, bei denen Autogenes Training oder Body-Scan nicht zu einer Verbesserung des Körpererlebens führt, kann die Progressive Muskelrelaxation (PMR) nach Jacobson (Hofmann 2012) geeigneter sein. Hier wird die Entspannung des Körpers durch eine gezielte An- und Entspannung jedes einzelnen Körperteils oder zusammenhängender Muskelgruppen erreicht. Anleitung zur Progressiven Muskelrelaxation nach Jacobson lassen sich zahlreiche, sowohl für die Lang- wie auch für die Kurzform, in Internet und Büchern finden.

> **Herr D.** erlebt beim Autogenen Training sowie beim Body-Scan auch nach Wiederholungen ein unangenehmes Wegdriften. Er möchte die Übungen daher nicht mehr durchführen. Stattdessen wird mit ihm die PMR nach Jacobson geübt. Mit dieser findet er sich gut zurecht, da es ihm durch die ständige An- und Entspannung leichter möglich ist, mit seiner Aufmerksamkeit bei der Übung zu bleiben und nicht innerlich abzudriften. Nach zweimaliger Übung in der Praxis wendet Herr D. die PMR dann regelmäßig zu Hause an.

Das Auffinden geeigneter Übungen zur Verbesserung des Körper- und Icherlebens ist ein Weg, den die TherapeutInnen gemeinsam mit den PatientInnen gehen. Körperübungen sollten stets in der Therapie angeleitet und nachbesprochen werden. Die PatientInnen werden dazu ermutigt, die Übungen zu Hause weiter anzuwenden und ihre Erfahrungen zu notieren. Die meisten Übungen müssen über längere Zeit durchgeführt werden, um ihren Einfluss auf die Symptomatik erfahren und abschätzen zu können. Häufig kann dies auch bedeuten, mehrere Übungen ausprobieren zu müssen, ehe etwas Passendes gefunden wird. In der Therapie werden die Erfahrungen, die die PatientInnen zu Hause mit den Übungen machen, besprochen und die Übungen, falls notwendig, angepasst.

5.8.2 Umgang mit Beeinträchtigungen der Sinneswahrnehmungen

Viele Betroffene von chronischer DP/DR beschreiben deutliche Beeinträchtigungen im Bereich der Sinneswahrnehmungen (▶ Kap. 2.2), wobei vor allem das *Sehen* als eingeschränkt erlebt wird. Chronische DP/DR wirkt sich hier zum einen durch Sichtfeldeinschränkungen, wie Nebel vor den Augen, »Schauen durch eine Glasscheibe«, Tunnelblick oder störende Zweidimensionalität, aber auch durch eine erlebte massive Überanstrengung der Augen aus.

PatientInnen beschreiben oft einen deutlichen Zusammenhang zwischen einer Zunahme der Beeinträchtigungen im Sehen und der erlebten Schwere der DP/DR-Symptomatik. Je mehr die Betroffenen das Gefühl haben, schlecht zu sehen, desto beeinträchtigender erleben sie auch die Symptomatik im Gesamten. Umgekehrt gilt: Je schwerer die Symptomatik erlebt wird, desto mehr müssen sich die Betroffenen – auch visuell – anstrengen, um dem Geschehen um sich herum noch folgen zu können, woraus oftmals eine Überanstrengung der Augen folgt, die bis hin zu Augenschmerzen gehen kann.

Die dämpfende Wirkung der DP/DR-Symptomatik wirkt sich bei den meisten Betroffenen auch im Bereich der Augen aus, was dazu führt, dass sie ihre Augen oft über längere Zeit unbeweglich halten. Viele PatientInnen haben darüber hinaus Schwierigkeiten, gut zu fokussieren und richten ihren Blick sehr oft eher nach innen (»Narrenkastl«). Dies verstärkt allerdings die Symptomatik, da durch ein Blicken nach innen erst recht der Kontakt zur Umwelt verloren geht.

Um den Einschränkungen im Sichtfeld vorzubeugen oder entgegenzuwirken, zeigen sich in der Praxis gezielte Augenübungen als hilfreich (Michal et al. 2006; Michal 2015, S. 101; Richter 2017). Diese sollten immer dann zum Einsatz kommen, wenn der/die Patientin eine Verschlechterung der visuellen Sinneswahrnehmung verspürt. Gezielte Augenübungen zeigen zumeist eine sofortige Wirkung und werden von den meisten Betroffenen als unmittelbare Entlastung erlebt.

> **Übungen für die Augen**
>
> *Gezieltes Fokussieren mit drei Punkten:* Suchen Sie sich drei Punkte in unterschiedlicher Entfernung von Ihnen selbst. Ein Punkt sollte ganz nah bei Ihnen sein, der zweite etwas weiter weg, der dritte noch weiter entfernt. Am besten wählen Sie Gegenstände oder Punkte aus, die scharfe Konturen oder knallige Farben haben. Fixieren Sie die Punkte nacheinander mit den Augen. Bleiben Sie dabei jeweils ein paar Sekunden bei jedem Gegenstand, ehe Sie mit den Augen zum nächsten weiterwandern. Fokussieren Sie dabei auf jeden Gegenstand, bis Sie ihn ganz scharf wahrnehmen können. Wandern Sie mit den Augen ein paar Mal von nah nach fern und wieder zurück.
> Diese Übung verbessert zumeist unmittelbar das Gefühl schlecht zu sehen.
> *Gezieltes Fokussieren nach oben blicken:* Blicken Sie mit den Augen nach rechts oben ohne den Kopf zu heben. Von dort rollen Sie die Augen langsam nach links oben. Dann wieder zurück. Auch hier sollten Sie darauf achten, mit den Augen auf das zu fokussieren, was Sie rechts bzw. links oben wahrnehmen können.
> Diese Übung hilft vor allem gegen die als störend wahrgenommene Zweidimensionalität der Umwelt.
> *Augenübung ganzes Sichtfeld:* Ohne den Kopf zu heben, richten Sie den Blick ganz nach oben, anschließend nach unten so weit es geht. Dann die Augen so weit wie möglich nach rechts und dann nach links bewegen. Anschließend diagonal von recht-oben nach links-unten und umgekehrt. Schließlich die Augen im Kreis herum bewegen. Zum Abschluss ein paar Mal abwechselnd auf die Nasenspitze schauen, dann einen weiter entfernten Punkt fokussieren.
> Diese Übung verbessert zum einen die erlebten Einschränkungen im Sichtfeld, hilft zum anderen aber auch dabei, die Augen aus ihrer Starre zu lösen und wieder in die Bewegung zu bringen.

Die vorgestellten Übungen für die Augen sollten in der Therapiestunde angeleitet und gemeinsam geübt werden, sodass der/die PatientIn sie dann bei Bedarf zu Hause anwenden kann. Wie oben bereits beschrieben wurde, dienen diese Augenübungen nicht zur Reduktion der Symptomatik als solche (um zu verhindern, dass die PatientInnen in einen Aktionismus hineingeraten und sich nur auf die Symptomatik konzentrieren), sondern sollten stets mit einem konkreten Ziel durchgeführt werden, etwa, um den PatientInnen gewisse Tätigkeiten wieder zu ermöglichen.

> **Frau B.** leidet seit vielen Jahren unter chronischer DP/DR. Als besonders störend erlebt sie dabei die Einschränkungen im visuellen Bereich. Diese zeigen sich bei Frau B. als starker Schleier vor den Augen in Kombination mit einem Tunnelblick, wodurch das Sichtfeld von Frau B. sehr eingeschränkt ist.
> Frau B. fühlt sich im Straßenverkehr recht unwohl. Sie hat bereits vor einiger Zeit aufgegeben, selbst Auto zu fahren, wodurch sich aber auch Nachteile für sie ergeben.
> Ein Umzug von Frau B. in die Wohnung ihres Freundes in einer etwas abgelegeneren Gegend bringt die Notwendigkeit mit sich, wieder selbst Auto zu

fahren, wenn Frau B. nicht komplett von ihrem Partner abhängig sein will. Frau B. entschließt sich dazu, einige Fahrstunden zu nehmen, um wieder Praxis und auch Sicherheit zu gewinnen.

Parallel dazu experimentiert sie in den therapeutischen Sitzungen und auch zu Hause mit unterschiedlichen Augenübungen. Sie erlebt diese als hilfreich und berichtet, dass ihre visuellen Einschränkungen danach stets besser seien.

Nach einiger Zeit traut sich Frau B. zum ersten Mal seit Jahren wieder, mit dem Auto kürzere Strecken zu fahren, zum Beispiel zu ihrer Mutter oder um einen Kurs zu besuchen. Dabei macht Frau B, vor der Abfahrt stets ein, zwei Augenübungen. Immer wenn Frau B. während des Fahrens eine Verschlechterung des visuellen Bereichs bemerkt, hält sie am Seitenstreifen an, um die Augenübungen zu wiederholen.

Herr C. leidet seit seiner Geburt an einer starken Sehbehinderung. Daher sind die Einschränkungen im Sehen, die er in Zusammenhang mit der chronischen DP/DR-Symptomatik erlebt, für ihn besonders beeinträchtigend. Diese zeigen sich immer wieder dann, wenn er im Rahmen seiner beruflichen Tätigkeit, die nahezu ausschließlich am PC stattfindet, besonders gefordert ist. Manches Mal werden die Einschränkungen im visuellen Bereich für Herrn C. so stark, dass er kaum noch etwas erkennen kann. Herr C. lernt in der Therapie, nacheinander drei Punkte unterschiedlicher Entfernung zu fixieren und mit den Augen langsam von einem zum anderen zu wandern. Bereits beim ersten Versuch stellt sich eine deutliche Verbesserung der Seheinschränkung ein. Herr C. gibt an, diese Übung zu Hause vor allem in Anstrengungssituationen immer wieder zu praktizieren.

Für viele Betroffene von chronischer DP/DR zeigt es sich als hilfreich, die Augen nicht zu lange in der gleichen Position zu halten, um eine Starre der Augen zu verhindern. Daher sind regelmäßige Augenübungen besonders für PatientInnen geeignet, die in ihrem Berufsalltag ihre Augen recht unbeweglich halten müssen, z. B. durch langes Sitzen am PC und Starren auf einen Bildschirm. Diese PatientInnen brauchen oft sehr viel Ermutigung, sich in ihrem Berufsalltag kurze Pausen zu gönnen, in denen sie – unbemerkt von anderen – einige Augenübungen oder ein paar Körperbewegungen machen können, um aus der Starre herauszukommen.

Dass es für Betroffene von chronischer DP/DR wichtig ist, die Augen und ebenso den Körper in Bewegung zu halten, ist ein Punkt, der auch bei der Freizeitgestaltung Berücksichtigung finden sollte. Aufgrund der Tatsache, dass die DP/DR dämpfend wirkt, neigen viele Betroffene dazu, ihre Freizeit liegend im Bett oder am Sofa mit dem Handy vor Augen zu verbringen. Die visuellen Beeinträchtigungen werden hierdurch zumeist verstärkt.

Auf die Wichtigkeit von regelmäßiger Bewegung und sportlicher Aktivität wurde weiter oben schon eingegangen. Eine sportliche Betätigung, die sich als besonders hilfreich bei Betroffenheit von chronischer DP/DR mit Einschränkungen im visuellen Bereich herausgestellt hat, ist das Tischtennisspiel. Beim Tischtennis muss einem recht kleinen Ball mit den Augen in unterschiedlichste Positionen gefolgt werden, um diesen dann auffangen und an den Gegenspieler zurückgeben zu können. Tischtennis erfordert Konzentration, Fokussierung mit den Augen, aber auch schnelle körperliche Reaktionen.

Viele Betroffene von chronischer DP/DR erleben allerdings nicht nur visuelle Beeinträchtigungen, sondern immer wieder auch eine Überanstrengung der Augen, die bis hin zu Augenschmerzen gehen kann. Diese Überanstrengung rührt daher, dass sich die Betroffenen aufgrund der visuellen Beeinträchtigungen sehr anstrengen müssen, um dem Geschehen in ihrer Umgebung gut zu folgen. Betroffene haben oftmals das Gefühl, besonders gut hinschauen zu müssen, um auch ja nichts von dem zu verpassen, was sich vor ihren Augen abspielt.

Sind die Augen besonders angestrengt, sind oft einfache Hilfsmittel zielführend, die die Augen für eine Zeit lang entspannen. Dafür können die geschlossenen Lider für einige Minuten mit den warmen Handflächen bedeckt werden. Auch das Aufsetzen einer sehr dunklen Sonnenbrille kann hilfreich sein, um die Augen zu entlasten, besonders bei anstrengenden Lichtverhältnissen (gleißendes Licht, Schneeblenden etc.). Betroffene, die eine Brille aufgrund einer Sehschwäche tragen, beschreiben es oft als nützlich, diese für eine kurze Zeit abzunehmen, um ihren Augen dadurch etwas Entspannung zu verschaffen. Betroffenen von chronischer DP/DR ist es nicht selbstverständlich, in dieser Art und Weise an sich selbst zu denken. Oftmals brauchen sie hierzu die Unterstützung des/der TherapeutIn. Daher sollten diese Punkte in einer Therapie stets gezielt angesprochen werden.

Viele Betroffene von chronischer DP/DR erleben neben Einschränkungen im visuellen Bereich auch *Beeinträchtigungen im auditiven Bereich*, als dass Geräusche nur mehr dumpf wahrgenommen werden können.

Ebenso wie beim Sehen ist es auch bei vorhandenen Beeinträchtigungen im Bereich des *Hörens* für Betroffene hilfreich, sich der Reihe nach auf verschiedene Geräusche der Außenwelt zu konzentrieren, um die innere Fixierung auf die Symptomatik abzuschwächen. Dabei sollten drei bis vier Geräuschquellen unterschiedlicher Distanz ausgewählt werden, die immer wieder nacheinander mit besonderer Aufmerksamkeit gehört werden (Neziroglu & Donnelly 2010, S 103-107).

Frau G. erlebt immer wieder, dass sie so sehr auf ihr inneres Erleben konzentriert ist, dass Geräusche, die von außen zu ihr durchdringen, nur mehr dumpf und fern klingen. Frau G. lernt, sich bewusst auf unterschiedliche Geräusche der Außenwelt zu konzentrieren. Die Fixierung auf das innere Erleben nimmt hierdurch ab und Frau G. hat das Gefühl, wieder besser zu hören.

Viele Betroffene haben weniger ein Problem damit, dass Umgebungsgeräusche dumpf oder verändert klingen, als vielmehr damit, dass die eigene Stimme sich nicht mehr vertraut anhört. Dieser Punkt berührt den Bereich »Veränderungen im Körper- oder Ich-Erleben«, der bereits weiter oben behandelt wurde. In der Praxis zeigt es sich als hilfreich, hier besonders mit inneren Sätzen und Affirmationen, im Sinne von »*Dies ist meine Stimme, sie gehört zu mir!*« zu arbeiten, um das Zugehörigkeits- und Verbindungsgefühl zu stärken. Wenn PatientInnen dafür offen sind, kann das Einüben stärkender Sätze auch mit Techniken der EFT (Emotional Freedom Techniques; siehe Bohne 2010) verbunden werden. Hierbei werden während des Einübens der Sätze bestimmte Körperpunkte geklopft, um die Affirmationen besser zu verankern. Viele PatientInnen, die diese Techniken ausprobiert haben, beschreiben sie als hilfreich.

> **Herr A.** leidet im Rahmen der DP/DR-Symptomatik immer wieder darunter, dass seine Stimme sich so verändert hat. Die eigene Stimme erscheint ihm dann so fremd, dass er sich nicht an Gesprächen beteiligen möchte, weil er das Gefühl hat, das sei gar nicht er selbst, der da spreche. In der Therapie entwickelt Herr A. zunächst einen hilfreichen Satz »Meine Stimme gehört zu mir, auch wenn sie gerade für mich verändert klingt!« Herr A. verankert diesen Satz, indem er ihn mehrmals täglich (30-40mal in 3-4 Blöcken über den Tag verteilt) laut ausspricht und währenddessen rhythmisch auf sein Brustbein in Höhe der Thymusdrüse klopft. Herr A. beschreibt, dass die Aversion gegenüber seiner veränderten Stimme mit der Zeit abnimmt und er sich wieder an Gesprächen beteiligen kann.

Sind die Ohren besonders überanstrengt, hilft es Betroffenen, die Ohren für kurze Zeit mit den warmen Handflächen zu bedecken.

Einige Betroffene von chronischer DP/DR berichten auch von *Beeinträchtigungen im Bereich des Tastens/Spürens*. Sie geben an, Gegenstände nicht mehr richtig erspüren zu können. Die Verarbeitung dessen, was gespürt wird, scheint bei ihnen nicht richtig zu funktionieren. In der Therapie sollten mit diesen PatientInnen gezielt Gegenstände unterschiedlicher Materialien und Strukturen berührt werden.

> **Frau H.** gibt an, besonders darunter zu leiden, dass sie Gegenstände, die sie in Händen hält, nicht mehr richtig erspüren kann. Mit ihren Augen könne sie zwar erkennen, dass ein Gegenstand etwa rau sei, dies könne sie mit den Fingerspritzen allerdings nicht nachempfinden. In den therapeutischen Sitzungen wird immer wieder Zeit darauf verwendet, unterschiedliche Gegenstände zu erspüren. Frau H. tastet diese ab und spricht dabei laut die Beschaffenheit des Gegenstandes aus. »Diese Dose ist glatt.«, »Das Sofa ist weich.« usw.
> Mit der Zeit verbessert sich das taktile Gespür von Frau H.

Bei PatientInnen, bei denen die Subjekt-Objekt-Trennung nicht mehr richtig wahrgenommen wird, sind Übungen zum Ertasten von Gegenständen besonders wichtig. Dabei sollte stets laut ausgesprochen werden, dass es sich um einen Gegenstand handelt, der getrennt vom eigenen Körper existiert: »Dies ist ein Tisch, er gehört nicht zu meinem Körper!«

Bei chronischer DP/DR kommen auch Beeinträchtigungen im *Bereich des Schmeckens* vor. Einige Betroffene geben an, dass sie kaum noch einen Unterschied zwischen verschiedenen Nahrungsmitteln schmecken können. Als hilfreich zeigt es sich, bewusst unterschiedliche Geschmacksrichtungen zu erleben, z. B. Kräuter pur zu essen oder verschiedene Obstsorten, von süß bis sauer, durchzutesten.

> Für **Frau U.** schmeckt das Essen seit Beginn der chronischen DP/DR nur noch fad. Sie kann sich kaum dazu überwinden, regelmäßig zu essen, sodass sie bereits einige Kilo Gewicht verloren hat.
> In der Therapie werden für Frau U. kleine, undurchsichtige Behälter bereitgehalten, in denen sich jeweils unterschiedliche Nahrungsmittel befinden (z. B. gerebelte Kräuter, Brausebonbons, Knoblauchstückchen etc.). Frau U. nimmt mit

geschlossenen Augen jeweils einen kleinen Löffel des Inhalts heraus und versucht herauszufinden, was sie im Mund hat.

Bei dieser Übung zeigt sich schnell, dass Frau U. innerlich die ganze Zeit auf ihre Symptomatik fokussiert ist und sie vor allem deswegen die unterschiedlichen Geschmäcker der Nahrungsmittel nur schwer wahrnehmen kann. Mit der Zeit lernt sie, ihre Aufmerksamkeit zu verschieben und die Beeinträchtigungen im Bereich des Schmeckens nehmen ab.

In der Therapie ist es wichtig, auf die große Bedeutung von aversivem Stress in Zusammenhang mit einer Verschlechterung von Sinneswahrnehmungen hinzuweisen. Viele PatientInnen mit chronischer DP/DR schildern, dass ihre Symptomatik in der Früh oder an einem ruhigen Tag weitaus besser ist als am Abend oder nach psychischer Anstrengung. Viele Betroffene erleben auch eine deutliche Verbesserung gerade in Hinblick auf eingeschränkte Sinneswahrnehmungen vor allem im Bereich des Sehens und Hörens, wenn es ihnen gelingt, sich regelmäßige Pausen und Ruhephasen zu gönnen. Auch bewusster Rückzug von Arbeitsanforderungen und anderen Menschen kann hier eine Möglichkeit sein, Symptome zu reduzieren.

Frau P. absolviert neben ihrer Vollzeitberufstätigkeit ein Masterstudium. Obwohl ihr das Studium im Grunde sehr liegt, erlebt sie doch immer wieder Phasen von extremem Stress. Besonders tritt dieser auf, wenn Frau P. in der Arbeit herausfordernde Tätigkeiten zu bewältigen hat, im Studium gleichzeitig Aufgaben von ihr eingefordert werden und familiäre Termine anstehen. Frau P. berichtet, dass die Symptomatik in diesen Zeiten immer ganz besonders stark ist.

Während der Corona-Pandemie befindet sich Frau P. in Homeoffice. Sie beginnt, ihre Arbeitszeit anders einzuteilen, sodass es ihr möglich wird, immer wieder Pausen zu machen und sich sogar regelmäßig für eine halbe bis eine Stunde hinzulegen, um zu schlafen. Frau P. erlebt hierdurch mehr Selbstwirksamkeit und berichtet, dass die Symptomatik selbst in Zeiten mit vielen Anforderungen nicht mehr stärker wird.

5.8.3 Umgang mit körperlichen Beschwerden

Im Verhältnis zum eigenen Körper zeigt sich bei vielen Betroffenen von chronischer DP/DR oftmals ein zwiespältiges Bild (▶ Kap. 2.3). Wie oben bereits dargelegt wurde, klagen viele von ihnen über diffuse körperliche Beschwerden wie Kopfschmerzen, ständige Müdigkeit oder Verspannungen. Auf der einen Seite sind viele PatientInnen davon überzeugt, dass doch gerade diese diffusen körperlichen Beschwerden anzeigen müssen, dass sie an einer furchtbaren Erkrankung, beispielsweise einem Gehirntumor, leiden. Sie neigen auch dazu, jede körperliche Missempfindung auf die DP/DR zu schieben (AWMF 2014, S. 26). Auf der anderen Seite ist auffallend, dass viele PatientInnen recht sorglos mit dem eigenen Körper umgehen. Spricht man sie hierauf an, so erhält man oft zur Antwort, dass die Betroffenen den eigenen Körper nur schwer spüren könnten und außerdem der Körper auch nicht so wichtig sei, solange die Symptomatik anhalten würde.

Frau S. leidet im Rahmen ihrer DP/DR-Erkrankung unter diversen körperlichen Beschwerden wie Kopfschmerzen, Augenschmerzen, chronischer Müdigkeit u. a. Allerdings tut sich Frau S. sehr schwer, gut auf ihren Körper zu achten. Sie schildert, dass sie beim Radfahren oder Wandern ihrem Mann immer weit voraus sei, da sie nicht spüren könne, wann es für sie zu viel werde.

In den Tagen nach solch anstrengenden Ausflügen ist Frau S. allerdings immer sehr erschöpft, sodass sie viel Zeit im Bett verbringen muss. Auch ihre körperlichen Beschwerden verschlechtern sich in dieser Zeit. Dem Vorschlag, Ausflüge etwas gemächlicher anzugehen, um den Körper zu schonen, ist Frau S. zu Beginn der Therapie nicht recht zugänglich. Sie glaubt nicht, dass es hier einen Zusammenhang gibt. Eher ist sie der Ansicht, die diffusen körperlichen Beschwerden seien doch wohl ein Hinweis auf das Vorliegen einer ernsthaften Erkrankung.

Es ist wichtig, dass TherapeutInnen hier zum einen gute Psychoedukation leisten, indem sie darüber aufklären, dass chronische DP/DR in nur sehr wenigen Fällen tatsächlich ein Hinweis auf eine schwere organische Erkrankung ist (AWMF 2014, S. 15). Auf der anderen Seite sollten TherapeutInnen ihre PatientInnen allerdings dazu ermuntern, unklare körperliche Symptome in jedem Fall ärztlich abklären zu lassen. Manchmal kann sich dahinter tatsächlich eine körperliche Erkrankung oder ein Mangelzustand verbergen. Beispielsweise kann Vitamin D3- oder Eisenmangel zu diffusen Kopfschmerzen, Schwindel, Müdigkeit und Erschöpfung führen (Spitz 2019, S. 21). Nachdem sehr viele Menschen im mitteleuropäischen Raum aufgrund zu wenig Sonnenlichts an einem Vitamin D3-Mangel leiden und ein Eisenmangel bei Frauen im gebärfähigen Alter ebenfalls sehr häufig ist (RKI 2019; Spitz 2019, S. 71 f.), ist es in jedem Fall sinnvoll, diese Werte einmal überprüfen zu lassen und gegebenenfalls mittels oraler oder intravenöser Gaben auszugleichen. Dies wirkt sich auch positiv auf den Transport von Sauerstoff im Blutkreislauf aus und kann zu einer deutlichen Verbesserung des chronischen DP/DR-Erlebens führen.

Zur Aufbesserung ihres monatlich verfügbaren Einkommens als Studentin spendet **Frau J.** bereits über einen längeren Zeitraum regelmäßig Plasma, wofür sie eine Aufwandsentschädigung erhält. Zunächst stellt sie keinen Zusammenhang mit einer in letzter Zeit aufgetretenen Verschlechterung ihrer DP/DR-Symptomatik her, da sie unter eher diffusen Symptomen wie andauernder Müdigkeit, Konzentrationsproblemen und Schwindel leidet. Erst als in der Therapie über eine mögliche Verbindung gesprochen wird, macht Frau J. einen Versuch und geht eine Zeit lang nicht mehr zum Spenden. Die Symptomatik verbessert sich deutlich.

Herr O. erlebt nach dem schweren Verlauf einer COVID-19 Infektion auch eine deutliche Verschlechterung seiner chronischen DP/DR-Symptomatik mit starken körperlichen Symptomen wie andauernden Kopfschmerzen, Konzentrationsproblemen und bleierner Müdigkeit. Er ist überzeugt davon, dass das Virus einen neuen »DP/DR-Anfall« bei ihm ausgelöst hat. Durch reflektierende Gespräche in der Therapie ist Herr O. schließlich bereit, seine körperlichen Symptome ärztlich abklären zu lassen. Es stellt sich heraus, dass er unter einem Long-COVID-19

Syndrom leidet. Als sich dieses verbessert, reduziert sich auch die DP/DR-Symptomatik wieder.

Wie die vorgestellten Beispiele zeigen, gibt es einen deutlichen Zusammenhang zwischen der körperlichen Verfassung der Betroffenen und der subjektiv wahrgenommenen Stärke der Symptomatik. Daher sollten PatientInnen dazu ermutigt werden, bei jeglichen unklaren körperlichen Beschwerden diese ärztlich abzuklären und gegebenenfalls natürlich auch behandeln zu lassen.

Die/der TherapeutIn sollte über diese Schritte der/des PatientIn immer gut informiert sein (gegebenenfalls gezielt nachfragen!), da einige Betroffene von chronischer DP/DR aus Gründen der Nicht-Akzeptanz der eigenen Symptomatik dazu neigen, von einem Arzt zum anderen zu gehen, in der Hoffnung, dass irgendeiner doch noch eine organische Erklärung für ihre Symptomatik findet (AWMF 2014, S. 26 f.). Hier ist in der Therapie immer wieder bei den Punkten Psychoedukation und Akzeptanz der Symptomatik anzusetzen und der/dem PatientIn deutlich zu machen, dass ein solches Verhalten letzten Endes dazu führt, dass sich die Beschwerden immer weiter manifestieren, da die Aufmerksamkeit darauf bestehen bleibt.

Lassen sich nach guter ärztlicher Abklärung keine organischen (Mit-)Gründe für die Symptomatik finden, wird mit der/dem PatientIn daran gearbeitet, wie es gelingen kann, die Aufmerksamkeit von den als störend erlebten körperlichen Beschwerden auf etwas anderes zu richten. Gezielte Ablenkung kann ein passendes Mittel sein, um mit diffusen körperlichen Beschwerden besser umgehen zu können. In der Therapie wird der/die PatientIn daher angeleitet, passende Möglichkeiten der Ablenkung für sich zu finden.

Frau R.: »Ich habe gelernt, nicht mehr auf jedes körperliche Ziepen zu achten. Früher habe ich immer sofort innegehalten. Was ist das jetzt wieder? Bedeutet das was? Kündigt sich eine Verstärkung der Symptomatik an? Jetzt mache ich einfach weiter mit dem, was ich gerade tue. Ich lasse mich nicht mehr so leicht abbringen von meinen Vorhaben. Nur manchmal, wenn ich ganz starke körperliche Beschwerden habe, dann reicht das nicht mehr. Dann aber habe ich einige Dinge für mich gefunden, die mir helfen. Spazierengehen, zum Beispiel. Oder meine Lieblingsmusik aufdrehen. Serien schauen, die ich schon in der Kindheit geschaut habe, sind auch hilfreich.«

5.8.4 Umgang mit emotionalen Einschränkungen

Viele Betroffene von chronischer DP/DR geben an, unter emotionalen Einschränkungen zu leiden (▶ Kap. 2.4). Zumeist zeigen diese sich in einer recht stark ausgeprägten Form von emotionaler Taubheit, was bedeutet, dass Emotionen nicht mehr in ihrer gesamten Breite gespürt werden können. Im Extremfall geben Betroffene an, überhaupt nichts mehr spüren zu können.

Oftmals wird dieser Symptombereich von den PatientInnen als besonders schwerwiegend beschrieben. Weniger oder sogar nichts mehr fühlen zu können, auch nicht gegenüber FreundInnen und Familie, muss als besonders belastend angesehen werden. Viele Betroffenen reagieren hierauf mit sozialem Rückzug, weil sie nahe stehenden Personen nichts vorspielen möchte. Dieser Rückzug führt auf Dauer allerdings zu weiteren negativen Folgen.

In der Therapie ist es notwendig, der subjektiv erlebten emotionalen Taubheit der PatientInnen ausreichend Zeit und Raum zu widmen. PsychotherapeutInnen sollten Betroffenen mit größter Empathie begegnen. Nichts mehr fühlen zu können, ist für TherapeutInnen nicht leicht nachvollziehbar, daher sollte den PatientInnen viel Zeit gegeben werden, um ihr Erleben zu schildern. Oftmals wirkt dies an sich schon erleichternd (AWMF 2014, S. 26).

Es ist wichtig, mit der/dem PatientIn genau zu eruieren, welche Emotionen noch gespürt werden und bei welchen eine Taubheit vorherrschend ist. Oftmals geben PatientInnen zu Beginn der Therapie an, gar nichts mehr spüren zu können, was sich im Verlauf einer differenzierteren Erhebung als nicht vollständig herausstellen kann. Einige Betroffene sind tatsächlich im gesamten Gefühlsspektrum eingeschränkt, viele können allerdings lediglich positive Emotionen nicht mehr wahrnehmen, negative dagegen schon, andere empfinden nur positive Emotionen, während negative ihnen nicht mehr zugänglich sind. Ein weiterer Teil von Betroffenen ist im emotionalen Erleben durch die chronische DP/DR überhaupt nicht eingeschränkt.

P: Ich kann überhaupt nicht mehr fühlen.
T: Was heißt das, überhaupt nichts?
P: Wenn ich z. B. mit meiner Freundin intim bin.
T: Das heißt, Sie fühlen keine Emotionen wie Freude oder Erregung?
P: Ja, genau. Da müsste doch was sein, aber ich spüre einfach nichts.
T: Und was ist mit Angst? Oder Trauer?
P: Oh ja, das schon.
T: Und Wut?
P: Auch das.
T: Das heißt, Sie fühlen keine positiven Emotionen mehr. Negative aber schon, oder?
P: Ja, das stimmt.

Die emotionale Taubheit ist für einige Betroffene mit einer Reduktion oder sogar einem Verlust an Lebensfreude verknüpft. Im Extremfall kann dies bis hin zu suizidalen Gedanken oder Absichten gehen. TherapeutInnen sind gefordert, konkret nach solchen Gedanken zu fragen, um gegebenenfalls gezielte Interventionen setzen zu können.

In der Therapie kommen zur Steigerung des Emotionserlebens unterschiedliche Ansätze emotionsfokussierter Verfahren zum Einsatz, die das beabsichtigte Auslösen und Erleben, in weiterer Folge auch das Verändern von Emotionen ins Zentrum stellen (vgl. die Werke von: Auszra et al. 2017; Eismann & Lammers 2017; McCullough et al. 2019).

Bei Betroffenen mit chronischer DP/DR stellt sich oftmals bereits der erste Schritt, das Auslösen und Erleben von Emotionen, als herausfordernd dar. Denn Emotionen sind ihnen nur schwer zugänglich, wie auch diverse Studien (Phillips et al. 2001; Neziroglu & Donnelly 2010, S. 14; Michal 2015, S. 64) gezeigt haben. Zunächst ist es wichtig, mit den PatientInnen gemeinsam zu erarbeiten, dass Emotionen Auslöser brauchen und nicht aus dem Nichts heraus entstehen. Emotionen zeigen Bedürfnisse an oder sind als Reaktionen auf vorhergegangene Gedanken, Körperempfindungen, Handlungen oder Erlebnisse zu verstehen. Emotionen können als angenehm oder auch als unangenehm empfunden werden. Beides gehört zu einem gesunden Emotionserleben dazu. Das Emotionserleben spielt sich in einem subjektiven Kontinuum ab, in dem es kein Richtig oder Falsch gibt.

Das Auslösen von Emotionen, angenehmen wie unangenehmen, muss bei Menschen mit chronischer DP/DR zumeist regelrecht »provoziert« werden. Hierzu eignen sich starke Auslöser, die beispielsweise in der Vergangenheit schon die gewünschten Emotionen ausgelöst haben.

Das Arbeitsblatt (▶ Anlage 2.5) kann mit den PatientInnen gemeinsam in der therapeutischen Sitzung oder auch als Hausaufgabe bearbeitet werden.

Herr E.

Tab. 5.5: Erfassen des Emotionsspektrums von Herrn E.

Welche Emotion(en) können Sie trotz der chronischen DP/DR noch spüren? In welchen Situationen?
Traurigkeit, Hilflosigkeit
Immer wenn ich mit anderen zusammen bin, dann wird mir bewusst, dass es nie wieder so sein wird wie früher.
Welche Emotion(en) würden Sie gerne wieder mehr spüren?
Freude
Wenn Sie sich zurückerinnern: In welchen Situationen haben Sie früher diese Emotion(en) verspürt?
Viele Situationen in der Kindheit
Wie genau hat/haben sich diese Emotion(en) damals angespürt?
Weiß ich nicht mehr, ist zu lange her
Haben Sie Ideen, was Sie tun könnten, um diese Emotion(en) wieder zu spüren?
??
Ich bin ja kein Kind mehr ...

Herr E. bringt das ausgefüllte Arbeitsblatt in die nächste Einheit mit. Er wirkt unzufrieden, weil »das alles ja eh nichts bringt, es wird nie mehr so wie früher«. In der Einheit werden die von Herrn E. notierten Situationen aus der Kindheit genauer beleuchtet. Die Emotion Freude hat er im gemeinsamen Spiel mit den Kindern aus der Siedlung, beim Holzhacken gemeinsam mit dem Vater wie auch beim Schauen von bestimmten Fernsehserien erlebt. Besonders die Serie »Pumuckl« ist ihm noch im Gedächtnis.

Die nächste Einheit wird dazu genutzt, gemeinsam eine Folge der Serie »Pumuckl« anzuschauen. Danach findet die folgende Reflexion statt.

T: Ah, haben Sie das bemerkt? Ihre Körperhaltung hat sich verändert.
Herr E.: Ach ja? Ist mir gar nicht aufgefallen ...
T: Doch, Sie haben sich entspannt in den Sessel zurückgelehnt. Sie wirkten auch viel fröhlicher, haben sogar einige Male gelacht.
Herr E.: Das stimmt.
T: War da auch die Emotion Freude? Können Sie noch mal hin spüren?
Herr E.: Nein, ich denke nicht, dass man das als Emotion Freude bezeichnen kann.
T: Wie fühlt es sich denn an?
Herr E.: Mehr auf der körperlichen Ebene.
T: Und wie genau?
Herr E.: Irgendwie warm im Bauch.
T: Warm im Bauch, OK. Ist das eine angenehme Empfindung?
Herr E.: Ja, doch.
T: Können Sie diese Wärme im Bauch noch ein wenig intensivieren? Atmen Sie mal bewusst dorthin.
Herr E.: OK. Ja, das geht.
T: Immer noch angenehm?
Herr E. (lacht): Ja.
T: Jetzt lachen Sie wieder. Könnte das nicht eventuell doch ein Hinweis auf die Emotion Freude sein?
Herr E.: Na ja, vielleicht.

Zum Abschluss der Sitzung wird mit Herrn E. vereinbart, dass er sich im Lauf der Woche immer wieder Zeit nimmt, um eine Folge der Serie »Pumuckl« zu schauen und hierbei bewusst auf die Anzeichen der Emotion Freude achten wird.

Nicht immer gestaltet sich eine Therapieeinheit zum Erspüren von – hier – angenehmen Emotionen so einfach wie in diesem Beispiel. Wie auch bei schwer depressiven PatientInnen, die ebenfalls oftmals Probleme damit haben, angenehme Emotionen spüren zu können, müssen Menschen mit chronischer DP/DR dazu angeleitet werden, sich selbst Erlebnisse zu verschaffen, die dazu geeignet sind, positive Emotionen in ihnen auszulösen. Beim Erstellen einer solchen Liste sollten die PatientInnen darauf achten, nur solche Situationen mit aufzunehmen, bei denen sie sich noch deutlich an das Vorhandensein angenehmer Emotionen erinnern können. Zumindest sollten sie kognitiv sicher sein, dass diese Situationen früher schon einmal angenehme Emotionen in ausgeprägter Weise ausgelöst haben: »Ich weiß, dass ich früher dabei Freude empfunden habe, auch wenn mir das Gefühl jetzt nicht mehr vorstellbar ist.«

Nach dem Erstellen einer solchen Liste werden die ersten Experimente mit den notierten Situationen, sofern dies machbar ist, in der Therapiestunde durchgeführt. Natürlich kann nicht erwartet werden, dass das gezielte Herbeiführen einer dieser Situationen bereits beim allerersten Mal dazu führt, dass von den PatientInnen angenehme Emotionen verspürt werden. Oft sind mehrere Versuche notwendig.

In der Praxis zeigt sich häufig, dass das Erleben von vor allem positiven Emotionen nicht selten in die Kindheit oder Jugend hinein verortet wird. Daher bietet es sich an, auf die zu erstellende Liste auch Situationen aus der Kindheit/Jugend mitaufzunehmen, sofern diese zu aktueller Zeit noch wiederholbar sind. Auch Handlungen oder Erlebnisse, die dazu geeignet sind, das »innere Kind« (vgl. Chopich at al. 1997) der Person anzusprechen, sind oftmals mit positiven Emotionen verbunden. Etwa, wie im obigen Beispiel, wieder einmal eine Serie oder ein Hörspiel aus der Kindheit anzuschauen/hören, sich Lieblingssüßigkeiten zu kaufen oder an einen vertrauten Ort zu fahren.

In jedem Fall sollten die PatientInnen bei Erstellung der Liste darauf achten, nur solche Situationen mitaufzunehmen, bei denen sie von anderen Personen unabhängig sind, damit sie selbst die Kontrolle über die sich anschließenden Experimente behalten.

Frau Z.s Liste:

- mich mit Süßigkeiten vollstopfen
- Sex haben (aber nicht mit meinem Mann)
- Die Beine in einen kalten See baumeln lassen
- zeichnen/malen
- Tiere streicheln

Nachdem Frau Z. ihre Liste erstellt hat, wird diese in der Therapiestunde diskutiert. Einige Punkte schließt Frau Z. von einem Experiment aus: Sich mit Süßigkeiten vollzustopfen und Sex mit einem anderen Mann zu haben. Sie fokussiert schließlich auf den Punkt zeichnen/malen.

Frau Z. hat als Jugendliche vor Auftreten der chronischen DP/DR-Symptomatik sehr gerne und viel gezeichnet. Das hat ihr immer großen Spaß gemacht, sie konnte hierdurch auch in eine eigene Welt eintauchen. Seit dem Auftreten der Symptomatik zeichnet sie nicht mehr, obwohl sie nach wie vor ein großes Bedürfnis danach hat.

Da Frau Z. nicht während der Therapiestunde zeichnen möchte, wird besprochen, dass sie sich zu Hause einen schönen Platz im Wohnzimmer herrichtet und auch ihre alten Zeichensachen wieder aus dem Schrank holt und bereitlegt, damit ihr Inneres Kind sich angesprochen fühlt und sich auch tatsächlich dazusetzt.

Frau Z. braucht zwei bis drei Anläufe, ehe es ihr gelingt, sich das erste Mal an den hergerichteten Zeichentisch zu setzen. Zunächst bleiben angenehme Emotionen auch noch aus und es kostet Frau Z. einiges an Mühe, sich dennoch immer wieder dazuzusetzen. Frau Z. gelingt dies nur, indem sie sich mit Unterstützung der Therapeutin immer wieder selbst daran erinnert, wie gut ihr diese Tätigkeit in früherer Zeit getan hat.

Die Situation verändert sich, als eine Freundin bei Frau Z. zu Besuch ist, die auf dem Zeichentisch liegenden Skizzen sieht und Frau Z. bittet, einen Flyer für ihr neu eröffnetes Geschäft zu entwerfen. Frau Z erlebt daraufhin zum ersten Mal seit Jahren wieder angenehme Emotionen wie Freude und Stolz.

Bei Betroffenen von chronischer DP/DR, die angeben, gar keine Gefühle mehr verspüren zu können, ist die *Provokation* von als unangenehm bezeichneten Emotionen wie Angst oder Wut meist deutlich einfacher als die von angenehmen Gefühlen. Wie im obigen Beispiel zeigen sich unangenehme Gefühle hier oft auch zunächst auf einer körperlichen Ebene. Die PatientInnen müssen mit Unterstützung des/der TherapeutIn lernen, diese Hinweise wieder richtig zu deuten. Geeignet sind hierzu Achtsamkeit, bewusstes Atmen und Reflexion.

PatientInnen, die angeben, seit Beginn der chronischen DP/DR nur noch unangenehme Emotionen und keine angenehmen mehr zu haben, verspüren zumeist die Emotionen Traurigkeit, Wut, aber auch Schuld. Vor allem die Emotionen Wut und Schuld zeigen sich dabei auch als sekundäre Emotionen, die andere, tiefer liegende Emotionen, überlagern. Immer wieder beschäftigen sich Betroffene von chronischer DP/DR sehr intensiv mit der Frage, was oder wer schuld ist an ihrem Erleben und finden die Antwort nicht selten entweder in eigenem Fehlverhalten oder in Fehlverhalten der Personen in ihrem Umfeld.

Emotions- oder affektfokussierte Verfahren, die in diesen Fällen zum Einsatz kommen, durchlaufen die fünf klassischen Schritte (vgl. hierzu die Ausführungen in: McCullough et al. 2019; Auszra et al. 2017):

1. Zunächst steht die Wahrnehmung der sekundären Emotionen im Zentrum. Das sind die Emotionen, die sich in einer bestimmten Situation vorrangig zeigen. Beschrieben werden dabei auch Wahrnehmungen auf körperlicher und kognitiver Ebene.
2. Wahrnehmung der primären maladaptiven Emotionen. Welche Lebensgeschichte und Erfahrungen stehen hinter diesen sekundären Emotionen?
3. Wahrnehmung der Grundbedürfnisse. Um welche Bedürfnisse geht es?
4. Wahrnehmung der primären adaptiven Emotionen. Welche primären Emotionen werden von den sekundären überdeckt?
5. Gewinnung eines neuen Selbstbildes.

Wut und Schuld als sekundäre und primäre maladaptive Emotionen

Frau F. verbindet mit ihrer chronischen DP/DR vorrangig die Emotion Schuld. Bei ihr trat die Symptomatik auf, als sie sich zum ersten Mal in eine Beziehung mit einem jungen Mann wagte.

Frau F.: Das hätte mir doch klar sein müssen, dass das nichts war. Ich habe ja schon vorher gespürt, dass das nicht passt.
T: Wie haben Sie das gespürt?
Frau F.: Ich habe mich fast vor ihm geekelt. Er war ein bisschen heruntergekommen. Eher so ein Typ von der Straße. Aber ich bin trotzdem mit ihm zusammengegangen. Und dann hat es angefangen. Als wir zum ersten Mal bei mir zu Hause im Bett lagen.
T: Was fühlen Sie jetzt, wenn Sie daran zurückdenken, dass diese Situation ihre chronische DP/DR ausgelöst hat?
Frau F.: Schuld. Ich fühle mich schuldig. So wie immer.
T: Wie genau spürt sich das an.

Frau F.:	Irgendwie zusammengezogen. Hier im Bauchbereich.
T:	Und was denken Sie?
Frau F.:	Ich bin schuld! Ich bin schuld!
T:	Können Sie noch ein bisschen bei dieser Situation damals bleiben? Atmen Sie ganz langsam und versuchen Sie, sich die Situation wieder gut vor Augen zu holen.
Frau F.:	OK.
T:	Verändert sich etwas auf der emotionalen Ebene bei Ihnen; wenn Sie so ganz genau beobachten, was damals geschehen ist?
Frau F.:	Ein Kribbeln steigt von den Beinen auf.
T:	Welche Emotion zeigt sich dadurch?
Frau F.:	Ich glaube, das ist Wut. Ja, das ist Wut.
T:	Wut auf wen?
Frau F.:	Auf mich selbst natürlich. Was für eine Idiotin ich war! Dass ich mich mit dem eingelassen hab. Wo ich doch wusste …
T:	Spüren Sie weiter hin. Bleiben Sie noch dabei. Bei dieser Wut auf sich selbst. Dass Sie so eine Idiotin waren. Was wäre denn ihr Bedürfnis? Was würden Sie sich wünschen?
Frau F.:	Dass die DP/DR weggeht, natürlich. Aber sie geht nicht weg. Nie mehr, vermutlich.
T:	Das klingt nun ziemlich verzweifelt.
Frau F.:	Verzweifelt … oder hilflos. Dass ich dem so ausgeliefert bin. Dass ich einfach nichts dagegen machen kann. (weint)

Im Anschluss an die Durchführung des affektfokussierten Verfahrens wird das Geschehen auf der emotionalen Ebene reflektiert.
Frau F. verbindet mit ihrer chronischen DP/DR vorrangig die Emotion Schuld. Aus ihrer Sicht hat sie einen Fehler gemacht – sich auf diese Beziehung einzulassen – obwohl sie bereits damals gespürt hat, dass es nicht passt. Daher trägt sie die Schuld am Auftreten der chronischen DP/DR-Symptomatik. Auch die Emotion Wut auf sich selbst ist Frau F. noch recht leicht zugänglich, da sie mit der Emotion Schuld eng verknüpft ist. Erst während des affektfokussierten Verfahrens erkennt Frau F. allerdings, dass hinter diesen Emotionen und verbunden mit dem tiefen Wunsch nach dem Verschwinden der Symptomatik eine große Hilflosigkeit steckt. Sie fühlt sich der Symptomatik ausgeliefert, da sie der Ansicht ist, diese gehe nie wieder weg.
Im weiteren Therapieverlauf werden diese Punkte immer wieder aufgenommen und weiter bearbeitet.

Traurigkeit als sekundäre Emotion

Bei **Herrn P.** trat die chronische DP/DR bereits in der frühen Jugend auf. Seither leidet er unter einem kontinuierlichen Erleben ohne Unterbrechung.

Herr P.:	Ich spüre vor allem Traurigkeit, wenn ich an die DP/DR denke.
T:	Wie genau spüren Sie das?

Herr P.:	Es fühlt sich schwer an. Hier in der Brust.
T:	Gibt es auch Gedanken dazu?
Herr P.:	Es macht alles keinen Sinn.
T:	Sie haben mir ja erzählt, wann genau, in welcher Situation, die DP/DR bei Ihnen angefangen hat.
Herr P.:	Ja, ein Freund hat mir da was in die Kippe gemischt. Marihuana war das. Ohne dass ich es wusste. Danach hat es angefangen.
T:	Sind Sie immer noch traurig, wenn Sie daran denken?
Herr P.:	Ich weiß nicht.
T:	Spüren Sie mal genau hin!
Herr P.:	Traurig? Nein, da ist etwas Anderes. Wut, denke ich.
T:	Wie fühlt sich das an?
Herr P.:	Heiß. Vor allem in den Armen.
T:	Gibt es auch Gedanken dazu?
Herr P.:	Ich sollte ihm den Hals umdrehen! Er ist schuld an allem!
T:	Bleiben Sie noch ein bisschen bei diesem Gefühl.

Im Verlauf der Übung kann Herr P. die neben seiner Traurigkeit auch existierende Wut besser erspüren. Er gestattet sich auch in Folge, diese Emotion immer wieder zu fühlen. Das emotionale Spektrum von Herrn P. weitet sich hierdurch deutlich aus.

Entwicklung eines neuen Selbstbildes

Herr U. leidet in Zusammenhang mit seiner chronischen DP/DR vor allem unter kognitiven Beeinträchtigungen, die seine Konzentrationsfähigkeit oftmals vermindern. Dennoch hat Herr U. sehr hohe Ansprüche an sich selbst und reagiert auf kleinste Fehler und Misserfolge in Beruf und Privatleben stets mit einer übergroßen Wut auf sich selbst. In Gedanken wertet er sich selbst dann massiv ab und zieht sich von anderen Menschen zurück. Er ist der Ansicht, dass er trotz seiner Symptomatik genauso leistungsfähig sein müsse wie alle anderen und vor Kollegen und Freunden keine Schwäche zeigen dürfe.
Im Verlauf der Therapie und durch Anwendung emotionsfokussierter Verfahren kann Herr U. schließlich erkennen, dass hinter seiner rasch auftretenden Wut sehr viel Traurigkeit und Verzweiflung steckt. Er findet wieder in die Hilflosigkeit des kleinen Kindes hinein, das von Vater und Stiefmutter misshandelt wurde, sich dagegen aber nicht wehren konnte und durfte. Mit der Zeit gelingt es Herrn U. immer mehr, mit diesem inneren Kind Kontakt aufzunehmen und sich um es auch zu kümmern. Er gewinnt hierdurch ein neues Selbstbild.

Im Zuge von affektfokussierten Verfahren sollten PatientInnen dazu angeleitet werden, jegliches emotionale Erleben zu erkennen und zu vertiefen, da es an erster Stelle darum geht, aus einer vorhandenen emotionalen Taubheit herauszukommen. Erst an zweiter Stelle steht dann die Frage, ob die erlebten Emotionen auch bearbeitet und verändert werden sollten, da sie sich für die Betroffenen zum Beispiel negativ auswirken.
Die Einschränkungen auf der emotionalen Ebene haben für viele Betroffene von chronischer DP/DR weiterreichende Folgen. Nachdem ein Großteil von emotionaler

Taubheit vor allem in Hinblick auf als angenehm erlebte Emotionen betroffen ist, führt dies bei vielen dazu, den eigenen Körper oder auch ihre sozialen Beziehungen zu vernachlässigen (»*weil ich dabei ja eh nichts empfinde*«). Von den Betroffenen wird allerdings übersehen, dass Handlungen, die den Körper einbeziehen, auch allein über die körperliche Ebene positiv wirken können. Es ist daher nicht in jedem Fall notwendig, dass das körperlich angenehme Erleben auch emotional gespürt wird. In vielen Fällen stellen sich angenehme Emotionen mit der Zeit auch über Handlungen, die den Körper miteinbeziehen, wieder ein.

Ebenso verhält es sich mit der Pflege sozialer Beziehungen, die von Betroffenen chronischer DP/DR oft recht einseitig lediglich dahingehend abgeprüft werden, ob diese für sie mit positiven Emotionen verbunden sind. Ist dies nicht der Fall, investieren viele Betroffene nicht mehr in diese. Auch hier wird übersehen, dass Zeit mit den eigenen Kindern zu verbringen, den Partner zu umarmen oder mit FreundInnen auf eine Party zu gehen, nicht nur dazu dient, der Person schöne Gefühle zu verschaffen, sondern auch zu stabilen sozialen Beziehungen beiträgt. Soziale Beziehungen sind auch für Menschen mit chronischer DP/DR wichtig und notwendig, um sich nicht einsam oder isoliert zu fühlen und nicht den Halt unter den Füßen zu verlieren. Wenn PatientInnen trotz ihrer Empfindungslosigkeit in soziale Beziehungen investieren und diese aufrechterhalten, erfahren sie von anderen Unterstützung und Anteilnahme. Viele Betroffene berichten es daher als hilfreich, wenn sie trotz ihrer emotionalen Empfindungslosigkeit so weit wie möglich am normalen Leben teilnehmen.

Der Kontakt mit anderen bietet für Betroffene von chronischer DP/DR zudem die Möglichkeit, mit diesen über die eigene Symptomatik zu sprechen, was oftmals als entlastend erlebt wird. In der Therapie sollten diese Gespräche gut vorbereitet werden, da Betroffene hiermit meist auch Befürchtungen verbinden.

Herr P.: »Früher habe ich mir selbst nie was Gutes getan. Wozu auch? Ich konnte es ja doch nicht spüren. Jetzt aber gehe ich regelmäßig zur Massage. Das löst zwar auf emotionaler Ebene keine positiven Gefühle aus, aber körperlich fühle ich mich dann wohl. Ich weiß auch, dass meinem Körper das guttut, weil ich oft so verspannt bin vom langen Sitzen vor dem PC.«

Frau R. hat eine ganze Zeit lang ihre sozialen Beziehungen vernachlässigt, weil sie der Ansicht war, das bringe ihr nichts. Nachdem dieser Punkt in der Therapie reflektiert wurde und Frau R. erkannt hat, dass ihr ihre Freundinnen und Familie doch sehr wichtig sind, entschließt sie sich dazu, wieder mehr in ihre sozialen Beziehungen zu investieren. Sie geht zu Festen und Familienfeiern, obwohl sich ihre Symptomatik hierdurch zunächst verschlechtert. Recht schnell stellt sich bei Frau R. der Wunsch ein, mit ihren engsten Freundinnen auch über ihre Symptomatik zu sprechen, was sie bislang vermieden hat, aus Angst davor, diese könnten sie für verrückt halten.

In der Therapie werden diese Gespräche gut vorbereitet. Was genau will Frau R. ihren Freundinnen über die Symptomatik erzählen? Es besteht keine Notwendigkeit, alles bis in jedes Detail zu berichten. Welche Worte eignen sich hierzu? Kurze Erfahrungen von DP/DR haben viele Menschen gemacht, es ist daher gut, wenn Frau R. Worte findet, die es den Freundinnen leicht machen, an eventuell eigenen Erfahrungen anzuknüpfen. Was erwartet sich Frau R. von ihren Freundinnen, wenn diese wissen, wie es um sie steht? Vermutlich werden die Freundinnen hören wollen, was sie für Frau R. tun können.

Als Frau R. schließlich die Gespräche mit ihren Freundinnen führt, erlebt sie von diesen großes Verständnis und Unterstützung. Die Beziehungen vertiefen sich, was auch für Frau R. erstmals wieder auf einer emotionalen Ebene spürbar wird.

5.8.5 Umgang mit (irrationalen) Ängsten

(Irrationale) Ängste gehören zumeist zum Erkrankungsbild chronischer DP/DR (▶ Kap. 2.5). In diesem Symptombereich dominieren Ängste, verrückt zu sein/werden, Stimmen zu hören oder sich aufzulösen. Hinzu kommen bei einigen Betroffenen zwar reale, aber deutlich übertriebene Ängste, etwa die Angst davor, dass der Zustand nie wieder weggeht oder sich vor anderen Menschen lächerlich zu machen.

Handelt es sich um eine sehr konkrete und realistische Angst, etwa der Angst davor, vor anderen Menschen zu versagen, dann stellt die Konfrontation (Teismann & Margraf 2018) ein wirksames Mittel zur Bewältigung der Angst dar. Konfrontation bedeutet, eben jene Situationen aufzusuchen, die man aus Angst ansonsten meidet und die auftauchende Angst auszuhalten. Im Lauf der Zeit stellt sich eine Gewöhnung (Habituation) durch eine Veränderung von inneren Überzeugungen und Umbewertung ein, sodass die Situationen weniger angstbesetzt werden. Im Vorfeld wird hierzu eine Angsthierarchie erstellt, in der die eigenen Ängste hierarchisch geordnet werden. In der Konfrontation beginnt der/die PatientIn dann mit Situationen, die nur wenig Angst hervorrufen, z. B. in der Vorlesung eine Frage zu stellen, bis die Person schließlich bei den Situationen angekommen ist, die die größte Angst hervorrufen, etwa ein Referat vor anderen zu halten.

Frau X. leidet seit Beginn der chronischen DP/DR an Ängsten vor unterschiedlichsten Situationen, denen allen gemein ist, dass die Symptomatik in ihnen auftritt oder zunimmt. Daher hat sich der Handlungsraum von Frau X. sehr verengt. Frau X. hat in der Therapie bereits erarbeitet, dass ihr Vermeidungsverhalten mitursächlich für ihre generelle Unzufriedenheit ist. Ihre zentrale Grundannehme lautet: »Ich bin vollkommen eingeschränkt!«, weil sie das Gefühl hat, überhaupt nichts mehr machen zu können. Frau X. möchte ihren Bewegungsraum wieder ausweiten. Noch aber hält sie die Angst hiervor zurück.

In der Therapie erstellt Frau X. daher zunächst eine Angsthierarchie:
100 % Angst: gemütlich durchs Treppenhaus zur Wohnung nach oben gehen
80 % Angst: im Café am Marktplatz einen Kaffee in Ruhe trinken
50 % Angst: allein im Einkaufszentrum nach einer neuen Jacke schauen
30 % Angst: allein schnell einen Liter Milch beim Supermarkt holen

In einer Therapiestunde entschließt sich Frau X. dazu, allein schnell um die Ecke zum nächsten Supermarkt zu gehen, um dort eine Kleinigkeit einzukaufen. Beim ersten Mal hastet Frau X. den Weg zurück und kommt gänzlich außer Atem wieder in die Praxis. Beim zweiten Mal gelingt ihr der Rückweg schon deutlich gemächlicher. Dies spornt sie dazu an, zu Hause weiter zu üben.

Im Verlauf der Zeit arbeitet sich Frau X. auf der Angsthierarchie immer weiter nach oben. Sie erreicht eine deutliche Reduktion der Ängste und damit einen vergrößerten Bewegungsraum.

Konfrontation kann sich auch bei gewissen irrationalen Ängsten als zielführend herausstellen, wie das folgende Beispiel zeigt.

Bei **Frau L.** stellt sich in Situationen der Ruhe und des Alleinseins stets das Gefühl ein, an der chronischen DP/DR verrückt zu werden, was ihr große Angst einflößt. Sie vermeidet es daher, zur Ruhe zu kommen oder allzu lange allein zu sein. In der Therapie wird zunächst die Vorstellung von Frau L. vom »Verrücktsein« eruiert. Es stellt sich heraus, dass Frau L. damit Bilder verbindet, in der geschlossenen Abteilung einer Psychiatrie schreiend gegen Wände zu laufen, sodass sie fixiert werden müsse. Aufbauend hierauf wird mit Frau L. erarbeitet, dass es natürlich keine Garantie dafür geben kann, dass sie nicht doch eines Tages verrückt werden könnte, dass es allerdings recht unwahrscheinlich ist, dass dies aufgrund der chronischen DP/DR geschieht.

Obwohl Frau L. diesem Gedanken zugänglich ist, kann sie sich zunächst noch nicht dazu überwinden, Situationen von Ruhe und Alleinsein gezielt aufzusuchen, um die Ängste auszuhalten. Dies gelingt erst, als in der Therapiestunde der Rahmen dafür geschaffen wird und Frau L. sich Zeit nimmt, eine Zeit lang in einem abgelegenen Raum für sich allein zu sein. Frau L. kann diese Situation trotz auftretender Ängste von großem Ausmaß gut bewältigen, (natürlich) ohne daran verrückt zu werden. Diese Erfahrung ermöglicht es ihr schließlich, auch zu Hause weiter zu üben.

Frau S. erlebt im Rahmen der chronischen DP/DR furchtbare Ängste immer wieder dann, wenn sie zu Bett gegangen ist und das Licht bereits ausgedreht hat. Dann ist sie davon überzeugt, von unsichtbaren Wesen umgeben zu sein, die um das Bett herum lauern und bald schon zu ihr sprechen werden.

Da diese Angst bei Dunkelheit nur im eigenen Bett auftritt, flüchtet Frau S. regelmäßig aus diesem und zieht sich ins Wohnzimmer zurück.

Mit Hilfe der Therapie findet sich Frau S. bereit dazu, die bei Dunkelheit im Bett auftretenden Ängste auszuhalten, mit dem Ziel, diese zu habituieren. Dieses Ziel stellt sich allerdings auch nach längerer Zeit nicht ein, das Experiment führt stattdessen zu einem ausgeprägten Schlafmangel, da Frau S. nun im Bett bleibt und nicht mehr zum Schlafen ins Wohnzimmer geht.

In der Therapie werden schließlich Alternativen erarbeitet. Treten diese Ängste auf, bleibt Frau S. in ihrem eigenen Bett liegen, macht aber so bald wie möglich wieder Licht und verbringt etwas Zeit damit, sich abzulenken durch Lesen oder Musik hören. Wenn sie schläfrig genug ist, schläft sie zunächst noch mit der brennenden Nachttischlampe ein, die sie dann im Laufe der Nacht ausdreht.

Es gelingt Frau S., ihren Fokus von den gefürchteten Wesen wegzulenken und auf das Buch oder die Musik zu richten. Sie gibt an, sich dadurch viel weniger mit ihren Ängsten zu beschäftigen. Nach kurzer Zeit ist Frau S. in der Lage, nach ein, zwei Musikstücken oder wenigen Sätzen in einem Buch direkt die Nachttischlampe auszuschalten und einzuschlafen. Ängste vor unsichtbaren Wesen treten bei Frau S. von da an nur noch ganz selten auf.

Wie das letzte Beispiel gezeigt hat, ist Konfrontation nicht in allen Fällen hilfreich, auch wenn sie zunächst ausprobiert werden sollte. Nicht immer kommt es durch Konfrontationsübungen zu einer Habituierung. Dann sind von PatientIn und TherapeutIn gemeinsam Alternativen zu entwickeln. Gezielte Ablenkung sowie der Versuch, die Ängste über die Anwendung von Autogenem Training oder PMR (▶ Kap. 5.8.1) abzuschwächen, wären hier Möglichkeiten.

Ängste in Zusammenhang mit chronischer DP/DR können sich auch in endlosen Gedankenschleifen im Sinne von »Was wäre, wenn …« zeigen. Therapeutisch sollte hier angesetzt werden, indem diese Befürchtungen und Sorgen konsequent zu Ende gedacht werden (Morschitzky 2017, Teil 3, Schritt 5). Oftmals können durch ein solches Vorgehen auch grundlegende Annahmen und Haltungen zu sich selbst erarbeitet werden.

P: Was ist, wenn das nie wieder weggeht?
T: Spielen wir das mal durch. Was wäre, wenn die Symptomatik nie wieder wegginge?
P: Dann müsste ich ewig so leben.
T: Was wäre dann, wenn Sie ewig so leben müssten?
P: Das wäre überhaupt keine Lebensqualität.
T: Was wäre, wenn Sie überhaupt keine Lebensqualität mehr hätten?
P: Dann wäre mein Leben sinnlos.
T: Was wäre, wenn Ihr Leben sinnlos wäre?
P: Ich weiß nicht. Es wäre halt ein Leben ohne Sinn.
T: Und was bedeutet das für Sie, ein Leben ohne Sinn zu führen?
P: Es würde bedeuten, dass es egal ist, ob ich da bin oder nicht.
T: Was heißt das, wenn es egal ist, ob Sie da sind oder nicht?
P: Dass ich zu nichts nutze bin. Dass niemand mich braucht.
T: Das bedeutet, Ihre Angst hinter dem Gedanken »Das könnte nie wieder weggehen« ist: Ich bin für niemanden nützlich, wenn das so weitergeht?
P: Ja, so könnte man sagen …

In den meisten Fällen stecken hinter ewig wiederkehrenden Gedankenspiralen rund um die chronische DP/DR Grundannahmen bzw. bedingte Annahmen wie »Ich bin für niemanden nützlich«, »Mein Leben ist ganz und gar sinnlos«, aber auch Ängste vor dem Tod »Dann muss ich sterben und habe doch gar nicht wirklich gelebt über all die Zeit«, da viele Menschen mit chronischer DP/DR den Suizid als zumindest gedanklichen Ausweg in Erwägung ziehen, sollte sich die Symptomatik nicht verbessern. Diese Grundannahmen und Ängste müssen in jedem Fall in der Therapie herausgearbeitet und aufgegriffen werden, um später auch mit diesen weiterarbeiten zu können.

5.8.6 Umgang mit Einschränkungen der kognitiven Leistungsfähigkeit

Wie oben bereits dargelegt, leiden Betroffene von chronischer DP/DR oftmals unter diversen kognitiven Einschränkungen(▶ Kap. 2.6), wozu Grübeln oder Gedankenkreisen, gedankliche Unruhe, geistige Leere (»brain fog«), Konzentrationsstörungen oder Einschränkungen der Erinnerungsfähigkeit oder im bildlichen Vorstellungsvermögen gehören können. Wie Studien (Phillips et al. 2001; Neziroglu & Donnelly 2010, S. 14; Michal 2015, S. 66) gezeigt haben, ist es aufgrund der Veränderungen der Sinneswahrnehmungen und der emotionalen Taubheit für viele Betroffenen tatsächlich (und nicht nur subjektiv) erschwert, Erlebnisse adäquat abzuspeichern, sodass der Zugriff auf diese behindert sein kann.

Einschränkungen der kognitiven Leistungsfähigkeit sind insbesondere belastend für jene Personen, die in ihrem Arbeitsalltag kognitiv arbeiten müssen. Für sie macht es sich besonders stark bemerkbar, wenn sie Schwierigkeiten etwa mit der Merkfähigkeit oder dem möglichen Konzentrationszeitraum haben.

In keinem anderen Bereich stellt es sich als so notwendig dar, das Erleben der Betroffenen zu normalisieren wie im Bereich der kognitiven Einschränkungen. Kognitive Einschränkungen wie Konzentrationsprobleme oder Störungen des Gedächtnisses sind weit verbreitet und bei weitem kein eindeutiges Symptom einer chronischem DP/DR bzw. müssen auch nicht ursächlich mit dieser zusammenhängen. Sie sind geradezu symptomatisch für das moderne Leben mit andauerndem Stress, Druck von außen sowie dem Anspruch, möglichst viele Dinge in möglichst kurzer Zeit zu erledigen. Es ist normal, sich in der Fülle der Informationen und Erlebnisse nicht alles merken zu können. Das betrifft viele Menschen mit und ohne chronische DP/DR.

Häufig lässt sich ein Zusammenhang zwischen kognitiven Beeinträchtigungen und kurzzeitig auftretenden Stressoren im Leben der Betroffenen finden. In der Therapie ist es wichtig, diese Stressfaktoren zu identifizieren, um andere Wege des Umgangs mit diesen zu finden. Oft lassen sich aus dem DP/DR-Tagebuch oder der Biografie des Symptoms bereits Stressoren identifizieren, die dazu führen, dass sich die Symptomatik verstärkt. Natürlich gehört Stress zum Leben und sollte nicht grundsätzlich und stets vermieden werden. Dennoch ist es in den meisten Fällen möglich, mit immer wieder auftretendem Stress anders umzugehen.

> **Herr Q.** leidet immer dann unter besonders starker DP/DR, wenn er in seiner Ausbildung mit Abgabefristen oder herannahenden Prüfungen konfrontiert ist. Er berichtet, in solchen Phasen sich nichts mehr merken zu können und unter »Nebel im Gehirn« zu leiden. Je mehr Herr Q. sich dazu zwingt, trotz seiner kognitiven Schwierigkeiten den Lernstoff zu bewältigen, desto stärker wird die Symptomatik.
> In der Therapie wird gemeinsam mit Herrn Q. erarbeitet, dass die Verstärkung der Symptomatik eine Reaktion auf innerlichen Stress darstellt. Herr Q. kann mit der Zeit erkennen, dass er sich durch die recht ruppige Art seiner LehrerInnen stark unter Druck gesetzt fühlt und sich leicht verunsichern lässt. Herr Q. erkennt

auch, dass er mit dem Lernstoff an sich keine Probleme hat, es lediglich die Prüfungssituation ist, die ihn stresst. Herr Q. muss sich nicht wirklich Sorgen um schlechte Noten machen. Allein diese Erkenntnis wirkt entlastend auf Herrn Q. Er beginnt, sich gegen die ruppige Art der LehrerInnen ein dickeres Fell zuzulegen und beim Lernen vermehrt Pausen zu machen. Immer wenn er merkt, dass er innerlich wieder unter Druck gerät, geht er in den Garten zum Fußballspielen. Die kognitiven Einschränkungen in Prüfungsphasen lassen nach.

Arbeitsanforderungen in kleine, bewältigbare Teile aufzubrechen oder sich immer wieder Pausen und Phasen der Erholung zu gönnen, ist für viele Menschen mit chronischer DP/DR nicht selbstverständlich, da sie unter einem großen inneren Druck stehen, trotz ihrer Symptomatik so leistungsfähig wie zuvor oder wie andere Personen in ihrem Umfeld zu sein. Viele Betroffene müssen erst in der Therapie lernen, dass es in Ordnung ist, sich auch einmal Pausen zu gönnen oder sich zurückzuziehen. Die Betroffenen machen in den meisten Fällen dann aber bald die Erfahrung, dass ein regelmäßiger, geplanter Rückzug ihnen zu mehr kognitiver Klarheit verhilft. Anstehende Arbeiten können dann wieder mit mehr Elan angegangen werden.

Auch kann es Entlastung bringen, nicht allzu lange am PC bzw. nicht zu eintönig arbeiten zu müssen. Oft bessern sich die kognitiven Einschränkungen, wenn einer abwechslungsreicheren Tätigkeit nachgegangen wird bzw. wenn die normale Tätigkeit etwas abwechslungsreicher gestaltet wird, etwa durch Aufstehen, Umhergehen, Arbeiten im Stehen etc. In seltenen Fällen kann es tatsächlich notwendig sein, über eine Veränderung des beruflichen Tätigkeitsfeldes nachzudenken, wenn dieses sich zu eintönig gestaltet und keine Veränderung zulässt. In den meisten Fällen allerdings ist es für Betroffene in ihrem bestehenden Tätigkeitsfeld möglich, kleine Veränderungen selbständig durchzuführen, um sich Abwechslung und hin und wieder auch einmal eine Unterbrechung von der Arbeit zu gönnen. Oft stellt sich in der Therapie heraus, dass es gar nicht die Tätigkeit an sich ist, die keine Veränderung zulässt, sondern die Betroffenen sich davor scheuen, Veränderungen vornehmen, aus Angst davor, was ArbeitgeberInnen oder KollegInnen dazu sagen könnten. Natürlich sollte dieser Punkt dann aufgegriffen und bearbeitet werden, etwa »Was könnte ich sagen, wenn mich die anderen im Büro fragen, warum ich jetzt plötzlich von meinem Platz aufstehe, um eine Zeitlang draußen am Besprechungstisch zu arbeiten?« oder »Auf welche Art und Weise könnte ich meinen Vorgesetzten um Anschaffung eines Stehtisches bitten?«

Frau S. gibt an, immer dann besonders unter kognitiven Beeinträchtigungen zu leiden, wenn beruflich so viele Anforderungen an sie bestehen, dass sie nicht mehr zu ausreichend Schlaf kommt, weil sie durchgehend bis spät am Abend in der Firma arbeiten muss. Die Tätigkeit selbst möchte Frau S. nicht aufgeben, es ist aufgrund der Struktur dieser Tätigkeit allerdings klar, dass es immer wieder zu solch anstrengenden Arbeitsphasen kommen wird. Es gelingt Frau S., eine Einigung mit ihrem Dienstgeber zu finden: In Phasen großer Arbeitsbelastung geht Frau S. nur am Vormittag an ihre Arbeitsstätte. Zu Mittag geht sie nach Hause, schläft dort ein bis zwei Stunden und arbeitet danach noch einmal bis in den Abend hinein.

> Frau S. berichtet, dass kognitive Beeinträchtigungen in solch belastenden Arbeitsphasen seither nicht mehr auftreten.

Ausreichend zu schlafen ist für viele Betroffene von chronischer DP/DR gerade bei bestehenden kognitiven Beeinträchtigungen sehr wichtig.

Viele PatientInnen mit chronischer DP/DR beschreiben die kognitiven Einschränkungen als eine immerwährende bleierne, gedankliche Müdigkeit, als Nebel im Kopf oder »brain fog«. Diese Symptome können auch ohne das Vorhandensein konkreter Stresssituationen bestehen. Wie oben beschrieben, ist ein Zusammenhang mit einer verringerten Sauerstoffkonzentration im Blut möglich. Daher sollten die PatientInnen angeleitet werden, die entsprechenden Werte kontrollieren zu lassen und einen Mangel auch auszugleichen. Kurzfristig kann ein Spaziergang im Freien hilfreich sein.

In der Therapie sollte mit den PatientInnen erarbeitet werden, dass bei chronischer DP/DR Symptome im Bereich kognitiver Beeinträchtigung häufig sind und es somit die chronische DP/DR ist, die die kognitiven Fähigkeiten der Betroffenen verschlechtert hat und dies nicht etwa Anzeichen dafür ist, dass etwas mit ihrem Gehirn an sich nicht in Ordnung sei. Durch eine Verbesserung der Symptomatik wird es auch wieder zu Verbesserungen der kognitiven Leistungsfähigkeit kommen.

Viele Betroffene von chronischer DP/DR mit ausgeprägten Beeinträchtigungen im kognitiven Bereich empfinden es als hilfreich, die kognitive Leistungsfähigkeit gezielt anzuregen. Eine gute und recht einfache Möglichkeit, dies zu tun, ist ein nicht zu einfaches Kopfrechnen, etwa von der Zahl 200 immer 7 abzuziehen, bis man bei null angekommen ist. Denkaufgaben dieser Art können PatientInnen einfach im Stillen für sich durchführen, ohne dass irgendjemand etwas davon mitbekommt (Baker et al. 2010, S. 135; Michal 2015, S. 101).

Seit einiger Zeit sind einige PC-Programme (z. B. Fresh Minder; https://freshminder.de/) auf dem Markt, mit denen die kognitive Leistungsfähigkeit gezielt trainiert werden kann. Betroffene, die unter starken kognitiven Einschränkungen leiden oder die das Gefühl haben, ihre kognitive Leistungsfähigkeit verschlechtere sich stetig, sollten angeleitet werden, eines dieser Programme einmal auszuprobieren. Ein solches PC Programm kann vor allem dabei helfen, den Fokus von der Symptomatik und den damit verbundenen Einschränkungen wegzulenken.

Auch das sogenannte Gehirnjogging (Nowak & Seewald 2017) ist eine gute Methode, um die kognitive Leistungsfähigkeit zu trainieren und zu steigern. Über eine Zeit ausgeführt werden durch die ungewohnte Kombination von körperlicher Bewegung und kognitiven Leistungen neue neuronale Verbindungen geknüpft, was sich auf die kognitive Leistungsfähigkeit positiv auswirkt. Es genügt, wenn die Übungen wenige Minuten am Tag durchgeführt werden.

Anleitung Gehirnjogging

Übung 1: Werfen Sie mit gestreckten Armen zwei Tennisbälle in die Luft und fangen Sie sie mit gekreuzten Armen wieder auf. Wieder hochwerfen, mit geraden Armen wieder auffangen. Erneut in die Luft werfen etc. Beim Kreuzen darauf

> achten, dass abwechselnd der rechte Arm unter den linken kommt und dann der linke unter den rechten.
> **Übung 2:** Kreisen Sie mit den Armen in entgegengesetzte Richtungen, zählen Sie dabei Gegenstände einer bestimmten Farbe in Ihrer Umgebung auf.
> **Übung 3:** Werfen Sie einen Tennisball gegen eine Wand und fangen Sie ihn mit der anderen Hand wieder auf. Ziehen Sie dabei in Gedanken von der Zahl 400 immer 7 ab. Rechts werfen, links fangen 400, links werfen, rechts fangen 393 etc. Wenn Sie aus dem Takt kommen, fangen Sie wieder von vorne an.

Viele Betroffene von chronischer DP/DR haben das Gefühl, sich Dinge nur mehr schlecht merken zu können. Oft entschwindet ihnen auch erst kürzlich Geschehenes, sodass sie sehr unsicher werden, ob es überhaupt stattgefunden hat. Handelt es sich dabei um Erlebnisse mit anderen Menschen, kann auch noch Scham hinzukommen, weil die Betroffenen das Gefühl haben, die Erlebnisse mit anderen nicht wertschätzen zu können. Häufig sprechen sie auch nur ungern mit Bezugspersonen über Erlebtes, aus Angst davor, diese könnten erkennen, dass die Betroffenen sich nicht mehr gut erinnern können.

Es kann helfen, Erlebnisse in Form von Videos oder Fotos festzuhalten. Gemeinsam mit einer kurzen Beschreibung des jeweiligen Geschehens kann daraus ein bebildertes Tagebuch entstehen. Wird dieses häufiger zur Hand genommen, bleiben die Erinnerungen eher lebendig. Hierbei gilt: Je sinnlicher ein Geschehen bereits erlebt oder zumindest festgehalten wird, desto leichter fällt die Erinnerung. Darüber hinaus kommt es zu einer besseren gedanklichen Verankerung, wenn über Erlebnisse auch geschrieben wurde. Betroffene sollten allerdings darauf achten, nicht nur außergewöhnliche Erlebnisse festzuhalten, sondern auch Alltägliches, wie etwa Gespräche mit PartnerInnen oder Kindern, da gerade diese es sind, deren Erinnerung schwer fällt, weil sie eben nicht außergewöhnlich sind.

> **Frau V.** leidet besonders darunter, dass sie sich Erlebnisse mit ihrem Mann und den Kindern nicht gut merken kann. Oft weiß sie auch nicht mehr genau, was sie mit ihnen besprochen hat. Dadurch ist es schon immer wieder zu Streit und Missverständnissen gekommen. Durch die Therapie angeregt, beginnt Frau V., ein Tagebuch zu schreiben. Das kennt sie schon aus ihrer Jugendzeit. Jetzt aber schreibt sie nicht nur ihre Erlebnisse hinein, sondern versieht diese auch mit Skizzen, Zeichnungen, Eintrittskarten, Fotos etc. Frau V. versucht, dieses Tagebuch so lebendig wie möglich zu gestalten. Frau V. schreibt auch Gespräche mit ihrem Mann in Stichworten auf, um bei Bedarf noch einmal nachlesen zu können. Frau V. stellt fest, dass sie sich ihre Erlebnisse nun viel besser merken kann. Wenn sie das Tagebuch durchblättert, steigen auch Bilder an die Erlebnisse und damit verbundene Gefühle wieder in ihr auf. Diese hatte sie zuvor oft nicht mehr abrufen können.

Sind Menschen mit chronischer DP/DR von mangelhafter Merkfähigkeit bei reinen Lerninhalten betroffen, kann es für sie hilfreich sein, Karteikärtchen zu verwenden oder auch Gedächtnisprotokolle oder Exzerpte anzufertigen. Wenn es für sie passend ist, können Lerninhalte aufgesprochen und von Zeit zu Zeit angehört werden.

Orientierungslosigkeit, also nicht mehr zu wissen, wo man ist, wo man wohnt oder wie spät es ist, ist für viele Betroffene sehr belastend. Darüber hinaus löst dies Stress aus, der zu noch mehr Orientierungslosigkeit führt. Menschen mit DP/DR sollten sich daher nicht scheuen, diesbezüglich auf Hilfsmittel wie Uhren, Straßenkarten, Navigationsgeräte oder entsprechende Apps für Mobilfunkgeräte zurückzugreifen.

Viele Betroffene von chronischer DP/DR leiden im kognitiven Bereich allerdings nicht nur unter Reduzierung kognitiver Fähigkeiten wie Konzentrationsproblemen oder Nebel im Gehirn, sondern auch unter kognitiver Übererregung, die sich in Grübeln oder Gedankenkreisen zeigen kann.

Gegen Gedankenkreisen und Grübeln kommen in der Therapie bekannte Methoden wie der GedankenSTOPP zum Einsatz (vgl. hierzu: Hautzinger & Linden 2008, S. 168 ff.). Auch wenn dieser mittlerweile kritisch gesehen wird (Tyron 1979), da es zu paradoxen Wirkungen kommen kann, zeigt die Erfahrung mit Betroffenen von chronischer DP/DR, dass der GedankenSTOPP durchaus hilfreich sein kann.

Der GedankenSTOPP ist eine Methode, Gedankenspiralen und Grübeln zu unterbrechen, in dem diesen durch Verschiebung des Fokus keine Zeit und damit auch keine Aufmerksamkeit mehr zuteilwird.

Dazu ist es notwendig, zunächst einmal zu erarbeiten, in welchen Situationen überhaupt Gedankenspiralen oder Grübeln auftreten (▶ Anlage 2.6). In der Praxis zeigt sich, dass dies zumeist ganz spezifische Situationen sind, beispielsweise immer dann, wenn die Betroffenen allein sind oder ausgelöst durch inneren Ärger oder Traurigkeit. Anschließend daran werden die Inhalte des Grübelns/der Gedankenspiralen im Detail betrachtet. Was genau muss der/die PatientIn immer wieder denken? Aufbauend darauf wird die Frage eruiert, ob Grübeln oder Gedankenkreisen zu einer Lösung führt. Im Normalfall geben PatientInnen an, dass Grübeln oder Gedankenkreisen nicht zu einer Lösung führt, sie allerdings trotzdem innerlich darauf hoffen, dadurch letztendlich zu einer Lösung für ein dahinter liegendes Problem finden zu können. Der nächste Schritt ist, mit den PatientInnen zu erarbeiten, dass Grübeln oder Gedankenspiralen, die nicht zu einer Lösung führen, obwohl sie schon so oft durchdacht wurden, keinen Sinn machen und es besser ist, diese zu unterbrechen. Allerdings wird eine reine Unterbrechung, signalisiert durch das möglichst laute Aussprechen des Wortes STOPP!, nicht dazu führen, dass Grübeln oder Gedankenkreisen enden. Es braucht zusätzliche Ideen, was die Betroffenen stattdessen tun können.

> **Herr K.** verliert täglich etwa drei Stunden seiner produktiven Arbeitszeit durch Gedankenkreisen und Grübeln. Der Anlass ist zumeist eine Kleinigkeit im Job, mit der er unzufrieden ist, etwa ein kleiner Fehler oder eine Unaufmerksamkeit. Ausgelöst durch die Emotion Wut drehen sich die Gedanken von Herrn K. stets um die gleichen Themen: Warum passiert ausgerechnet mir das immer? Das ist nur, weil ich diese Symptomatik habe. Wie soll das alles weitergehen? Was für einen Sinn macht mein Leben noch?
>
> Herr K. findet keinen Ausweg aus seinen Gedanken und auch keine Lösung. In der Therapie erkennt er, dass das immer wieder auftretende Gedankenkreisen ihm nicht nur sehr viel Zeit raubt, sondern ihn auch daran hindert, sich mit seiner Symptomatik auf konstruktive Art und Weise auseinander zu setzen. Herr

K. lernt, das Gedankenkreisen durch ein bewusstes innerliches (weil er in einem Großraumbüro arbeitet) STOPP! zu unterbrechen. Hernach steht Herr K. von seinem Arbeitsplatz auf und tut etwas anderes, zum Beispiel sich in der Küche einen Tee oder Kaffee zuzubereiten. Er kehrt erst nach einige Zeit wieder an seinen Arbeitsplatz zurück. Nach einiger Übung stellt Herr K. fest, dass das innerliche Gedankenkreisen nachlässt und er die Symptomatik als nicht mehr so sehr störend in seinem Arbeitsalltag empfindet.

Wie in allen anderen Symptombereichen auch, brauchen PatientInnen mit chronischer DP/DR besondere Anleitung, Motivation und Unterstützung, um die vorgeschlagenen Ansätze zur Verbesserung der kognitiven Leistungsfähigkeit anzugehen.

5.8.7 Umgang mit verändertem Erleben der Außenwelt

Betroffene von chronischer DP/DR berichten oftmals von einem veränderten Erleben der Außenwelt (▶ Kap. 2.7). Sie spüren keine Verbindung mehr zu bekannten Personen oder Orten, alles erscheint ihnen wie im Traum oder in einem Film, ihr Zeiterleben ist verändert.

Das veränderte Erleben der Außenwelt wird bedingt durch die erlebten Einschränkungen im Sinneserleben in Kombination mit emotionalen Einschränkungen. Über die Sinne wird die Außenwelt verändert wahrgenommen, was auf emotionaler Ebene zu einem Gefühl der Distanz, des *Weiter-entfernt*, führt. Insofern können die oben beschriebenen Ansätze und Übungen zur Verbesserung der Sinneswahrnehmungen und des emotionalen Erlebens hilfreich sein. Besonders der gezielte Einsatz von Augenübungen führt oft dazu, dass sich die Wahrnehmung der Außenwelt verändert.

Die Distanz zur Außenwelt wird allerding auch erhöht durch die ständige Fokussierung der Betroffenen auf sich selbst. Betroffene von chronischer DP/DR werden nicht selten zu reinen Beobachtern ihrer selbst, die eine Distanz einnehmen zur eigenen Person, aber auch zur Umwelt und beides *von außen* beobachten. Daher empfinden sie sich weder als Teil ihrer selbst noch als Teil der Umwelt (AWMF 2014, S. 9).

In der Therapie werden die PatientInnen mit Hilfe konkreter Übungen dazu angeleitet, sich wieder mehr auf das Außen zu konzentrieren. Ein Beispiel ist die 5-4-3-2-1 Übung (nach Betty Erickson bzw. Dolan 2009, Teil 1). Durch diese soll es gelingen, die Aufmerksamkeit ganz gezielt auf das Hier und Jetzt zu legen.

Anleitung 5-4-3-2-1 Übung

Suchen Sie sich einen Platz, an dem Sie sich wohlfühlen. Ein Ort in der Natur ist besonders für diese Übung geeignet. Die Übung kann aber auch anderswo durchgeführt werden, z. B. beim Liegen im Bett oder beim Fahren mit dem Bus. Sorgen Sie dafür, dass Sie während der Übung nicht gestört werden. Schalten Sie ihr Mobiltelefon stumm.

> Zählen Sie 5 Dinge in Ihrer Umgebung auf, die Sie *sehen* können. Es muss sich dabei nicht um besondere Dinge handeln. Zählen Sie einfach 5 verschiedene Dinge auf, die sich in Ihrem Blickfeld befinden. Sie können dies laut tun oder in Gedanken.
> »Ich sehe …«
> »Ich sehe …«
> »Ich sehe …«
> »Ich sehe …«
> »Ich sehe …«
> Als nächstes zählen Sie 5 Dinge auf, die Sie *hören* können: die Vögel in der Umgebung, den eigenen Atem, die Stimmen von Personen …
> »Ich höre …«
> »Ich höre …«
> »Ich höre …«
> »Ich höre …«
> »Ich höre …«
> Dann 5 Dinge, die Sie *spüren* können, etwa einen Luftzug im Gesicht, die Unterlage, auf der Sie sitzen oder liegen …
> »Ich spüre …«
> »Ich spüre …«
> »Ich spüre …«
> »Ich spüre …«
> »Ich spüre …«
> Nun wiederholen Sie die Übung und zählen dabei jeweils 4, 3, 2, 1 Sachen auf, die Sie sehen, hören, spüren können. Sie können dabei auch auf Gegenstände oder Geräusche zurückgreifen, die Sie in der ersten Aufzählung schon benannt haben oder für jede Runde etwas Neues finden.
> Die letzte Runde, die Aufzählung von jeweils einer Sache, die Sie sehen, hören, spüren können, können Sie wiederholen, solange es Ihnen angenehm ist.

Viele Betroffene von chronischer DP/DR stellen fest, dass die von ihnen erlebte Veränderung der Außenwelt je nach Situation variiert. Zumeist besteht ein enger Zusammenhang zwischen erhöhter Selbstbeobachtung und/oder erlebter Anstrengung aufgrund der Situation. Situationen, in denen sich das Gefühl einer Veränderung der Außenwelt besonders bemerkbar machen, lassen sich zumeist aus dem DP/DR-Tagebuch oder auch aus der Biografie des Symptoms identifizieren. In vielen Fällen ist eine Veränderung oder zumindest Modifizierung der Situation möglich, um eine deutliche Symptomreduktion zu erreichen.

Frau L. erlebt immer dann eine besonders große Distanz zur Außenwelt, wenn sie sich mit ihren Freundinnen trifft. Die Gruppe trifft sich stets im gleichen Lokal, in dem es recht laut ist. Frau L. muss sich dann immer sehr anstrengen, um den Gesprächen folgen zu können. Sie beschreibt, dass ihr die Außenwelt dann immer gänzlich entgleitet, sie das Gefühl hat, nur mehr in einem Traum zu sein und sie sich kaum noch orientieren könne.

Nachdem Frau L. durch die Therapie diesen Zusammenhang erkannt hat, bittet sie ihre Freundinnen, sich öfters mal bei einer von ihnen zu Hause statt in jenem Lokal zu treffen. Frau L. erlebt eine deutliche Verbesserung hinsichtlich der Außenwelt. **Frau G.** ist immer wieder sehr auf ihr Innenleben konzentriert. Je mehr sie sich allerdings selbst beobachtet, desto unwirklicher und veränderter erscheint ihr die Außenwelt. Frau G. kann dann auch zu vertrauten Orten außerhalb ihrer eigenen Wohnung ebenso wie zu vertrauten Personen wie ihrer Mutter oder ihrem Partner keine Verbindung mehr aufbauen, da diese ihr verändert erscheinen. Zu Beginn der Therapie fürchtet sich Frau G. sehr davor, sich mehr auf das Außen zu konzentrieren, da hierdurch die Symptomatik stärker werde. Das Verstehen der Erkrankung, der Zusammenhang zwischen ständiger Selbstbeobachtung und Aufrechterhaltung, ist für Frau G. sehr wichtig. Sie begreift, dass sie ihre ständige Selbstbeobachtung unterbrechen muss, um wieder mehr ins Hier und Jetzt zu wechseln. Frau G. beginnt, Situationen und Dinge zu suchen, die ihr eine Orientierung hin zur Außenwelt ermöglichen. Nach einiger Zeit kann sie Folgendes identifizieren: Schreiben, vor allem das Lesen der eigenen Geschichten; das Arbeiten im Garten; kaltes Duschen. Frau G. beginnt, diese Dinge zunehmend in ihren Alltag einzuplanen. Die Außenwelt kommt ihr nicht mehr so unwirklich vor.

Betroffene von chronischer DP, die unter großer Orientierungslosigkeit hinsichtlich Raum und Zeit leiden, sollten zu konkreten Koordinationsübungen angeleitet werden (vgl. die zahlreichen Beispiele bei: Nowak & Seewald 2017).

Frau A. leidet aufgrund einer von Geburt an bestehenden Spastik an Bewegungsstörungen. Diese verstärken sich im Rahmen der DP/DR-Symptomatik. Teilweise werden diese so stark, dass sich Frau A. kaum noch im Raum orientieren kann und oft das Gefühl hat, sie falle um. In der Therapie werden mit Frau A. kleinteilige Bewegungsabläufe geübt wie das sichere Gehen. Frau A. lernt auch, Entfernungen einzuschätzen und diese danach zur Überprüfung abzuschreiten.
   Ebenso wird auch in Hinblick auf die Einschätzung der Zeit gearbeitet. Wann sind zehn Minuten vergangen, wann eine halbe Stunde? Mit der Zeit wird Frau A. sicherer und die empfundene Orientierungslosigkeit schwächt ab.

5.8.8 Festhalten von Erfolgen

In diesem Kapitel wurde eine Reihe an unterschiedlichen Übungen vorgestellt, deren Ziel es ist, die DP/DR-Symptomatik zumindest für kurze Zeit abzumildern, um den Betroffenen eine größere Teilhabe am Leben zu ermöglichen. Manchmal ergibt sich durch eine konsequente Anwendung der hier aufgelisteten Methoden und Übungen auch eine dauerhafte Symptomreduktion.
   Hierzu ist es allerdings notwendig, dass die PatientInnen das in der Therapie Besprochene und Vorgezeigte auch zu Hause weiter üben und einsetzen. Viele Betroffene brauchen dafür immer wieder Ermutigung vonseiten des/der TherapeutIn, um am Ball zu bleiben, denn nicht immer sind die Erfolge zunächst so groß wie erwartet. In der Praxis zeigt sich allerdings auch, dass Betroffene von chronischer

DP/DR dazu neigen, sich anbahnende Erfolge zu wenig wahrzunehmen, da sie vollkommen auf das totale Verschwinden der Symptomatik fokussiert sind und alles andere daneben für sie nichts wert zu sein scheint (AWMF 2014, S. 11).

Diesbezüglich ist es hilfreich, in der Therapie immer wieder nachzufragen, ob die besprochenen Übungen auch zu Hause weiter angewendet wurden und mit welchem Erfolg. TherapeutInnen können PatientInnen immer wieder bitten, die subjektiv empfundene Stärke eines Symptoms auf einer Skala von 0–10 einzuschätzen. Dies kann von Zeit zu Zeit mit früheren Einschätzungen verglichen werden, um eine Veränderung deutlich zu machen.

Alternativ kann den PatientInnen auch ein Arbeitsblatt mitgegeben werden (▶ Anlage 2.7), auf dem sie ebenfalls auf einer Skala (0–10) ihre jeweilige Belastung durch ein bestimmtes Symptom vor und nach einer Übung angeben können. Sinkt die Belastung deutlich wahrnehmbar, kann eine Methode als erfolgreich angesehen werden.

5.9 Arbeit an aufrechterhaltenden Bedingungen[6]

Bei den meisten Betroffenen mit chronischer DP/DR lassen sich Bedingungen identifizieren, die dazu beitragen, dass die Symptomatik aufrecht bleibt. Hierzu gehören:

- Empfinden der Symptomatik als ich-dyston
- Negative Bewertung der Symptomatik
- Ständige Beschäftigung mit dem Phänomen
- Immerwährende Selbstbeobachtung
- Grübeln, Gedankenkreisen
- Passivität gegenüber der Symptomatik
- Vermeidungsverhalten
- Mangelnde Perspektiven
- Soziale Isolation, Verlust von Arbeitsplatz etc.

Der Zusammenhang zwischen diesen Punkten stellt sich zumeist wie folgt dar:
Die Betroffenen empfinden die Symptomatik als ich-dyston. Sie scheint ganz und gar nicht zu ihnen zu passen und auch nichts mit ihnen zu tun zu haben. Zudem wird die Symptomatik von den Betroffenen ausschließlich negativ bewertet: Die Symptomatik stört, macht das Leben kaputt, muss daher weg. Weil sich Betroffene von der Symptomatik so gestört und auch eingeengt fühlen, verbringen sie sehr viel Zeit – im Extremfall sogar ausschließlich Zeit – damit, sich selbst und die Symptomatik zu beobachten, um Veränderungen sofort wahrnehmen zu können. Häufig ist

---

[6] Die Hinweise in diesem Kapitel stammen aus der Arbeit der Autorin.

dies mit einem ausgeprägten Grübeln oder auch Gedankenkreisen verbunden: »Warum bin ausgerechnet ich von der Symptomatik betroffen?«, »Welchen Sinn macht das Leben jetzt noch?«, »Wie soll das alles nur weitergehen?« Betroffene fühlen sich dabei der Symptomatik hilflos ausgeliefert, sie haben keinerlei Ideen, wie sie diese beeinflussen könnten. Weil Betroffene von chronischer DP/DR so sehr auf ihre Symptomatik fokussiert und in Hinblick auf Veränderungen besonders sensibel sind, machen sie recht bald die Erfahrung, dass sich die Symptomatik in bestimmten Situationen verschlechtert. Die Betroffenen beginnen, diese zu meiden. Das ist allerdings nur kurzzeitig hilfreich, auf Dauer führt dies zu sozialer Isolation und mangelnden Perspektiven.

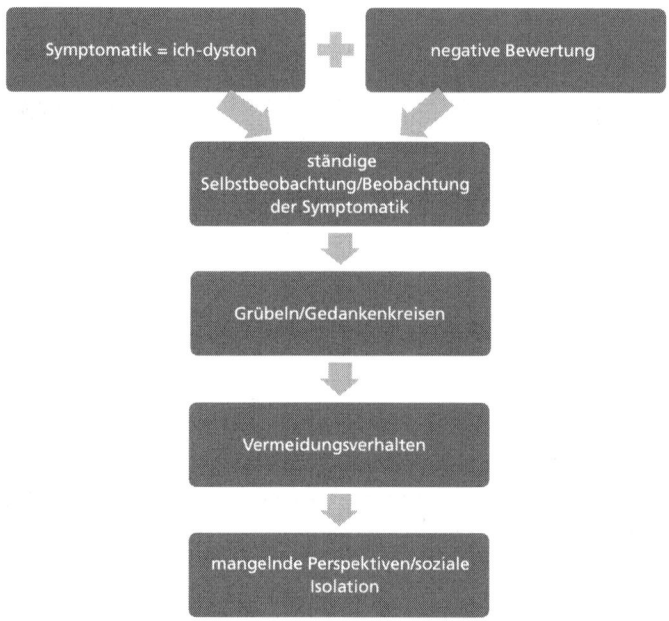

Abb. 5.6: Aufrechterhaltende Faktoren

Insgesamt lässt sich sagen, dass die meisten Betroffenen der DP/DR-Symptomatik zu viel Zeit, Raum und damit auch Macht in ihrem Leben zugestehen. Letztendlich ist es die Symptomatik, die darüber bestimmt, wie die Betroffenen sich fühlen, wie ihr Leben aussieht, was sie noch tun dürfen etc.

Es ist ein erster wichtiger Schritt in der Therapie, dass die PatientInnen lernen, diesen Zusammenhang zu erkennen. Dazu brauchen sie Anleitung und Unterstützung durch den/die TherapeutIn. Das Arbeitsblatt (▶ Anlage. 2.8) kann hierzu genutzt werden, zumeist ist es allerdings notwendig, dieses in der Therapie gemeinsam mit der/dem PatientIn durchzugehen, da sich der Großteil an Betroffenen über die dort aufgelisteten Punkte zuvor noch keine Gedanken gemacht hat und ein eigenständiges Ausfüllen, etwa als Hausaufgabe, die meisten PatientInnen überfordert.

Beispiel Arbeitsblatt Frau K.

Tab. 5.6: Analyse der aufrechterhaltenden Bedingungen bei Frau K.

Wie sehr empfinden Sie die DP/DR-Symptomatik als zu Ihnen selbst gehörig? Hat die Symptomatik etwas mit ihnen zu tun? Nutzen Sie zur Einschätzung eine Skala von 0–10 (0 = Symptomatik hat gar nichts mit mir zu tun; 10 = Symptomatik gehört total zu mir).
Gehört überhaupt nicht zu mir. Weiß gar nicht, wie das gekommen ist, was das mit mir zu tun haben soll.
Skala: 0

Wie bewerten Sie die DP/DR-Symptomatik? Kreuzen Sie an:
Nur positiv – positiv – neutral – sowohl als auch – negativ – ausschließlich negativ

Bitte beschreiben Sie Ihre Auswahl mit ein paar Worten.
Ich bewerte die DP/DR-Symptomatik als ..., weil ....

Nur negativ.

Falls Sie sich innerlich immer wieder mit der Symptomatik beschäftigen: Wie viel Zeit widmen Sie ihr täglich? Wie genau beschäftigen Sie sich mit der Symptomatik (immer wieder in den Spiegel schauen, sich selbst beobachten, über die Symptomatik nachgrübeln ...)

Ich kann gar nicht anders, als mich immerfort damit beschäftigen. Ich spüre die Symptomatik ja auch in jedem Moment. Sie ist immerzu da, wie soll ich da an etwas anders denken?
Ich beobachte mich selbst die ganze Zeit, prüfe ab: Wie viel Prozent bin ich jetzt anwesend? Und wieviel jetzt? Immer wieder muss ich mich auch kneifen, um mir zu beweisen, dass ich noch da bin. Spiegel schauen kommt auch vor.
Wieviel Zeit? Sicher mehrere Stunden täglich.

Welchen Einfluss bzw. welche Auswirkungen hat die Symptomatik auf Ihr Leben? Wo sind Sie eingeschränkt? Was ist Ihnen mit der Symptomatik nicht (mehr) möglich?
Geben Sie konkrete Beispiele an.

Ich denke, einen großen Einfluss. Ich bin fast überall eingeschränkt.
Arbeiten gehen zum Beispiel, das geht gar nicht mehr.
Freunde treffen nur schwer. Meine Mutter kann ich fast gar nicht mehr ertragen.
Aber auch Sex mit meiner Freundin – nur mehr schwer möglich, weil ich dabei nichts empfinde und ihr ja auch nichts vorspielen möchte.

Haben Sie selbst das Gefühl, auf die Symptomatik einwirken zu können, sie verändern zu können? Inwiefern? Wodurch?

Nein, die Symptomatik macht, was sie will. So kommt es mir zumindest vor. Ich muss eher die ganze Zeit auf sie Rücksicht nehmen, damit sie nicht noch stärker wird.

Fazit: Wie zufrieden sind Sie derzeit mit Ihrem Leben? Welche Gedanken, Gefühle haben Sie diesbezüglich?

Gar nicht zufrieden. Das Leben hat keine Qualität mehr.
Gedanken: Erst, wenn die Symptomatik weg ist, dann kann ich wieder anfangen zu leben. Aber wann wird das sein?
Gefühl: Hilflosigkeit, Verzweiflung

Das ausgefüllte Arbeitsblatt von Frau K. zeigt sehr deutlich, wie sehr sich die Patientin von der chronischen DP/DR-Symptomatik belastet und auch eingeschränkt fühlt. Um keine mögliche Verschlechterung der Symptomatik zu riskieren, ist sie bereit, ihr Leben in immerwährender Selbstbeobachtung und bestimmt durch ein ausgeprägtes Vermeidungsverhalten zu verbringen. Obwohl Frau K. ganz und gar nicht damit zufrieden ist, sieht sie keine Möglichkeit, selbstbestimmt etwas gegen die Symptomatik zu unternehmen.

Sobald die PatientInnen mit Hilfe der Therapie die aufrechterhaltenden Bedingungen erkannt haben, kann konkret an einer Veränderung dieser gearbeitet werden. Als zentral stellt es sich dabei heraus, aus der Passivität gegenüber der Symptomatik herauszufinden und ihr weniger Zeit, Raum und damit auch Macht zuzugestehen.

5.9.1 Veränderung der eigenen Haltung zur DP/DR

Die meisten Betroffenen von chronischer DP/DR haben eine sehr ungünstige Haltung zur Symptomatik, indem sie diese als nicht zugehörig empfinden und einseitig negativ deuten (AWMF 2014, S. 11; S. 20). Aus diesem Grund lehnen sie die Symptomatik rundum ab und sind auch nicht bereit, etwas gegen diese zu unternehmen.

Die eigene Haltung zum chronischen DP/DR-Erleben zu verändern, kann für viele Betroffene daher sehr hilfreich sein. Eine Wandlung der eigenen Haltung kann außerdem als Grundvoraussetzung für andere Veränderungen gelten und ist in vielen Fällen auch notwendig.

In der Praxis zeigen sich unterschiedliche Ansätze, in welche Richtung die eigene Haltung verändert werden kann, um eine Entlastung zu erleben.

Chronische DP/DR als Erleben von positiver Qualität

In der Literatur, gerade auch in Berichten ehemaliger Betroffener, wird immer wieder erwähnt, dass chronische DP/DR als ein Erleben positiver Qualität gedeutet werden kann. Dazu gehört vor allem, chronische DP/DR als einen höheren Bewusstseinszustand anzusehen (vgl. hierzu die Ausführungen von Segal 2000; Lukas 2003, S. 213–222; Belz 2009, Kapitel 1), der in einigen Fällen einem spirituellen Erleben gleich kommt. PatientInnen, die eine solche Sichtweise vertreten oder zu solch einer Haltung im Verlauf der Zeit gelangen, erleben die Symptomatik oft als weitaus weniger belastend.

> **Herr T.** erlebt chronische DP/DR seit einem stationären Krankenhausaufenthalt. Er berichtet, dass das erste Erleben der DP/DR sei zu ihm gekommen sei, als er allein in seinem Krankenhauszimmer nachts wach gelegen sei. Er habe das Erleben wie eine tiefe religiöse Erfahrung wahrgenommen. Seither fühle er sich göttlich berufen und geistig befreit. Herr T. schildert kein Leiden an der Symptomatik, im Gegenteil, im Gespräch mit der Therapeutin will er wissen, wie er sein Erleben anderen Menschen begreiflich machen könne, damit diese auf einen

ähnlichen Weg gelangen könnten. Herr T. sieht keine Notwendigkeit einer langfristigen Therapie und beendet den therapeutischen Kontakt nach wenigen Einheiten.

Für TherapeutInnen ist es hilfreich, um diesen Aspekt in der Haltung zu chronischer DP/DR zu wissen, um in therapeutischen Settings nicht von solch einer Haltung seitens ihrer PatientInnen überrascht zu werden. Natürlich aber kann eine solche Haltung in einer Therapie nicht provoziert werden, sofern sie nicht zuvor schon zumindest latent da gewesen ist.

Für die meisten Betroffenen stellt sich chronische DP/DR als überaus lebensbeeinträchtigend dar. Der Vorschlag, die Symptomatik als positives Erleben gar mit einem spirituellen *Touch* wertzuschätzen, erkennt ihr subjektives Leid ab. Nicht selten haben Betroffene aus ihrem persönlichen Umfeld Aussagen in dieser Richtung (»*Cool, das ist wie die ganze Zeit bekifft sein, ohne was rauchen zu müssen.*«) gehört, wodurch sie sich zutiefst missverstanden fühlen. In der Therapie ist daher äußerste Zurückhaltung angeraten und chronische DP/DR sollte nur dann als Erleben von positiver Qualität als ein Thema aufgenommen werden, wenn der/die PatientIn dies von sich aus anspricht.

Wenngleich nur wenige Betroffene von chronischer DP/DR ihre Symptomatik als positives Erleben spiritueller Qualität deuten können, so zeigt sich doch bei eingehender Analyse, dass die Symptomatik bei den meisten Betroffenen auch positive Aspekte enthält.

Frau V.: »Durch die Therapie ist mir klar geworden, dass die DP/DR ein Schutz für mich ist. Ohne die DP/DR könnte ich manche Sachen gar nicht machen, zum Beispiel eine Prüfung schreiben. Das ist mir nur in einem Zustand von DP/DR möglich.«

Herr Z.: »Ich muss mir eingestehen, dass die DP/DR manchmal auch ganz angenehm ist. Die DP/DR wird ja oft ganz schlimm, wenn ich viel Stress habe, in der Arbeit oder zu Hause. Dann muss ich mich zurückziehen, am besten eine Runde schlafen. Manchmal dauert das auch ein paar Tage, bis es wieder abgeklungen ist. Meine Frau kümmert sich dann um die Kinder und ich habe Ruhe von ihnen und muss keine Verantwortung übernehmen.«

Solche positiven Aspekte in der Symptomatik, wie sie hier beispielhaft angegeben wurden, wahrzunehmen, ist wichtig, da dies PatientInnen dabei hilft, die Funktionalität der Symptomatik zu erkennen. Diese kann oft aus der Biografie des Symptoms (▶ Kap. 5.7.1) oder dem DP/DR-Tagebuch (▶ Kap. 5.7.3) abgeleitet werden, das die PatientInnen über einige Zeit geführt haben.

Zu erkennen, dass ein zunächst als unerklärlich empfundenes Symptom in Wahrheit auch eine Funktionalität beinhaltet und in den meisten Fällen eine Schutzfunktion übernimmt, führt bei vielen PatientInnen dazu, dass sie sich der Symptomatik weniger ausgeliefert fühlen und in Folge davon auch ihre Haltung zu dieser verändern können.

Radikale Akzeptanz

Betroffene, die unter einer immer wiederkehrenden, rezidivierenden, Form von chronischer DP/DR leiden, erleben daneben auch Phasen relativer Symptomfreiheit. Für sie ist es oft möglich, auslösende Faktoren des passageren DP/DR-Geschehens auszumachen und diesen bewusst entgegenzusteuern. Darüber hinaus gelingt es diesen Personen zumeist nach einiger Zeit der Therapie gut, solche Phasen auch einfach auszuhalten, in der Gewissheit, dass diese, wie auch die Male zuvor, wieder vorübergehen und sie in einen Zustand von Symptomfreiheit zurückkehren werden.

Betroffene allerdings, die unter dauerhafter – pausenloser, manchmal über Jahrzehnte hinweg bestehender – Symptomatik leiden, erleben diese als permanent (= Dauerhaftigkeit) und auf vielen Ebenen lebensbeeinträchtigend (= negative Bewertung). Für sie gibt es keine Pause von der Symptomatik. PatientInnen, die von dieser Form der chronischen DP/DR betroffen sind, können die Symptomatik in den meisten Fällen zunächst nicht als Teil ihres Lebens akzeptieren. Diese Nicht-Akzeptanz macht allerdings einen Großteil ihres Leidens aus.

> **Herr F.:** »Ich kann einfach nicht akzeptieren, dass ich das habe. Es war doch nur ein Zug, ein verdammter Zug an diesem Joint. Das kann doch nicht sein, dass das alles kaputt gemacht hat, was ich mir bis dahin aufgebaut hatte.«

Ähnlich wie in diesem Beispiel geht es vielen PatientInnen. Sie können einfach nicht akzeptieren, dass sie eine solche Symptomatik haben und diese bislang nicht wieder verschwunden ist. Daher hadern sie unaufhörlich mit dieser. Ein solches Hadern braucht Zeit und Raum, die dann anderweitig fehlen.

Es gibt weder eine Garantie dafür, dass chronische DP/DR durch eine Therapie verschwindet noch dafür, in welchem Zeitraum dies geschehen wird. Es ist für PatientInnen daher in jedem Fall hilfreich, zu akzeptieren, dass sie – zumindest für den aktuellen Zeitpunkt – von chronischer DP/DR betroffen sind.

In der Praxis zeigt sich eine Verschiebung der eigenen Haltung hin zur Radikalen Akzeptanz als extrem entlastend. Mithilfe von Ansätzen der Akzeptanz- und Commitmenttherapie (ACT) und Radikalen Akzeptanz (vgl. Neziroglu & Donnelly 2010; ebenso Klix 2015, S. 219-230; Wengenroth 2012) arbeiten Betroffene gezielt daran, die DP/DR-Symptomatik als Teil ihres Lebens zu akzeptieren und nicht mehr beständig dagegen anzukämpfen.

Als besonders schwierig hierbei stellt sich für viele Betroffene allerdings die Tatsache dar, dass die Akzeptanz der chronischen DP/DR nicht mit einem Verschwinden der Symptomatik gleichzusetzen ist bzw. ein solches nicht zwangsläufig nach sich zieht. Im Fokus Radikaler Akzeptanz steht die Veränderung der Haltung zur Symptomatik. Radikale Akzeptanz ist daher nicht zweckgerichtet im Sinne von »Wenn ich es erst mal akzeptiert habe, dann wird es auch verschwinden!«, Radikale Akzeptanz bedeutet stattdessen nichts mehr und nichts weniger, als der Symptomatik keine Bedeutung mehr zu geben.

Viele Betroffene reagieren hier zunächst mit einem großen Widerstand. Nicht mehr gegen die Symptomatik anzukämpfen und diese als Teil des eigenen Lebens zu akzeptieren, erscheint ihnen wie ein Aufgeben. Sie kommen mit dem explizit formulierten Wunsch »Die Symptomatik soll verschwinden!« in die Therapie und sind nun frustriert, oft auch wütend, wenn der/die TherapeutIn von ihnen verlangt, das Symptom einfach zu akzeptieren und sich nicht mehr dagegen zu wehren. Für viele Betroffene bedeutet allein die Vorstellung dessen ein Versinken in der Hilflosigkeit. In der Therapie ist daher notwendig, den Punkt Radikale Akzeptanz bereits von Beginn an mitzudenken und an die PatientInnen immer wieder heranzutragen.

TherapeutInnen sollten sich selbst von Zeit zu Zeit an die guten Gründe, die dafür bestehen, Ansätze von Radikaler Akzeptanz in die Therapie mit aufzunehmen, erinnern, um sich nicht durch die zumeist bestehende Ablehnung dieser vonseiten der PatientInnen verunsichern zu lassen.

Gute Gründe, Ansätze der Radikalen Akzeptanz in die Therapie mitaufzunehmen:

- Es gibt keine Garantie dafür, dass chronische DP/DR trotz intensiver Arbeit an der Symptomreduktion auch tatsächlich weniger wird bzw. ganz verschwindet.
- Durch eine Veränderung der Haltung zur Symptomatik hin zur Radikalen Akzeptanz werden PatientInnen innerlich frei, die vorher gebundene Energie für etwas anderes zu verwenden und das zu tun, was sie eigentlich wollen.
- Statt Symptomfokussierung tritt Verbesserung der Lebensqualität und Ausweitung des Handlungsspielraums ins Zentrum der Betrachtung.
- Es kann zu einer tatsächlich Symptomreduktion kommen, wenn die Fokussierung auf das Symptom abnimmt.
- Ansätze Radikaler Akzeptanz und die Arbeit an der konkreten Symptomreduktion sind kein Widerspruch, sondern sollten beide von Beginn an in eine Therapie miteinbezogen werden.

Um PatientInnen für Ansätze Radikaler Akzeptanz zu gewinnen, sind oft ausführliche Diskussionen notwendig. Als Basis dafür kann das Arbeitsblatt aus dem Anhang (▶ Anlage 2.9) verwendet werden.

> **Herr K.** ist unfähig, die chronische DP/DR-Symptomatik zu akzeptieren und als Teil seines Lebens anzuerkennen, denn völlig unerwartet sei diese über ihn hereingebrochen. Die Symptomatik mache alles zunichte, was er im Leben habe. Herr K. hadert sehr viel mit seiner Betroffenheit und verbringt sehr viel Zeit mit Grübeln. Im Grunde wartet Herr K. auf die Erlösung von außen, die sich aber auch nach Jahren der Betroffenheit noch nicht bei ihm eingestellt hat. Diese Haltung führt auf der emotionalen Ebene zu Wut und großer Unzufriedenheit. Herr K. glaubt, dass ein Akzeptieren der Symptomatik gleichbedeutend mit einem Aufgeben seinerseits wäre. Dann hätte er den Kampf gegen das Symptom verloren und müsse sein Leben *als Zombie in einer Art Zwischenwelt* verbringen. Durch ausführliche Diskussionen in den Therapieeinheiten kann Herr K. nach und nach erkennen, dass sein Leben kein schlechtes ist, er hat einen fixen Job, eine stabile Beziehung, eine Eigentumswohnung, sein Leben aber durch seine einseitig negative Bewertung der Symptomatik zu einem schlechten wird. Besonders das ständige innerliche Ankämpfen gegen die Symptomatik führt dazu, dass Herr K. sich auf fast nichts anders konzentrieren kann und sehr viel von seiner mög-

lichen Lebensqualität einbüßt, weil die positiven Aspekte seines Lebens aus seinem Blickfeld geraten.
Der Vergleich mit einem Wasserball (»Es ist, als ob Sie die ganze Zeit einen Wasserball unter Wasser drücken. Spüren Sie, wie anstrengend das ist?«) ist schließlich für Herrn K. eingänglich. Er setzt sich bewusst in der Therapie damit auseinander, was passieren würde, wenn er den Wasserball einmal losließe, sein beständiges Ankämpfen gegen die Symptomatik also aufzugeben und diese stattdessen einfach als Teil seines Lebens zu akzeptieren.

Gelingt es, das Thema Radikale Akzeptanz mit der/dem PatientIn in der Therapie zu bearbeiten, stellt sich nach einiger Zeit eine immer größer werdende Erleichterung ein. Oftmals ist es allerdings notwendig, zuvor der Emotion Trauer über die verlorene Zeit oder nicht gelebte Gelegenheiten ausreichend Raum zu geben. Viele PatientInnen haben Jahre, manchmal sogar Jahrzehnte in einer Fokussierung auf die Symptomatik verbracht und haben nun zurecht das Gefühl, das Leben sei in dieser Zeit an ihnen vorübergegangen. In einigen Fällen ist die im Hintergrund lauernde Trauer auch ein Grund dafür, an der DP/DR-Symptomatik festzuhalten und diese nicht verändern zu wollen bzw. zu können, um nicht mit übergroßer Verzweiflung und Traurigkeit konfrontiert zu werden.

Frau Q.: »Es ist entsetzlich. Ich habe 26 Jahre nur für die Symptomatik gelebt! Alles in meinem Leben habe ich ihr untergeordnet. Eine Freundin wollte mich nach dem Studium zu einer Weltreise überreden. Ich habe abgesagt, weil ich dachte, ich könnte das nicht genießen mit der Symptomatik. Die Freundin ist dann allein gefahren. Auch so manche Beziehung hätte sich wohl ergeben, aber ich habe mich nicht darauf eingelassen, weil ich meinen Partnern nichts vorspielen wollte. Ich hätte so gerne ein Kind gehabt, aber ich hatte Angst, mit der Symptomatik keine gute Mutter zu sein. Jetzt bin ich fast schon zu alt zum Kinderkriegen. Über all diese verpassten Gelegenheiten bin ich so furchtbar traurig. Manchmal wünsche ich mir sogar, die Symptomatik würde wieder stärker werden, damit ich das alles nicht mehr spüre.«

Das Akzeptieren verpasster Chancen und nicht gelebter Gelegenheiten ist auch ein Teil des Prozesses Radikaler Akzeptanz. Erst wenn gänzlich akzeptiert werden kann, dass es möglicherweise Bereiche und Aspekte gibt, die nicht mehr nachzuholen sind, kann die Akzeptanz der Symptomatik als vollständig angesehen werden. Erst dann wird die DP/DR-Symptomatik tatsächlich zu einem zugelassenen Teil des eigenen Lebens und der/die Betroffene wird frei für seine/ihre wirklichen Bedürfnisse, Wünsche und Pläne, nach dem Motto: »Es ist, wie es ist. Punkt! Ich habe chronische DP/DR, was mache ich jetzt damit?«

5.9.2 Kognitive Methoden zur Modifizierung aufrechterhaltender Faktoren

Kognitive Umbewertung

Manchen PatientInnen mit chronischer DP/DR ist es nicht möglich, dem Ansatz der Radikalen Akzeptanz zu folgen. Zu groß ist der Widerstand, der sich vor allem aus der Angst speist, sich selbst aufzugeben und der Symptomatik ganz und gar das Feld zu überlassen. Solche PatientInnen lassen sich, wenn überhaupt, nur auf eine *taktische* oder *vordergründige Akzeptanz* ein, mit dem Ziel, dass die Symptomatik hierdurch verschwindet. Bei ihnen bleibt daher der Fokus auf die Symptomatik erhalten, im Inneren prüfen sie nach wie vor ständig ab, ob durch die neue Akzeptanz die Symptomatik nun endlich weniger wird. Auf Dauer wirkt eine solche Haltung allerdings eher aufrechterhaltend als symptomreduzierend.

Für solche PatientInnen eignet sich der Ansatz der kognitiven Umbewertung besser (nach Wilken 2018). Bei der kognitiven Umbewertung steht eine Akzeptanz der Symptomatik nicht im Zentrum der Arbeit. Stattdessen lernen die PatientInnen, ihre Haltung zur Symptomatik so zu verändern, dass diese ihren Plänen und Wünschen nicht mehr im Weg steht. Während die Radikale Akzeptanz auch ohne eine positive Perspektive auskommt und funktioniert, knüpft die kognitive Umbewertung an einer positiven Perspektive an und wirkt in erster Linie über diese. Die kognitive Umbewertung beinhaltet daher sowohl Möglichkeiten zur Veränderung der eigenen Haltung zur Symptomatik wie auch Ansätze zur Veränderung anderer aufrechterhaltender Faktoren wie bestehender Passivität oder beständigem Grübeln.

Die kognitive Umbewertung umfasst fünf Phasen: 1. Vermittlung des kognitiven Modells an den/die PatientIn; 2. Aufdeckung dysfunktionaler Kognitionen in Hinblick auf die chronische DP/DR-Symptomatik; 3. Infragestellen der dysfunktionalen Kognitionen; 4. Erarbeitung angemessener funktionaler Kognitionen; 5. Einübung dieser neuen Kognitionen in Hinblick auf die DP/DR-Symptomatik als neue Bewältigungsfertigkeiten. Bei PatientInnen mit chronischer DP/DR zeigen sich dysfunktionale Kognitionen zumeist als katastrophisierende Bewertungen der Symptomatik.

> Zu Beginn der Therapie vertritt **Herr K.** eine durchwegs negative Haltung zur Symptomatik. Seine Bewertung lautet: »Mein Leben macht mit der Symptomatik überhaupt keinen Sinn mehr!« Herr K. ist von diesem Gedanken absolut überzeugt (100 %), da er die Symptomatik als zwischen sich und seinem Leben stehend empfindet. Dies löst Wut, Traurigkeit, ebenso wie Hilflosigkeit aus, die als sehr stark (zwischen 60 und 80 %) beschrieben werden. Nach anfänglichen Schwierigkeiten lernt Herr K., seine dysfunktionalen Gedanken zu entkatastrophisieren. In einer gemeinsamen Sammlung innerhalb einer Therapiestunde kann Herr K. eine ganze Reihe an Punkten aufzählen, die dagegensprechen, dass sein Leben keinen Sinn mehr macht. Er hat einen guten Job, eine Eigentumswohnung, eine stabile Partnerschaft und viele Freunde und Hobbies, die ihm Freude bereiten. Mit therapeutischer Unterstützung kann Herr K. den Gedanken umformulieren: »Die Symptomatik stört mich zwar oft, ich habe aber trotzdem viele Dinge in

meinem Leben, die mir wichtig sind.« Darüber hinaus beginnt Herr K. zu verstehen, dass die Symptomatik ihn nicht nur bestraft, indem sie ihn vom schönen Leben trennt, sondern dass sie auch einen Schutz gegen negative Gefühle für ihn darstellt. Herr K. zeigt sich von dem anfänglichen dysfunktionalen Gedanken nun weit weniger überzeugt (40 %).

Um die einseitig negative Bewertung der Symptomatik zu verändern, stellt sich für viele PatientInnen auch die Erarbeitung hilfreicher innerer Sätze (Wilken 2018, Kapitel 3.5) als zielführend dar, die mit einer kognitiven Umbewertung kombiniert werden können. Diese inneren Sätze haben einen affirmativen Charakter und gehen damit noch einmal über eine reine Modifizierung von dysfunktionalen Gedanken hinaus.

Erarbeitete innere Sätze müssen von den PatientInnen über einen längeren Zeitraum eingeübt werden, damit sie ihre Wirkung entfalten können. Handelt es sich um selbststärkende Sätze, so sollten diese täglich mehrmals (30–40mal in 3–4 Blöcken über den Tag verteilt) am besten laut vorgesagt werden. Wenn PatientInnen dafür offen sind, kann das Einüben auch mit Techniken der EFT (vgl. Bohne 2010) kombiniert werden. Handelt es sich um innere Sätze, die sich an die chronische DP/DR-Symptomatik selbst richten, so sollten diese immer dann zum Einsatz kommen, wenn sich der/die PatientIn durch die Symptomatik wieder einmal stark eingeschränkt fühlt. TherapeutInnen sollten ihre PatientInnen dazu ermutigen, die neu erarbeiteten inneren Sätze auch zu visualisieren, zum Beispiel diese aufzuschreiben oder auszudrucken und an häufig frequentierten Stellen aufzuhängen oder in ihrem Geldbeutel mit sich herumzutragen.

Frau P. vertritt zu Beginn der Therapie eine gänzliche negative Haltung zu ihrer Symptomatik. Diese wird von ihr als störend und lebensqualitätsmindernd bewertet. Zu einer Position Radikaler Akzeptanz kann Frau P. sich nicht durchringen. Als hilfreich empfindet Frau P. allerdings die Beschäftigung mit ihren eigenen Bedürfnissen, die in ihrem Leben bislang zu kurz gekommen sind. Frau P. erkennt den Zusammenhang zwischen ihrer negativen Haltung gegenüber der Symptomatik und der wenigen Zeit, die sie ihren eigenen Bedürfnissen einräumt. Es gelingt Frau P. mehr und mehr, ihren eigenen Bedürfnissen einen größeren Raum zu geben. Statt in der Früh unmittelbar nach dem Aufwachen die Stärke der Symptomatik innerlich abzuprüfen, verwendet Frau P. die Zeit jetzt dafür, ihre eigenen Bedürfnisse aufzuspüren und sich zu überlegen, wie sie diese in ihren Tag einplanen könnte. Frau P. findet hierüber zu einer neuen inneren Haltung, die sie mit einem affirmativen innerlichen Satz einübt: »Egal, ob ich DP/DR habe oder nicht, und egal, wie stark die Symptomatik auch gerade sein mag, ich bin immer noch ein Mensch und solange ich ein Mensch bin, werde ich auch Bedürfnisse haben. Daher ist es wichtig, dass ich diese ernst nehme!«

Frau Z. kann sich aufgrund der Schwere ihrer Symptomatik oft nur schwer zu etwas motivieren. Sie hat das Gefühl, die Symptomatik gebe ihr alle Handlungen vor, was sie dürfe und was sie nicht dürfe. Frau Z. fühlt sich hierdurch komplett abgeschottet und eingeschlossen. Mit Hilfe der Therapie entwickelt Frau Z. den inneren Satz »DP, ich nehme dich wahr, aber ich lasse mich von dir nicht abbringen und mache weiter mein Ding!«, der es ihr ermöglichen soll, mit ihren Plänen oder aktuellen Handlungen weiterzumachen. Immer wenn sich Frau Z. nun durch die Symptomatik besonders eingeschränkt fühlt, greift sie auf diesen neuen Satz zurück, indem sie ihn laut ausspricht und gleichzeitig diverse Körperpunkte beklopft. Frau Z. gibt an, dass es ihr danach stets leichter falle, mit geplanten Aktivitäten weiterzumachen und sich nicht mehr durch die Symptomatik abhalten zu lassen.

Ziel aller Ansätze zur kognitiven Umbewertung ist es, den Betroffenen zu ermöglichen, ihre innere Haltung zur eigenen Symptomatik zu verändern, um hierdurch eine Entlastung zu erleben. Gelingt es, die Symptomatik als nicht mehr so lebensbeeinträchtigend und gänzlich negativ zu bewerten, wird der Blick frei für andere Aspekte und Bereiche des eigenen Lebens.

Metakognitive Ansätze

Für Betroffene von chronischer DP/DR, bei denen die kognitive Beschäftigung mit der Symptomatik besonders ausgeprägt ist, eignen sich metakognitive Ansätze sehr gut, um zu einer Veränderung dieser dysfunktionalen Gedanken zu kommen.

Die Metakognitive Therapie (vgl. Fisher & Wells 2015; Exner & Hansmeier 2020) geht davon aus, dass nicht die Gedanken an sich das Problem darstellen, sondern dass diesen Gedanken eine Bedeutung zugesprochen wird. Aufgrund dessen sind PatientInnen in ihrer subjektiven Sicht davon überzeugt, dass Grübeln oder Gedankenkreisen gegen die Auswirkungen jener Gedanken auf kognitiver Ebene hilfreich sei, etwa um eine Lösung zu finden. Tatsächlich aber führt dieses Grübeln oder Gedankenkreisen zum immer wiederkehrenden Auftreten des Gedankens. Hier zeigt sich die nahe Verbindung von wiederkehrenden Denkschleifen, maladaptiver Aufmerksamkeitsstrategien (nämlich auf den Gedanken selbst und damit auch auf der DP/DR-Symptomatik) sowie nicht hilfreichem Bewältigungsverhalten.

Bevor mit PatientInnen konkrete Methoden aus dem metakognitiven Bereich durchgeführt werden können, die der gezielten Veränderung dysfunktionaler Gedanken dienen, ist es wichtig, mit diesen das dahinter liegende Modell zu erarbeiten. Dabei ist es zielführend, auf folgende Punkte einzugehen und an die PatientInnen zu vermitteln:

1. Gedanken sind reine Vorgänge im Gehirn und nichts weiter. Sie können sich allerdings negativ auf uns auswirken, wenn wir ihnen zu viel Bedeutung geben: »Welche Bedeutung gebe ich einem konkreten Gedanken?«
2. Durch die Bedeutung, die wir einem Gedanken geben, kann Grübeln oder Gedankenkreisen ausgelöst werden: »Worüber muss ich immer wieder nachdenken und grübeln?«
3. Immer wieder auftretendes Grübeln oder Gedankenkreisen hat sowohl negative (z. B. niedergedrückte Stimmung; Lustlosigkeit etc.) als auch positive (z. B. Hoffnung, eine Lösung zu finden; sich vorbereiten auf mögliche zukünftige Er-

eignisse) Aspekte und Auswirkungen. Dabei überwiegen in der subjektiven Sicht zumeist die negativen Auswirkungen, die positiven Aspekte sind häufig eher verdeckt. »Wie wirkt sich das immer wiederkehrende Grübeln oder Gedankenkreisen auf mein Leben aus? Gibt es auch positive Aspekte daran, die ich vielleicht bis jetzt noch nicht so wahrgenommen habe?«

4. Hinter Grübeln oder Gedankenkreisen steht zumeist ein konkretes Bedürfnis. Dieses sollte identifiziert werden: »Worum geht es eigentlich?«
5. Aufzeigen des nicht hilfreichen Bewältigungsverhaltens: Grübeln und Gedankenkreisen sind keine hilfreichen Strategien, um das dahinter liegende Bedürfnis zu stillen. Im Gegenteil, das Bedürfnis bleibt unbefriedigt und das Grübeln oder Gedankenkreisen tritt immer wieder auf. »Was könnte ich sonst noch tun – abgesehen von immer wieder darüber nachzugrübeln – um das Bedürfnis zu stillen?«

Um diese Punkte mit den PatientInnen im Detail für konkrete Denkschleifen zu erarbeiten, kann das Arbeitsblatt aus dem Anhang (▶ Anlage 2.10) verwendet werden.

Herr X.

Tab. 5.7: Analyse wiederkehrender Denkschleifen bei Herrn X.

Bitte beschreiben Sie, in welchen Situationen bei Ihnen Grübeln oder Gedankenkreisen auftritt.
Immer wenn ich allein zu Hause bin, vor allem wenn ich nichts zu tun habe. Beim Liegen im Bett, auf dem Sofa etc.
Können Sie den konkreten Gedanken benennen, der dazu führt, dass Sie ins Grübeln kommen? Welcher ist dies? Welche Bedeutung geben Sie diesem Gedanken?
Gedanke: Ich bin so allein. Der Gedanke macht mir Angst, weil das stimmt und mir in solchen Situationen so sehr zu Bewusstsein kommt.
Wie genau laufen Grübeln oder Gedankenkreisen bei Ihnen ab?
Ich bin so allein. Warum bin ich nur so allein? Warum mag mich niemand? Niemand ruft mich an. Alle haben mich vergessen. Ich bin für niemanden wichtig. Was habe ich falsch gemacht? Sicher habe ich etwas falsch gemacht, denn sonst würden mich die Leute anrufen oder einladen etc.
Welche negativen Auswirkungen hat das immer wieder auftretende Grübeln oder Gedankenkreisen für Sie und Ihr Leben?
Schlechte Stimmung, niedergeschlagen, hoffnungslos, verzweifelt. Manchmal weinen. Oft schlafen, um das dann alles zu vergessen.
Gibt es auch positive Aspekte des Grübelns oder Gedankenkreisens? Was versuchen Sie, durch das Nachgrübeln zu erreichen?
Noch nie drüber nachgedacht. Vielleicht hoffe ich, dass ich draufkomme, warum mich die Leute nicht mehr anrufen oder einladen?

Tab. 5.7: Analyse wiederkehrender Denkschleifen bei Herrn X. – Fortsetzung

Welches Bedürfnis verbirgt sich hinter dem immer wieder auftretenden Grübeln oder Gedankenkreisen? Worum geht es eigentlich?
Gemocht zu werden von anderen. Wichtig zu sein für andere. Weniger allein zu sein.
Denken Sie, dass es hilfreich ist, zu grübeln, um dieses Bedürfnis zu stillen? Was könnten Sie sonst noch tun, um das Bedürfnis zu befriedigen?
Nein, ist wohl nicht hilfreich. Die Leute von mir aus anrufen. Mal bei jemandem vorbeigehen einfach so. Wieder zu Veranstaltungen gehen. Einen Kurs besuchen.

Sobald PatientInnen erkannt haben, dass das immer wieder auftretende Grübeln oder Gedankenkreisen nicht zur Befriedigung des dahinter liegenden Bedürfnisses beiträgt, sondern im Gegenteil die Beeinträchtigungen, unter denen die Betroffenen leiden, verstärkt, kann diesem dysfunktionalen Verhalten mit Methoden der metakognitiven Therapie begegnet werden, die alle zum Ziel haben, diesen kognitiven Vorgängen immer weniger Aufmerksamkeit zuteilwerden zu lassen.

GedankenSTOPP

Die Methode GedankenSTOPP wurde weiter oben (▶ Kap. 5.8.6) bereits beschrieben. Sie eignet sich für viele PatientInnen mit ausgeprägten Denkschleifen sehr gut. Die Methode wirkt zumeist massiv genug, um wiederkehrende Gedanken zu unterbrechen. Wichtig ist es, mit den PatientInnen im Vorhinein zu erarbeiten, was sie anstatt zu grübeln dann mit der frei werdenden Zeit tun können.

> **Frau Z.** bewertet die DP/DR-Symptomatik einseitig negativ als extrem lebensbeeinträchtigend. Sie glaubt, keine Chance mehr zu haben, je wieder wirklich am Leben teilzunehmen. Frau Z. verbringt sehr viel Zeit mit der Symptomatik. Immerzu prüft sie innerlich ab, wie stark die Symptomatik gerade ist und verstrickt sich in endlose Denkschleifen.
> Durch die Therapie wird es Frau Z. möglich, die negativen Auswirkungen ihrer ständigen, auch gedanklichen, Beschäftigung mit der Symptomatik zu erkennen. Sie lernt, laut STOPP! zu sagen und sich bewusst aus dem inneren Gedankenkreislauf zu befreien. Um nicht unmittelbar wieder in den Gedankenkreislauf hineinzukippen, entwickelt Frau Z. Alternativen, die für sie attraktiv sind. Sie beginnt, wieder zu zeichnen oder in solchen Situationen ein, zwei gute Freundinnen anzurufen.

Für viele Betroffene von chronischer DP/DR kann es hilfreich sein, die Technik des GedankenSTOPPs mit einem Verschieben der Denkschleifen auf einen späteren Zeitpunkt zu kombinieren. Das Durchführen des GedankenSTOPPs und alternativer Tätigkeiten fällt dann leichter, wenn die PatientInnen einen Zeitraum hierfür definieren, bspw.: »*Ich höre jetzt für 15 Minuten auf zu grübeln, in dieser Zeit mache ich etwas anderes. Danach darf ich wieder grübeln.*«

Der DP/DR fixe Zeiten reservieren

Ähnlich wie ein Verschieben der Denkschleifen auf einen späteren Zeitpunkt wirkt auch der Ansatz, der Beschäftigung mit der eigenen Symptomatik fixe Zeitpunkte und Zeiträume im Tagesablauf zuzuweisen. Hierdurch kommt es einerseits zu einer Reduktion der der Symptomatik gewidmeten Zeit, zum anderen aber wird die Zeit der Beschäftigung mit der Symptomatik viel bewusster erlebt. Nicht selten erkennen PatientInnen dann deutlich die Sinnlosigkeit einer anhaltenden Beschäftigung mit der Symptomatik.

Wichtig ist es, zuvor in der Therapie mit dem/der PatientIn zu erarbeiten, dass er/sie sich in der festgelegten Zeit, die sowohl einen konkreten Zeitpunkt wie auch einen Zeitraum, z. B. ab 15 Uhr für eineinhalb Stunden, umfassen sollte, nicht mit der Symptomatik beschäftigen muss, aber kann, dass aber die Beschäftigung mit der Symptomatik zu anderen Zeiten nicht stattfinden darf. Sollte sich die Symptomatik zu anderen Zeiten aufdrängen, muss die Beschäftigung hiermit auf den vorher festgelegten Zeiten verschoben werden. Wichtig ist auch zu erarbeiten, dass nicht sich aufdrängende Gedanken an sich unterdrückt werden sollen – dies würde letztendlich nur zu einem weiteren Auftreten solcher Gedanken führen (Reboundeffekt) – sondern, dass die sich daran anschließende Beschäftigung mit diesen Gedanken eingedämmt werden soll.

In der Praxis zeigt sich oft, dass PatientInnen die zuvor festgelegten Zeiträume dann gar nicht für die Beschäftigung mit der Symptomatik nutzen, sondern es ihnen gelingt, auch diese für andere Tätigkeiten zu verwenden.

> **Herr S.** möchte aus der immerwährenden gedanklichen Beschäftigung mit der DP/DR-Symptomatik aussteigen. Er legt einen fixen Zeitraum fest, in dem er grübeln darf: Jeden Abend um 19 Uhr für maximal zwei Stunden. Herr S. plant, sich einen Wecker zu stellen, um diese Zeit nicht zu überschreiten. Zu Beginn fällt es Herrn S. manches Mal noch schwer, eine sich aufdrängende Beschäftigung mit der Symptomatik auf diesen Zeitraum zu verschieben. Mit der Zeit aber gelingt es ihm immer besser, da er sich einige Tätigkeiten als Alternativen gesucht hat. Nur wenige Tage setzt sich Herr S. dann um 19 Uhr tatsächlich hin, um über die Symptomatik nachzugrübeln. Bald stellt er fest, dass er die Zeit übersieht und die innerliche Fixierung auf die Symptomatik bereits deutlich abgenommen hat.

Attention Training Technique (ATT)

Das ATT (Fisher & Wells 2015, S. 91-94; Exner & Hansmeier 2020, Kapitel 4.1.2.) ist eine weitere Methode, um den Fokus von dysfunktionalen Denkprozessen weg zu verlagern. Das ATT ist eine Aufmerksamkeitsfokussierungsmethode, die ausschließlich nach außen gerichtet ist. Das ATT umfasst insgesamt drei Übungen, die etwa

15 Minuten dauern. Sie sollten in der Therapie angeleitet und als Hausaufgabe von den PatientInnen zu Hause weitergeübt werden.

> **Anleitung ATT**
>
> **Übung 1:** *Selektive Aufmerksamkeit*: Achten Sie ausschließlich auf mindestens drei Geräusche im Raum gleichzeitig (fünf Minuten).
> **Übung 2:** *Aufmerksamkeitswechsel*: Richten Sie Ihre Aufmerksamkeit auf drei Geräusche außerhalb des Raums. Anschließend richten Sie Ihre Aufmerksamkeit auf lediglich eines der Geräusche innerhalb oder außerhalb des Raums und verlagern den Fokus immer wieder auf ein anderes der insgesamt sechs Geräusche (fünf bis sechs Minuten).
> **Übung 3:** *Geteilte Aufmerksamkeit*: Am Ende richten Sie Ihre Aufmerksamkeit auf alle Geräusche gleichzeitig (zwei bis drei Minuten).

In eine ähnliche Richtung geht die Übung, mit der Aufmerksamkeit auf die Umgebung und andere Personen, statt auf die eigene Person oder die innere Symptomatik zu fokussieren. Besonders geeignet ist diese Übung für Personen, deren Gedanken sich stets um ihre Wirkung auf andere drehen: »Fällt es anderen auf, dass ich komisch bin?«, »Was denken die anderen über mich?«, »Sicher denken sie schlecht über mich.«, »Ich muss mich ganz normal benehmen.« Durch die Veränderung des Fokus können Betroffene beobachten, was andere tatsächlich machen und wie sie sich verhalten. Zumeist stellen sie hierbei fest, dass es am Verhalten der anderen keinerlei Anzeichen dafür gibt, dass diese sie komisch finden oder schlecht über sie denken.

Detached Mindfulness

Die Methode der Detached Mindfulness (Fisher & Wells 2015, S. S. 95-100; Exner & Hansmeier 2020, Kapitel 4.1.3) zeigt durch Verhaltensexperimente, wie Gedanken losgelassen werden können, ohne ihnen zu viel Aufmerksamkeit zu schenken. Eine Möglichkeit ist, dem/der PatientIn verschiedene Wörter ohne große Bedeutung zu nennen, wobei er/sie sich stets auf das neue Wort konzentrieren soll, ohne an dem vorherigen noch festzuhalten. Eine weitere Übung besteht darin, die PatientInnen anzuleiten, sich einen Tiger vorzustellen, ohne das Bild aktiv zu verändern, sodass Veränderungen am Bild nur passiv beobachtet werden. PatientInnen verstehen durch diese Übungen zumeist sehr schnell, dass Gedanken und geistige Vorgänge ein Eigenleben haben, das sich nicht immer steuern lässt. Was sich allerdings steuern lässt, ist die Art und Weise wie der/die Betroffene mit diesen Gedanken umgeht.

Oft ist es hilfreich, wenn der/die PatientIn eine veränderte innere Haltung zu den eigenen Gedanken entwickelt: »Ich denke nur, dass ...«, »Das ist nur ein Gedanke ...« (Neziroglu & Donnelly 2010, S. 83 ff.).

In diesem Kapitel wurde eine ganze Reihe an unterschiedlichen Ansätzen und Methoden vorgestellt, die alle zum Ziel haben, aufrechterhaltende Faktoren zu modifizieren. Hierzu gehören vor allem die Veränderung der inneren Haltung zur chronischen DP/DR-Symptomatik und die Verlagerung der immerwährenden Fokussierung auf sich selbst, den eigenen Gedanken und dem eigenen innerlichen Erleben. Letztendlich sollen PatientInnen durch Anwendung dieser Methoden in die Lage kommen, ein bestehendes Vermeidungsverhalten abzubauen und, so gegeben, aus schädigenden Lebenssituationen auszusteigen, die ja auch aufrechterhaltend wirken. Da hier allerdings auch andere Aspekte berührt werden, sind diese Punkte in das folgende Kapitel integriert.

5.10 Leben mit/trotz chronischer DP/DR

Aus Forschung, Literatur und eigener therapeutischer Erfahrung der Autorin lassen sich keine Hinweise ableiten, bei wie vielen Prozent an Betroffenen durch eine Therapie die Symptomatik so stark zurückgeht, dass von einer tatsächlichen Symptomfreiheit (»Heilung«) gesprochen werden kann. Hinzu kommt, dass die Therapie chronischer DP/DR als eher langwierig angesehen werden muss (Michal 2015, S. 121; AWMF 2014, S. 26). Eine Therapiedauer von zumindest 30–50 Einheiten ist nicht selten der Fall.

Nicht alle PatientInnen haben einen solch langen Atem, um diese Zeitspanne, die sich oftmals über 1–2 Jahre erstreckt, auch tatsächlich durchzuhalten. Viele von ihnen verfügen über begrenzte finanzielle Ressourcen, sodass sich eine längere Therapie auch aus diesem Grund als schwierig umzusetzen darstellt. Auch PatientInnen, die die lange Therapiedauer auf sich nehmen, können trotzdem mit einer anhaltenden Symptomatik konfrontiert sein, die ihnen immer wieder sehr viel abverlangt.

Nicht alle PatientInnen können von den oben dargelegten Methoden und Übungen zur konkreten Symptomreduktion profitieren. Bei einigen gehen Symptome in manchen Bereichen zurück, in anderen bleiben die Symptome allerdings bestehen. Schließlich kommt es auch bei PatientInnen, die gut von einer Therapie profitieren können, vor, dass trotz therapeutischer Unterstützung und hoher Eigenmotivation Reste der Symptomatik auf Dauer bestehen bleiben.

In der Therapie sollte daher bereits zu Beginn auch darauf fokussiert werden, wie PatientInnen mit oder trotz der chronischen DP/DR-Symptomatik gut leben können. Das Aufgreifen eines guten Lebens mit oder trotz der Symptomatik sollte dabei weniger als Alternative zu einer Arbeit an der Reduktion der Symptomatik angesehen werden (»Besser, Sie finden sich gleich damit ab, dass die Symptomatik nicht wieder weggeht und wir konzentrieren uns darauf, wie Sie trotzdem gut leben können.«) als vielmehr als sinnvolle Ergänzung einer solchen (»Es kann dauern, bis Sie eine deutliche Reduktion Ihrer Symptomatik verspüren, es kann auch sein, dass trotz langer Therapie Reste der Symptomatik bestehen bleiben, daher ist es wichtig, dass wir uns auch darauf konzentrieren, wie Sie mit oder trotz Ihrer Symptomatik ein gutes, befriedigendes Leben führen können.«).

Haben TherapeutInnen beide Aspekte – Symptomreduktion und Aufbau einer positiven Perspektive – im Blick, so können sie PatientInnen in eventuell auftauchenden Krisen besser unterstützen. Zudem gelingt es ihnen leichter, ihre PatientInnen, die oft recht einseitig auf Symptomreduktion fokussiert sind, zum Aufbau positiver Lebensinhalte anzuregen. Nicht selten ordnen Betroffene von chronischer DP/DR ihr gesamtes Leben der Symptomatik unter. Ergibt sich im Verlauf einer Therapie trotz intensiver Arbeit keine Symptomreduktion und der/die PatientIn realisiert allmählich, dass sie/er wohl mit der Symptomatik leben muss, kann daraus eine massive Krise erwachsen. Haben diese PatientInnen allerdings in der Therapie parallel zur Symptomreduktion auch am Aufbau positiver Lebensbereiche gearbeitet, kann eine solche Krise zumeist wesentlich schneller bewältigt werden.

Immer wieder ist es in diesem Zusammenhang notwendig, mit enttäuschten PatientInnen über die Möglichkeiten von Therapie zu diskutieren (vgl. hierzu z. B. Yalom 2010). TherapeutInnen sollten hierbei Abstand nehmen von einer »alles ist durch Therapie veränderbar«–Sichtweise. Stattdessen sollten sie ihren PatientInnen vermitteln, dass die Wirkung von Psychotherapie auch begrenzt sein kann. Der innere Zustand eines Menschen, aber auch seine gesamte Lebenssituation wird von vielen unterschiedlichen Faktoren beeinflusst. Dazu gehören körperliche Faktoren, biografische oder genetische ebenso wie soziale, politische oder auch Faktoren, die im Bereich des Unwägbaren angesiedelt sind. Nicht alle dieser Faktoren können durch Psychotherapie beeinflusst oder gar verändert werden, da Psychotherapie nur eine Möglichkeit darstellt, auf diese Faktoren Einfluss zu nehmen. Manchmal ist Psychotherapie für Betroffene von chronischer DP/DR – wie für andere PatientInnen ebenfalls – auch gar nicht der richtige Weg, da sie beispielsweise eher eine Arbeits- oder Rechtsberatung bräuchten oder besser daran täten, sich politisch zu engagieren, um konkrete Veränderungen, auch der eigenen Lebenssituation, zu bewirken.

TherapeutInnen sollten ihren PatientInnen daher einerseits mit Ehrlichkeit hinsichtlich der auch begrenzten Möglichkeiten einer Psychotherapie – gerade was die Behandlung des chronischen DP/DR-Syndroms betrifft – begegnen, andererseits aber auch für die Möglichkeit werben, (mithilfe der Therapie) ein sinnerfülltes Leben mit oder trotz Betroffenheit von chronischer DP/DR führen zu können.

Im Folgenden werden eine Reihe an Ansätzen und Methoden vorgestellt, die dazu geeignet sind, dass Betroffene von chronischer DP/DR ihren Handlungsspielraum ausweiten können, mehr Freiheit in ihrer Lebensgestaltung und damit letztendlich eine größere Lebensqualität gewinnen. Hierzu gehören die Entwicklung positiver Werte und Perspektiven sowie der Abbau von Vermeidungsverhalten.

5.10.1 Entwicklung positiver Werte und Perspektiven

Betroffene von chronischer DP/DR tun sich in den meisten Fällen sehr schwer, positive Haltungen zum eigenen Leben und positive Perspektiven für die eigene Zukunft zu entwerfen. Die Symptomatik wird von ihnen als so übermächtig erlebt, dass daneben alles andere bedeutungslos erscheint. Viele sind gar der Ansicht, es lohne sich nicht, positive Elemente in ihr Leben einzubeziehen, da die Erkrankung ohnehin alles zunichtemache. Viele PatientInnen haben überhaupt keine Ziele mehr, die sie in Zukunft erreichen möchten. Man könnte fast den Anschein haben, sie vegetierten einfach so vor sich hin. Manche haben gar ihre Arbeit aufgegeben, leben von Notstandshilfe/ALG II/Sozialhilfe oder beziehen Frühpension. Aber auch PatientInnen, die von außen betrachtet positive Aspekte in ihrem Leben haben, können diese oftmals nicht schätzen.

> **Herr K.** ist ein gutes Beispiel für eine mangelnde Lebensperspektive. Vordergründig hat Herr K. ein gutes Leben. Er hat einen guten, sicheren Job mit ausreichend Einkommen, eine stabile Partnerschaft, eine Eigentumswohnung, viele Freunde und Hobbies. Herr K. bewertet die DP/DR-Symptomatik allerdings als so negativ, dass er all diesen positiven Elementen in seinem Leben nichts abgewinnen kann. Herr K. beschreibt immer wieder, dass er einfach so dahinlebe, ohne Sinn und Ziele. Was solle er auch schon für Ziele im Leben haben, solange ihn die Symptomatik begleite? Herr K. kann dem therapeutischen Ansatz zum Entwickeln von konkreten Lebensperspektiven zunächst nicht folgen. Für was soll das gut sein? Erst muss doch die Symptomatik weg.

Herr K. vertritt eine für viele Betroffene typische Ansicht: »Zuerst muss die Symptomatik weg, dann kann ich etwas anderes denken oder planen!« Durch eine solche Haltung kommt es allerdings zu einer völligen Abhängigkeit des eigenen Lebens, vor allem auch der eigenen Lebensqualität, von der Symptomatik. Die Betroffenen ordnen ihr gesamtes Wohlergehen einer als quälend erlebten Symptomatik unter und sind nicht bereit, aus eigenem Antrieb hiergegen vorzugehen.

In der Therapie ist es daher zentral, mit den PatientInnen daran zu arbeiten, dass diese sich auch wieder unabhängig von der Symptomatik wahrnehmen können, dass es also eine Symptomatik gibt, davon unabhängig aber auch eine Person X existiert. Die Person X mag von der Symptomatik betroffen sein, sie ist aber nicht deckungsgleich mit dieser.

Oftmals stellt sich die Erarbeitung affirmativer innerer Sätze als hilfreich für die PatientInnen dar. Beispiele hierzu wären:

»Ich bin auch ein Mensch jenseits von der Symptomatik.«
»Ich bin von DP/DR betroffen, aber ich habe trotzdem das Recht auf ein gutes Leben!«

Immer wieder zeigt sich, dass Vergleiche mit anderen Erkrankungen für Betroffene leichter eingänglich sind. Chronische DP/DR ist ja nun nicht die einzige chronische Symptomatik, von der Menschen betroffen sein können.

> **Herr Y.** kann dem Vergleich der chronischen DP/DR-Symptomatik mit einem chronischen Tinnitus viel abgewinnen. Auch ein Tinnitus ist ein Symptom, das gleich wie DP/DR immer da ist, zwar nicht weh tut, aber furchtbar nervt. Ein Tinnitus kann mit diversen Begleiterscheinungen, wie Konzentrationsproblemen, Schlafstörungen oder negativer Stimmung einhergehen, gleich wie chronische DP/DR. Auch Menschen mit Tinnitus neigen dazu, ihr Symptom ständig zu beobachten, um abzuprüfen, ob dieses schwächer oder stärker wird oder vielleicht endlich

doch ganz weggeht. Nicht selten wird auch ein chronischer Tinnitus als extrem lebensbeeinträchtigend erlebt. Trotzdem gibt es viele Menschen, die gelernt haben, mit diesem Symptom zu leben und ihr Leben auch zu genießen. Dieser Vergleich spornt Herrn Y. an, auch für sich positive Aspekte und Bereiche zu entwickeln.

Fake it till you feel it!

Betroffene von chronischer DP/DR sind oftmals der Ansicht, dass die Symptomatik ihnen den Spaß am Leben verderbe. Ihre Haltung ist: »Mit DP/DR macht alles keinen Spaß mehr, also mache ich auch nichts mehr, weil alles keinen Sinn hat.« Der Sinn im Leben bzw. an Aktivitäten wird von den Betroffenen hier einseitig im emotionalen Bereich = Spaß haben gesucht. So verständlich es ist, dass eine emotionale Beteiligung an Aktivitäten von Betroffenen vermisst wird, gestaltet sich eine Haltung, die eine solche als unabdingbare Voraussetzung definiert, als extrem lebensbeeinträchtigend. So wird jede Aktivität von Betroffenen einseitig dahingehend untersucht, ob sie wohl auch Spaß mache bzw. angenehme Emotionen auslöse. Tut sie dies nicht, wird die Aktivität nicht mehr durchgeführt.

In der Therapie sollte mit PatientInnen darüber diskutiert werden, welchen Sinn verschiedene Aktivitäten auch ohne als angenehm empfundene emotionale Beteiligung haben könnten (Neziroglu & Donnelly 2010, S. 80 f.). Wozu ist es gut, an sozialen Kontakten festzuhalten, Sexualität auszuleben oder neue Hobbies zu finden? All diese Tätigkeiten können als sinnstiftend für die Person selbst, aber auch für andere Personen gedeutet werden (= kognitiver Vorgang), auch ohne dass es hierdurch zunächst zu als angenehm empfundenen Emotionen kommt. Nicht zuletzt ist es auch bei Betroffenheit von chronischer DP/DR – ähnlich wie bei Menschen mit schwerer Depression – zunächst einmal notwendig, an Aktivitäten festzuhalten bzw. diese konkret aufzubauen, um dann in weiterer Folge auch eine emotionale Beteiligung an diesen zu erleben. Betroffene mit chronischer DP/DR sollten daher dazu ermutigt werden, an Aktivitäten, denen ein Sinn zugeschrieben wurde und die im besten Fall auch dazu geeignet sind, angenehme Emotionen hervorzurufen, festzuhalten (▶ Anlage 2.11).

Ressourcenorientierte Ansätze

Bei vielen Betroffenen von chronischer DP/DR ist es in der Erarbeitung positiver Werte und Perspektiven hilfreich, auf frühere Erfahrungen oder versteckte Ideen der PatientInnen zurückzugreifen. Hierzu eignen sich ganz besonders ressourcenorientierte Ansätze (vgl. hierzu bspw. Bertolino et al. 2015), mittels derer verborgenen Bedürfnissen, Wünschen und Sehnsüchten auf die Spur gekommen werden kann (▶ Anlage 2.12). Auf welche Fähigkeiten, Interessen, sozialen Umfelder etc. können PatientInnen zurückgreifen, die ihnen vor der Erkrankung wichtig gewesen sind?

Frau Z. entwickelt im Rahmen der Therapie konkrete Perspektiven für ihr Leben. Dazu gehören tägliches Zeichnen, regelmäßige Treffen mit Freundinnen und diverse Unternehmungen an den Wochenenden gemeinsam mit dem Partner. All diese Aktivitäten haben vor Beginn der Erkrankung eine wichtige Rolle im Leben von Frau Z. gespielt und Frau Z. kann sich zumindest kognitiv noch daran erinnern, dass ihr diese Aktivitäten früher auch Spaß gemacht haben. Sie möchte daher erneut an diese anknüpfen und ihnen wieder mehr Platz in ihrem aktuellen Leben einräumen.

Es gelingt Frau Z., diese Bereiche in ihrem Alltag zu integrieren, indem sie ihnen fixe Zeiten zuweist bzw. Treffen und Unternehmungen rechtzeitig organisiert und einplant. Drängt sich ihr währenddessen die Symptomatik auf, so begegnet Frau Z. dieser mit einem hilfreichen Satz, den sie für sich entwickelt hat: »Nein, DP/DR, jetzt habe ich keine Zeit für dich, ich mache gerade etwas anderes!« Mit der Zeit erlebt Frau Z., dass sich die innerliche Fokussierung allmählich verschiebt, von der Symptomatik hin zu jenen neu integrierten Bereichen, und ihr Leben dadurch an Qualität gewinnt.

Herr D. möchte seinem Interesse nach fremden Ländern, Sprachen und politischem Weltgeschehen wieder mehr Raum geben. Er beginnt, wieder regelmäßig die Zeitung zu lesen und sich Dokumentationen anzusehen. Auch ein paar neue Bücher hat er sich bestellt.

Frau K. kommt zu der Erkenntnis, dass ihr das viele zu Hause Sitzen nicht gut tut. Sie erkennt, dass ihr ihre berufliche Tätigkeit als Grafikerin doch und auch trotz Symptomatik sehr wichtig ist. Daher beginnt sie, wieder in kleinem Rahmen für ein Designunternehmen zu arbeiten.

Aufbau und Integration positiver Erlebnisse

Viele Betroffene von chronischer DP/DR geben an, in ihrem Leben überhaupt nichts mehr zu erleben, das für sie als positives Ereignis verbucht werden kann. Das Fehlen solch positiver Erlebnisse ist für einen Großteil an Betroffenen ein Hauptgrund, warum sie das Gefühl haben, ihre Lebensqualität habe abgenommen. In der Therapie wird das Thema konkret aufgegriffen und mit den PatientInnen daran gearbeitet, in welcher Form positive Erlebnisse wieder ein zentraler Bestandteil ihres Lebens werden können.

Um dieses Ziel zu erreichen, ist es oftmals notwendig, wie oben bereits erwähnt wurde, dass Betroffene in ihrem Leben überhaupt erst einmal die Möglichkeit schaffen, zu Erlebnissen mit positiver Qualität zu kommen (Neziroglu & Donnelly 2010, S. 80 f.). Betroffene von chronischer DP/DR, die sich von allen anderen Personen zurückgezogen haben oder ihre Tage liegend am Sofa verbringen, haben kaum die Möglichkeit, in ihrem Alltag auf Ereignisse von positiver Qualität zu treffen. Sie müssen daher erst einmal die Ausgangsbedingungen hierzu schaffen.

TherapeutInnen sollten mit ihren PatientInnen darüber diskutieren, was jene in ihrem Tagesablauf verändern könnten und sollten, um sich selbst positive Erlebnisse zu verschaffen:

- Welche Ereignisse könnten mit positiver Qualität verbunden sein?
- Welche Dinge haben den Betroffenen vor Beginn der Erkrankung Freude bereitet?

- In welcher Form könnten die PatientInnen diese Dinge wieder in ihren Tagesablauf integrieren?

Immer wieder ist hier Motivationsarbeit notwendig, um den PatientInnen über *Durststrecken* hinwegzuhelfen, da es einige Zeit dauern kann, ehe sich tatsächlich positive Emotionen auf jene Erlebnisse einstellen.

> **Frau Z.** zeichnen nun wieder mehr. Als sie es nach einer Zeit wagt, einer Freundin die neu entstandenen Bilder zu zeigen, ist diese begeistert und bittet Frau Z., einen Flyer für ihr neu eröffnetes Geschäft zu entwerfen. Dieses Erlebnis wertet Frau Z. als ganz besonders positiv für sich. Frau Z. ist nun auf der Suche nach weiteren solchen Gelegenheiten, bei denen sie etwas Sinnvolles für andere tun kann und dadurch positive Rückmeldungen bekommt.

> **Frau C.** sucht sich ganz gezielt positive Aktivitäten, um ihre Tage zu gestalten. Sie besucht eine Nähgruppe, singt wieder im Chor und arbeitet ehrenamtlich bei einem Tauschladen mit. Frau C. erlebt hierdurch viele positive Inputs von außen und zudem Struktur in ihrem Tag.

Positive Psychologie

Ergänzend zu ressourcenorientierten Ansätzen und gezieltem Aufbau von positiven Erlebnissen können auch Methoden der Positiven Psychologie (bspw. Engelmann 2015) zum Einsatz kommen. Durch sie kann es Betroffenen leichter fallen, positive Aspekte ihres Lebens wahrzunehmen oder zu entwickeln und die Symptomatik rückt hierdurch in den Hintergrund.

> **Frau P.** arbeitet in der Therapie ausführlich an ihrem zunächst negativen Selbstbild. Frau P. möchte gerne Mutter werden, wertet sich diesbezüglich aber innerlich ab: »Ein solch normales Leben steht dir nicht zu!« Frau P. gelingt es, in der Therapie immer mehr auf ihre positiven Charakterstärken zu fokussieren. Frau P. hat viel Erfahrung mit kleinen Kindern, sie passt auch regelmäßig auf die Kinder von Freundinnen auf, was ihr viel Spaß macht. Mit der Zeit tritt das negative Selbstbild immer mehr in den Hintergrund. Der abwertende innere Satz wird ersetzt durch: »Ich könnte mir vorstellen, dass es auch für mich möglich ist, Mutter zu werden!«

TherapeutInnen sollten PatientInnen mit chronischer DP/DR stets dazu ermutigen, über eigene Ideen zum Verschwinden der Symptomatik zu sprechen, so verrückt diese Ideen auch erscheinen mögen. Oft verbergen sich hinter solch verrückten Ideen wichtige Aspekte, die den PatientInnen ansonsten verbogen bleiben. In vielen Fällen können Teile hieraus in das Leben der Betroffenen integriert werden.

> **Frau S.** äußert die Idee, dass ihre Symptomatik sich stark verbessern würde, wenn sie ihren Mann und die Kinder verließe, denn der Familienalltag sei oft von Streit und Unzufriedenheit geprägt. Natürlich aber ist dies keine wirkliche Alternative

für Frau S. Sie entschließt sich allerdings dazu, eine Familienunterstützung durch ein Au-pair-Mädchen zu organisieren und sich jeden Monat für eine Nacht in einem Hotel einzumieten, um etwas mehr Zeit für sich selbst zur Verfügung zu haben.

5.10.2 Abbau von Vermeidungsverhalten

Menschen, die von chronischer DP/DR betroffen sind, erleben sehr häufig, dass sich ihre Symptome in bestimmten Situationen verschlimmern. Nicht selten führt dies dazu, dass sich Betroffene aus Angst vor einer Verstärkung der Symptomatik darum bemühen, eben jene Situationen zu meiden. Kurzfristig führt das zu einer Entlastung, auf lange Sicht aber kommt es durch ein solches Verhalten zu einer deutlichen Einschränkung des Handlungsspielraums. Viele Betroffene klagen schließlich über Isolation oder das Gefühl, sich nichts mehr zuzutrauen. Zudem stellt sich das Vermeidungsverhalten auf Dauer auch nicht als gute Strategie heraus, die DP/DR-Symptomatik abzuschwächen. Im Gegenteil, im Lauf der Zeit weitet sich diese auf immer mehr Bereiche aus und der Bewegungsradius der Betroffenen schränkt sich immer weiter ein.

Zu Beginn der Therapie sind sich die meisten Betroffenen noch nicht über die enge Verbindung und den Teufelskreislauf aus Ängsten/Befürchtungen, Vermeidungsverhalten, erlebter Entlastung, Ausweitung/Wiederholung des Vermeidungsverhaltens und letztendlicher Verkleinerung des Handlungsspielraums bewusst. Dieser Zusammenhang sollte in der Therapie diskutiert werden.

Abb. 5.7: Zusammenhang zwischen Ängsten, Vermeidung und der Verkleinerung des Handlungsspielraums

Frau R. spürt stets eine Verstärkung ihrer Symptomatik, wenn sie mit anderen Menschen zusammen ist. Sie vermutet, dass dies damit zusammenhänge, dass sie kaum etwas für andere Personen, auch nicht für vertraute Freundinnen und Familienmitglieder empfinden könne und dann unter Druck gerate, wenn sie mit diesen zusammen sei. Sie habe dann das Gefühl, ihnen nur etwas vorzuspielen. Frau R. zieht sich daher immer mehr von anderen Menschen zurück. Sie besucht keine Freundinnen mehr, nimmt nicht mehr an Familienfeiern teil. Zunächst erlebt Frau R. hierdurch eine Verbesserung ihrer Symptomatik, weil sie die für sie unangenehmen Situationen vermeidet. In der Therapie kann Frau R. aber allmählich erkennen, dass ihr Vermeidungsverhalten auch negative Auswirkungen hat. Die Freundinnen haben sich mittlerweile von ihr zurückgezogen und laden sie nicht mehr ein und in der Familie wird negativ über sie gesprochen. Frau R. wird sich darüber bewusst, dass diese Folgen von ihr nicht gewünscht sind und sie beschließt, hiergegen wieder aktiv zu werden.

Vermeidungsverhalten jeder Art sollte in der Therapie gezielt aufgegriffen und mit dem Ziel der Veränderung hinterfragt werden (Baker et al. 2010, S. 127-132). Zumeist ergeben sich Hinweise auf ein bestehendes Vermeidungsverhalten bereits aus der eingehenden Exploration, der Biografie des Symptoms oder den Symptom-Tagebüchern (▶ Kap. 5.6).

Aus der Exploration, der Biografie des Symptoms sowie den Symptom-Tagebüchern hat sich bei **Frau X.** ein ausgeprägtes Vermeidungsverhalten herauskristallisiert. Frau X. vermeidet alle Situationen, die mit dem potenziellen Auftreten von Angst und/oder Unsicherheit verbunden sein können. Frau X. geht nicht mehr einkaufen, nicht mehr allein zum Arzt, lässt sich von ihren Eltern unten aus der Garage abholen, schafft es kaum noch, die Kinder vom Kindergarten abzuholen. Dadurch hat sich der Handlungsspielraum von Frau X. sehr eingeschränkt. Frau X. gelingt es, durch das ausgeprägte Vermeidungsverhalten die DP/DR-Symptomatik recht klein zu halten. Sie begreift aber auch, dass ihr das auf Dauer nicht weiterhilft.
Das Vermeidungsverhalten von **Herrn K.** ist nicht so leicht zu erkennen. Vordergründig scheint es, dass Herr K. am Leben in vollem Umfang teilnimmt. Herr K. geht auch einer Vollzeitbeschäftigung in einem anspruchsvollen Bereich nach. Es stellt sich allerdings heraus, dass Herr K. bei bereits kleinen Fehlern oder Misserfolgen in Gedankenspiralen hineingerät, aus denen er keinen Ausweg mehr findet. Durch das innerliche Abdriften in diese Spiralen muss sich Herr K. nicht mehr mit dem Beheben des Fehlers im Hier und Jetzt auseinandersetzen, sondern kann sich wieder dem inneren Erleben widmen. Herr K. vermeidet daher nicht die DP/DR-Symptomatik an sich, sondern die Auseinandersetzung mit den Ansprüchen, die das Leben an ihn stellt.

Bereits bei Gesprächen über eine mögliche Reduktion des bestehenden Vermeidungsverhaltens werden bei einem Großteil an Betroffenen von chronischer DP/DR zunächst einmal Ängste und Befürchtungen deutlich, beispielsweise »Was geschieht, wenn ich tatsächlich zu dieser Party gehe? Wird dann die Symptomatik nicht noch schlimmer? Wird sie vielleicht gar so schlimm, dass ich ganz im Nebel versinke und niemals wieder daraus auftauche?«, »Was denken die anderen über mich, wenn ich wie besoffen Auto fahre? Vielleicht gefährde ich sogar jemanden.«
In einem ersten Schritt ist es daher wichtig, gemeinsam mit den PatientInnen die hinter dem Vermeidungsverhalten stehenden Ängste zu explorieren. Wovor hat der/

die PatientIn im Einzelnen genau Angst? Was befürchtet sie/er? Ist die Angst realistisch? Kann der/die PatientIn hierbei auf früheren Erfahrungen aufbauen oder besteht die Befürchtung nur auf gedanklicher Ebene?

> **Frau R.** hat ein ausgeprägtes Vermeidungsverhalten, sodass sie sich kaum noch in Gesellschaft anderer Menschen begibt. Vor allem meidet sie Gelegenheiten wie Feste und Feiern, bei denen viele Menschen zusammenkommen. Während der Exploration der dahinter liegenden Ängste stellt sich heraus, dass die größte Angst von Frau R. ist, unter anderen Menschen nicht bestehen zu können. Sie hat große Befürchtungen, andere würden sie für seltsam, »total gestört« und nicht lebensfähig halten. Es zeigt sich, dass diese Befürchtungen nicht auf Erfahrungen beruhen, da Frau R. solch negative Beurteilungen von anderen bislang nicht erhalten hat, wohl aber auf innerlicher negativer Selbstverbalisation, da Frau R. sich selbst für »total gestört« hält.

Den identifizierten Ängsten und Befürchtungen der PatientInnen sollte in der Therapie mit klassischen Methoden der Angstbehandlung – wie Konfrontation und Desensibilisierung – begegnet werden, wie sie bereits weiter oben dargestellt wurden.

Wichtig ist es, mit den PatientInnen zu diskutieren, dass ein Abbau des Vermeidungsverhaltens in erster Linie dazu dient, die eigene Bewegungsfreiheit und den eigenen Handlungsraum auszuweiten und sich Bereiche zurückzuerobern, die vor der Erkrankung von Bedeutung waren bzw. in der Zukunft von Bedeutung sein sollen. Ein Abbau von Vermeidungsverhalten bedeutet in vielen Fällen, vor allem zu Beginn, allerdings nicht, dass die DP/DR-Symptomatik abnimmt. Im Gegenteil, wenn Betroffene sich in die von ihnen gefürchteten Situationen begeben, so erleben viele von ihnen eben jene antizipierte Verschlechterung der Symptomatik. Um zu einer Ausweitung des eigenen Handlungsspielraumes zu gelangen, müssen Betroffene lernen, die DP/DR-Symptomatik in jenen Situationen auszuhalten. Hierdurch können sich mit der Zeit eine veränderte Haltung zur Symptomatik bzw. neue Erfahrungen mit dieser einstellen.

> **Frau R.** trifft sich wieder mit ihren Freundinnen. Sie geht auch wieder zu Familienfesten. Sie tut dies, obwohl sich ihre Symptomatik in diesen Situationen verschlechtert. Mit der Zeit kann Frau R. neue Erfahrungen mit der Symptomatik machen: »Ich weiß, dass die DP/DR in diesen Situationen zunächst schlechter wird. Aber wenn ich wieder zu Hause bin, dann wird sie auch wieder besser. Ich muss vor diesen Situationen also keine Angst haben.«
> **Frau G.** behilft sich in ähnlichen Situationen damit, sich immer wieder kleine Auszeiten zu gestatten. Wenn sie merkt, dass die DP/DR-Symptomatik zu schlimm wird, dann zieht sie sich für einige Minuten zurück, um dann gestärkt wieder in die entsprechende Situation zurückzukehren.
> **Frau X.** beginnt, trotz aller Angst, wieder Dinge zu tun, die sie vorher vermieden hat. Sie geht wieder allein einkaufen, holt die Kinder vom Kindergarten ab, schafft es ohne die Eltern von der Garage in die Wohnung hinauf. Frau X. erlebt, dass zwar ihre Ängste in jenen Situationen durch das Üben abnehmen, nicht aber die Verschlechterung der DP/DR-Symptomatik. Frau X. hält dennoch an ihren täg-

lichen Übungen fest nach dem Motto: »Ich mache es trotzdem, weil es mir wichtig ist, wieder selbständiger zu sein.«
Herr K. geht gegen das sich aufdrängende Gedankenkreisen mittels der GedankenSTOPP-Technik vor. Zudem lernt er, sich Fehlern oder Misserfolgen zu stellen und diese als normale Bestandteile eines Arbeitsalltages zu akzeptieren.

Die langsame Ausweitung des eigenen Bewegungsraums und der Handlungsfreiheit wird von den meisten Betroffenen als überaus entlastend erlebt. Vielen PatientInnen gelingt es so, nach Jahren der Isolation wieder am sozialen Leben teilzunehmen.

5.11 Rückfallprophylaxe

Eine intensive Psychotherapie kann dazu beitragen, chronische DP/DR zu überwinden. Für Betroffene bedeutet dies in den meisten Fällen zunächst einmal eine Veränderung des subjektiven Erlebens. Die DP/DR-Symptomatik wird als weniger starr wahrgenommen, es ergeben sich Lücken in ihrem Verlauf. PatientInnen, die zuvor von einer dauerhaften DP/DR betroffen waren, erleben nun auch vermehrt Phasen ohne DP/DR. PatientInnen, bei denen DP/DR immer wieder aufgetreten ist, nehmen wahr, dass sich die Abstände zwischen einzelnen Phasen verlängern oder dass in Situation, in denen DP/DR zuvor immer aufgetreten ist, diese nun ausbleibt.

Erst mit der Zeit geht die DP/DR-Symptomatik immer weiter zurück, bis schließlich von einem gänzlichen Verschwinden der Symptomatik gesprochen werden kann. Leider gibt es weder aus Forschung, Literatur, noch eigener Erfahrung aus der therapeutischen Praxis der Autorin Hinweise darauf, bei wie viel Prozent der Betroffenen ein Verschwinden der Symptomatik wahrscheinlich ist. In der therapeutischen Praxis ist daher Zurückhaltung gegenüber den PatientInnen angeraten.

Für Menschen mit chronischer DP/DR bedeutet ein Rückgang ihrer Symptomatik zumeist eine große Erleichterung. Verständlicherweise möchten sie diese Veränderungen festhalten und nach Möglichkeit ausweiten. In der Therapie sollte an dieser Stelle der Rückfallprophylaxe ausreichend Zeit eingeräumt werden.

Folgende Punkte sind hierbei zentral:

- Welche therapeutischen Interventionen, Methoden und Übungen haben aus Sicht der/des PatientIn und der/des TherapeutIn dazu beigetragen, dass die DP/DR-Symptomatik abgenommen hat?
- Wie kann sichergestellt werden, dass PatientInnen die erarbeiteten Methoden und Übungen auch weiterhin anwenden?
- Welche Situationen haben sich aus der Biografie des Symptoms, des DP/DR-Tagebuchs und der Verhaltensanalysen als besonders anfällig für das Auftreten oder Verstärken der Symptomatik gezeigt?
- Welche alternativen Bewältigungsstrategien können PatientInnen für solche Situationen entwickeln?

5 Psychotherapeutische Behandlung des chronischen DP/DR-Syndroms

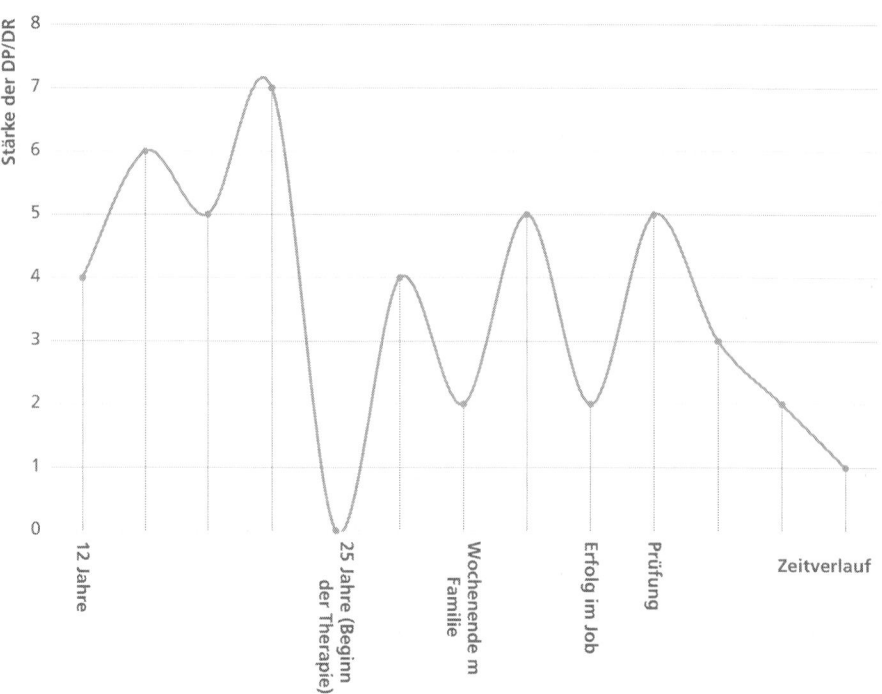

Abb. 5.8: Verlauf des Verschwindens der DP/DR-Symptomatik

Aus der Biografie des Symptoms und dem DP/DR-Tagebuch haben sich bei **Frau P.** insbesondere Situationen, in denen sie mit Anforderungen von außen konfrontiert ist, als besonders belastend herausgestellt. In diesen Situationen verstärkt sich die Symptomatik beträchtlich. In der Therapie konnte Frau P. besonders von der Imagination der Symptomatik als hässlichem Zwerg profitieren. Seit sie die Symptomatik auf diese Art visualisieren kann, hat ihre Angst vor der Symptomatik sehr abgenommen. Frau P. holt sich diese innere Person immer dann vor Augen, wenn wieder Anforderungen an sie herangetragen werden, gegen die sie sich nur schwer abgrenzen kann. Dies hilft Frau P., die Symptomatik klein zu halten.

Ergänzend dazu hat Frau P. in der Therapie Möglichkeiten für sich entwickelt, sich gegenüber Anforderungen von außen besser abzugrenzen. Sie nimmt sich jetzt auch heraus, zu bestimmten Feiern nicht zu gehen oder auch einmal Nein zu sagen. Durch diese Abgrenzungsstrategien gelingt es Frau P. ebenfalls, die Symptomatik auf niedrigem Niveau zu halten.

Durch gezielte Ansätze und Methoden der Rückfallprophylaxe kommen PatientInnen in die Lage, rechtzeitig Situationen, Handlungen und Verhaltensweisen zu erkennen, die dazu geeignet sind, Symptome oder Phasen von DP/DR auszulösen oder zu verstärken, und diesen mit alternativen Bewältigungsstrategien zu begegnen.

5.11.1 Umgang mit Stress

Bei vielen Betroffenen spielt aversiver Stress eine große Rolle in der Entstehung und Aufrechterhaltung von chronischer DP/DR. Aus der Biografie des Symptoms sowie dem DP/DR-Tagebuch lässt sich oft herausarbeiten, dass Situationen, die von den PatientInnen als stressig empfunden werden, das heißt, in denen sie unter inneren Druck geraten, Symptome von DP/DR auslösen oder verstärken. Beispiele hierfür sind: Überforderungsgefühle in Arbeitssituationen, Auseinandersetzungen in Familie und Freundschaften, Unsicherheit bei neuen Lebensabschnitten etc.

Natürlich kann solchen Situationen nicht auf Dauer ausgewichen werden, da sie zum Leben dazugehören. Reagierten PatientInnen auf solcherart Situationen allerdings bislang mit einem DP/DR-Erleben, so sind diese Situationen auch in Zukunft dazu geeignet, Symptome von DP/DR auszulösen.

Es ist daher notwendig, neue Formen des Umgangs mit Stress zu erlernen. Dazu gehört, Stress frühzeitig zu erkennen, körperliche Symptome, die auf Stress hinweisen, richtig zu deuten und alternative Verhaltensweisen zum Umgang mit Stress erarbeitet zu haben und einzusetzen (Neziroglu & Donnelly 2010, S. 108 ff.; Baker at al. 2010, S. 197-204). Für viele PatientInnen ist es hilfreich, sich mit bestehenden Stressoren, den persönlichen Stressverstärkern sowie ihrer individuellen Stressreaktion (nach Kaluza 2004, S. 63) auseinanderzusetzen, um ein größeres Verständnis für diese Zusammenhänge zu entwickeln und aufbauend hierauf auch alternative Umgangsweisen zu erarbeiten (▶ Anlage 2.13).

Bei vielen Betroffenen von chronischer DP/DR zeigt sich, dass sie vor allem dann unter Stress geraten, wenn sie in Situationen kommen, in denen sie das Gefühl haben, vor anderen nicht bestehen zu können, dass diese beispielsweise etwas von der DP/DR-Symptomatik bemerken könnten, oder dass sie nicht mehr mit gesellschaftlichen Ansprüchen mithalten können. Sie setzen sich in solchen Situationen daher selbst unter Druck: »Du musst dich ganz normal verhalten!«, »Die anderen dürfen nichts bemerken!«, »Du musst alle Anforderungen, die an dich gestellt werden, perfekt erfüllen!«, was erst recht zu einer Verstärkung bzw. einem Wiederauftreten der Symptomatik führt.

Bei der Erarbeitung von alternativen Verhaltensweisen kann auf mehreren Ebenen angesetzt werden:

- Auf der Ebene der Stressoren kann beispielsweise über eine Reduktion von Anforderungen oder eine Veränderung der Tagesstruktur nachgedacht werden.
- Auf der Ebene der persönlichen Stressverstärker arbeiten PatientInnen an inneren Haltungen und Einstellungen.
- Auf der Ebene der Stressreaktion entwickeln die Betroffenen Möglichkeiten der Regenerierung wie Pausen zu machen, einer körperlichen Bewegung nachzugehen oder euthyme Verhaltensweisen zu verfolgen.

Frau N. erlebt stets eine Verstärkung der chronischen DP/DR-Symptomatik, wenn ein Besuch ihrer Großmutter ansteht. Dies hat sich aus dem DP/DR-Tagebuch ergeben, das Frau N. einige Zeit geführt hat. Frau N. berichtet, dass sie sich ihrer Großmutter gegenüber besonders verpflichtet fühle, da diese sie in einer schwierigen Phase auch finanziell unterstützt habe. Frau N. möchte daher gegenüber der Großmutter ein besonders gutes Bild abgeben und dieser vermitteln, dass sie ihr Leben nun auf die Reihe bekomme. Tatsächlich aber tut sich Frau N. derzeit sehr schwer damit, die eigene Wohnung, besonders die Küche, in Ordnung zu halten. Wenn die Großmutter nun zu Besuch käme, müsse Frau N. ihr etwas zu essen und zu trinken anbieten und die Großmutter würde bei dieser Gelegenheit auch das Chaos in der Küche entdecken. Frau N. steht daher vor Besuchen der Großmutter unter großer innerlicher Anspannung.

In der Therapie erarbeitet Frau N., dass es legitim ist, die Küche auch vor ihrer Großmutter verschlossen zu halten, diese stattdessen in das (halbwegs aufgeräumte) Wohnzimmer zu bitten und dort mit Kuchen und Kaffee zu bewirten. Als Frau N. dies beim nächsten Besuch der Großmutter ausprobiert, macht sie die Erfahrung, dass weniger innere Anspannung auftritt und folglich auch die DP/DR-Symptomatik sich nicht mehr so sehr verstärkt.

Bei **Herrn Q.** wurde die chronische DP/DR-Symptomatik durch schulische Anforderungen, denen er sich nicht gewachsen fühlte, ausgelöst. Durch die Therapie konnte Herr Q. eine deutliche Reduktion der Symptomatik erreichen. Als Herr Q. allerdings aufgrund der Corona-Situation von Schulschließung betroffen ist, verstärkt sich die Symptomatik wieder, da er sich zu Beginn außerstande fühlte, die an ihn gestellten Aufgaben alleine zu Hause bewältigen zu können. Herr Q. erlebt sich in einer dauerhaften Stresssituation. Herr Q. hat bereits erarbeitet, dass die Verstärkung der Symptomatik eine Reaktion auf innerlichen Stress darstellt. Herr Q. beginnt, wieder vermehrt auf PMR zurückzugreifen, wann immer er ein Ansteigen des Stressniveaus bemerkt. Zudem arbeitet er mit inneren Affirmationen wie »Du schaffst das!«. Es gelingt Herrn Q., die an ihn gestellten Aufgaben in gut bewältigbare Teile aufzubrechen. Allein hierdurch ergibt sich eine deutlich fühlbare Stressreduktion. Eine weitere Abnahme des Stressniveaus erlebt Herr Q., nachdem er sich fixe Zeiten zum Lernen und für Pausen setzt und engeren Kontakt mit den LehrerInnen zum Besprechen unklarer Punkte aufnimmt.

5.11.2 Ausstieg aus schädigenden Beziehungen/Lebenssituationen

Bei Betroffenen von chronischer DP/DR kommt es auffallend häufig vor, dass sie in Beziehungen oder Lebenssituationen verbleiben, die als schädigend angesehen werden müssen. In der Exploration solcher Situationen zeigt sich, dass viele Betroffene nicht deswegen in solchen Situationen verbleiben, weil sie keine Alternativen hierzu wüssten, sondern weil ihnen aufgrund der DP/DR-Symptomatik diese Alternativen nicht erstrebenswert erscheinen.

Sofern es überhaupt möglich ist, mit PatientInnen in solcherart von schädigenden Lebenssituationen eine Verbesserung der Symptomatik zu erreichen, stellt sich der Verbleib in diesen Situationen vor allem in Hinblick auf eine Rückfallprophylaxe als extrem hinderlich dar. Soll eine Reduktion der DP/DR-Symptomatik dauerhaft anhalten, so ist ein Aussteigen bzw. das Beenden solch schädigender Lebenssituationen notwendig. Zu solchen Lebenssituationen gehören: Ausbeuterische Arbeitsverhältnisse, Beziehungen, die durch Gewalt oder Abhängigkeit geprägt sind, anhaltender Drogenabusus, aber auch ein Leben, das sich durch Langeweile und Perspektivlosigkeit auszeichnet. An einer Veränderung dieser Situationen sollte stets individuell gearbeitet werden.

> **Frau C.** ist seit nahezu zwei Jahren in Frühpension, als sie in die Therapie kommt. Aufgrund der DP/DR-Symptomatik hält sie sich nicht mehr für arbeitsfähig. Tatsächlich aber leidet Frau C. an Langeweile. Oft weiß sie nicht, was sie den ganzen Tag tun soll. Dazu gesellen sich ausgeprägte Partnerschaftsprobleme, Frau C. ist mit einem spielsüchtigen Mann verheiratet. Das Paar verfügt daher über sehr wenige finanzielle Ressourcen.
>
> Frau C. kann durch die Therapie einige Verbesserungen an ihrer DP/DR-Symptomatik erreichen, sie erlebt sogar erstmals seit Jahren wieder komplett symptomfreie Phasen. Diese halten allerdings nicht an. Immer wenn der Mann wieder das gesamte Einkommen verspielt hat oder Frau C. allzu sehr von der inneren Langeweile gequält wird, kehrt auch die Symptomatik wieder.
>
> Frau C. begreift, dass sie etwas an den äußeren Rahmenbedingungen, unter denen sie lebt, verändern muss, wenn sie nicht immer wieder in die Symptomatik zurückrutschen möchte. Zunächst fehlen ihr allerdings noch die konkreten Ideen. Erst als sie sich mit der Frage auseinandersetzt »Was würde ich einer Freundin in einer ähnlichen Situation raten?«, kann Frau C. Alternativen für sich entwickeln.
>
> Frau C. beginnt, sich wieder vermehrt Beschäftigungen zu suchen und ihren Tagesablauf zu strukturieren. Sie besucht eine Nähgruppe, singt wieder im Chor und arbeitet ehrenamtlich bei einem Tauschladen mit. Mit ihrem Mann führt Frau C. mehrere Gespräche. Gemeinsam entschließen sie sich zu einer Paartherapie, der Mann lässt sich zusätzlich auch durch die Schuldnerberatung unterstützen.

Die Zeit, in der therapeutisch im Bereich der Rückfallprophylaxe gearbeitet wird, ist zumeist auch die Zeit, in der PatientInnen offener werden für die Bearbeitung anderer Punkte. Von TherapeutInnen sollte nicht vergessen werden, dass – bei aller Betroffenheit von chronischer DP/DR – PatientInnen ja auch unter anderen Problemen leiden können und dies zumeist auch der Fall ist. Nicht alle Probleme und Schwierigkeiten im Leben von Menschen mit chronischer DP/DR haben etwas mit der speziellen Symptomatik zu tun, können für die PatientInnen aber dennoch sehr relevant sein. Es lohnt sich, diese in der Therapie immer wieder aufzugreifen und zu bearbeiten.

6 Evaluation von Therapiefortschritten

In der Therapie mit PatientInnen, die von chronischer DP/DR betroffen sind, sollten mögliche therapeutische Fortschritte von Zeit zu Zeit evaluiert werden (AWMF 2014, S. 34).

Dazu stellt sich zunächst einmal die Frage, was überhaupt als ein therapeutischer Fortschritt gewertet werden kann. Während PatientInnen hier oftmals rein auf eine Reduktion der Symptomatik fokussieren, haben TherapeutInnen ein breiteres Spektrum im Blick. Zu diesem gehören:

- Das Verbleiben des/der PatientIn in der Therapie, auch über schwierige Phasen hinweg
- Steigende Wichtigkeit von Kontinuität/Regelmäßigkeit der Therapie über einen längeren Zeitraum
- Größere Offenheit und Motivation vonseiten des/der PatientIn, auch über Aspekte zu sprechen, die beispielsweise mit Scham verbunden sind
- Steigende Bereitschaft, aus eigenem Antrieb gegen die Symptomatik aktiv zu werden
- Verbessertes Verständnis der eigenen Erkrankung
- Reduktion der mit der Symptomatik verbundenen Ängste
- Größere Bereitschaft und Hartnäckigkeit, in der Therapie erarbeitete Ansätze und Methoden auch zu Hause selbständig weiter zu üben
- Symptomreduktion bis hin zum völligen Verschwinden der Symptomatik
- Abbau von Vermeidungsverhalten
- Veränderte Haltung zur Symptomatik einschließlich Veränderung von damit verbundenen Kognitionen
- Größere Bereitschaft, die Symptomatik oder einen Rest von dieser auch als Teil des eigenen Lebens zu akzeptieren
- Verbesserung der Lebensqualität

Da viele PatientInnen mit chronischer DP/DR einseitig nur eine Symptomreduktion als Therapiefortschritt werten, ist es notwendig, dass TherapeutInnen sie immer wieder auch auf andere Fortschritte aufmerksam machen (▶ Anlage 2.7). TherapeutInnen sollten beispielsweise nicht mit Lob sparen, wenn zu Beginn eher skeptische PatientInnen nun regelmäßig in die Therapie kommen. Auch wenn PatientInnen ihre Haltung ändern und allmählich bereit sind, aktiv etwas gegen die eigene Symptomatik zu unternehmen, sollte dies von TherapeutInnen stets wertschätzend hervorgehoben werden, da dies einen zentralen Aspekt in der Therapie darstellt.

Einige der oben aufgeführten Punkte an möglichen Therapiefortschritten sind für TherapeutInnen relativ leicht zu erkennen, da sie innerhalb der Therapie stattfinden. Hierzu gehört beispielsweise ein größeres Verständnis des/der PatientIn für die eigene Erkrankung. Andere Aspekte zeigen sich dem/der TherapeutIn nur indirekt über Berichte des/der PatientIn, da sie sich außerhalb der Therapie ereignen. Hierzu gehören etwa eine konkrete Symptomreduktion in bestimmten Situationen oder eine Verbesserung der Lebensqualität.

In der Praxis hat es sich als hilfreich erwiesen, die PatientInnen darin anzuleiten, jene außerhalb der Therapie stattfindenden Veränderungen schriftlich festzuhalten. Dies kann in Form von Hausaufgaben- und Übungsprotokollen angelegt sein, aber auch als kommentierter Tagesablauf (▶ Anlage 2.14). Folgende Punkte sollten hiermit festgehalten werden:

- Welche Übungen und Methoden haben PatientInnen zu Hause angewandt? Mit welchem Erfolg (z. B. konkrete Symptomreduktion; Ermöglichung von Handlungen oder Situationen, die vorher nicht durchführbar waren)?
- Welche alternativen Verhaltensweisen haben PatientInnen in schwierigen Situationen erprobt? Mit welchem Erfolg (z. B. Abnahme der ständigen Selbstbeobachtung/Fokussierung auf die Symptomatik; Abbau von Vermeidungsverhalten; Ausweitung des Handlungsspielraums)?

Die Evaluation von möglichen Therapiefortschritten sollte immer wieder in den Therapieverlauf einbezogen werden, um auch kleine Veränderungen vor allem für die PatientInnen deutlich zu machen.

Es bietet sich ebenfalls an, von Zeit zu Zeit die subjektiv empfundene Belastung durch die Symptomatik im Gesamten zu erheben. Hierzu kann eine einfache Skala von 0–10 (0 = überhaupt keine Belastung durch die Symptomatik spürbar, 10 = schlimmste vorstellbare Belastung) verwendet werden, auf der die PatientInnen ihre Antwort auf die Frage »Wie sehr fühlen Sie sich in Ihrer aktuellen Lebenssituation durch die Symptomatik belastet?« einordnen. TherapeutInnen sollten diese Einordnungen aufbewahren, um Vergleiche herstellen und eine über die Zeit sich aufzeigende Verbesserung auch deutlich machen zu können.

Die regelmäßige Erhebung von Therapiefortschritten stellt eine der wichtigsten Methoden dar, um PatientInnen in der Therapie zu halten und ihnen letztendlich einen positiven Therapieverlauf zu ermöglichen.

Literatur

Abugel, J. (2010). *Stranger to My Self. Inside Depersonalization: The Hidden Epidemic*. Carson: Johns Road Publishing.
American Psychiatric Association (Hrsg.) (2013). *Diagnostic and statistical manual of mental disorders: DSM-5* (5. Aufl.). Arlington.
Arbeitsgemeinschaft für Methodik und Dokumentation in der Psychiatrie (AMDP) (2018). *Das AMDP-System: Manual zur Dokumentation psychiatrischer Befunde*. Göttingen: Hogrefe.
Auszra, L.; Herrmann, I. & Greenberg, L. (2017). *Emotionsfokussierte Therapie*. Göttingen: Hogrefe.
AWMF (2014). *Leitlinie Diagnostik und Behandlung des Depersonalisations-Derealisationssyndroms*. Zugegriffen am 28. März 2022 unter: https://www.awmf.org/leitlinien/detail/ll/051-030.html.
Baker, D.; Hunter, E.; Lawrence, E.; Medford, N.; Patel, M.; Senior, C.; Sierra, M.; Lambert, M. V.; Phillips, M. L. & David, A. S. (2003). Depersonalisation disorder: clinical features of 204 cases. *Br J Psychiatry 182*, 428–433.
Baker, D.; Hunter, E.; Lawrence, E. & David, A. (2010). *Overcoming Depersonalization & Feelings of Unreality. A self-help guide using Cognitive Behavioural Techniques*. London: Eigenverlag.
Belz, M. (2009). *Außergewöhnliche Erfahrungen*. Göttingen: Hogrefe.
Bertolino, B.; Kiener, M. & Patterson, R. (2015). *Lösungs- und ressourcenorientierte Therapie*. Weinheim: Beltz.
Bohne, M. (2010). *Bitte klopfen! Anleitung zur emotionalen Selbsthilfe*. Heidelberg: Carl-Auer Verlag.
Bohus, M. & Wolf-Arehult, M. (2018). *Interaktives Skillstraining für Borderline-Patienten: Das Therapeutenmanual*. Stuttgart: Schattauer.
Chopich, E. & Paul, M. (1997). *Aussöhnung mit dem inneren Kind*. Berlin: Ullstein.
Croos-Müller, C. (2020). *Ich schaf(f) das. Leichte Körperübungen für mehr Lebenspower. 50 Karten*. München: Kösel.
Dell, P. & O`Neil, J. (2015). *Dissociation and the Dissociative Disorders*. Abington: Routledge.
Dilling, H. & Freyberger, H. (2017). *ICD-10. Taschenführer zur ICD-10-Klassifikation psychischer Störungen*. Göttingen: Hogrefe.
Dolan, Y. (2009). *Schritt für Schritt zur Freude zurück: Das Leben nach traumatischen Erfahrungen meistern*. Heidelberg: Carl-Auer Verlag.
Eismann, G. & Lammers, C. (2017). *Emotionsregulation*. Weinheim: Beltz.
Engelmann, B. (2015). *Positive Psychologie*. Weinheim: Beltz.
Exner, C. & Hansmeier, J. (2020). *Metakognitive Therapie*. Göttingen: Hogrefe.
Fisher, P. & Wells, A. (2015). *Metakognitive Therapie*. Abington: Routledge.
Frischholz, E.J. et al. (1990). *The dissociative experiences scale: further replication and validation, Dissociation* (Band 3). Zugriff am 28. März 2022 online unter: https://www.hebpsy.net/files/ruZXkl5YGeKcvt6dBZpS.pdf.
Gast, U.; Oswald, T.; Zuendorf, F. & Hofmann, A. (2000). *SKID-D: Strukturiertes Klinisches Interview für DSM-IV Dissoziative Störungen*. Göttingen: Hogrefe.
Hautzinger, M. & Linden, M. (2008). *Verhaltenstherapiemanual*. Heidelberg: Springer.
Hofmann, E. (2012). *Progressive Muskelentspannung: Ein Trainingsprogramm* (Therapeutische Praxis). Göttingen: Hogrefe.
Hunter, E.; Phillips, M; Chalder, T.; Sierra, M. & David, A (2003). Depersonalisation disorder: a cognitive-behavioural conceptualisation. *Behav Res Ther 41*, 1451–1467.

Hunter, E.; Sierra, M. & David, A.S. (2004). The epidemiology of depersonalisation and derealisation. A systematic review. *Soc Psychiatry Psychiatr Epidemiol 39*, 9–18.

Kabat-Zinn, J. (2014). *Stressbewältigung durch die Praxis der Achtsamkeit*. Freiburg: Arbor.

Kaluza, G. (2004). *Stressbewältigung. Trainingsmanual zur psychologischen Gesundheitsförderung*. Heidelberg: Springer.

Kanfer, F.; Reinecker, H. & Schmelzer, D. (1991). *Selbstmanagement-Therapie*. Heidelberg: Springer.

Kennedy, F.; Kennerly, H. & Pearson, D. (2013). *Cognitive Behavioural Approaches to the Understanding and Treatment of Dissociation*. Abington: Routledge.

Koch, E.; Parzer, P.; Brunner, R. & Resch, F. (2001). Zur Bedeutung von Depersonalisation und Derealisation im Jugendalter. *Persönlichkeitsstör Theor Ther 5*, 31–38.

Lambert, M. V.; Senior, C.; Fewtrell, W. D.; Phillips, M. L. & David, A. S. (2001a). Primary and secondary depersonalisation disorder: a psychometric study. *J Affect Disord 63*, 249–256.

Lambert, M. V.; Senior, C.; Phillips, M. L.; Sierra, M.; Hunter, E. & David, A.S. (2001b). Visual imagery and depersonalization. *Psychopathology 34*, 259–64.

Lukas, B. (2003). *Das Gefühl, ein NO-BODY zu sein. Depersonalisation, Dissoziation und Trauma. Eine Einführung für Therapeuten und Betroffene*. Paderborn: Junfermann.

McCullough, L.; Kuhn, N.; Andrews, S.; Kaplan Romanowsky, A.; Wolf, J. & Lanza Hurley, C. (2019). *Affektfokussierte psychodynamische Psychotherapie. Ein integratives Manual zur Behandlung von Affektphobien*. Stuttgart: Kohlhammer.

Medford, N.; Baker, D.; Hunter, E.; Sierra, M.; Lawrence, E.; Phillips, M. L. & David, A. S. (2003). Chronic depersonalization following illicit drug use: a controlled analysis of 40 cases. *Addiction 98*, 1731–1736.

Michal, M. (2015). *Depersonalisation und Derealisation. Die Entfremdung überwinden*. Stuttgart: Kohlhammer.

Michal, M.; Sann, U.; Grabhorn, R.; Overbeck, G. & Röder, C. (2005), Zur Prävalenz von Depersonalisation und Derealisation in der stationären Psychotherapie. *Psychotherapeut 50*, 328–339.

Michal, M.; Lüchtenberg, M.; Overbeck, G. & Fronius, M. (2006). Gestörte visuelle Wahrnehmung beim Depersonalisations-Derealisationssyndrom. *Klin Monatsbl Augenheilkd 223*, 279–284.

Michal, M.; Wiltink J.; Subic-Wrana, C.; Zwerenz, R.; Tuin, I.; Lichy, M.; Brähler, E. & Beutel, M. E. (2009). Prevalence, correlates and predictors of depersonalization experiences in the German general population. *J Nerv Ment Dis;197(7)*, 499–506.

Michal, M.; Duven, E.; Giralt, S.; Dreier, M.; Müller, K.; Adler, J.; Beutel, M. & Wölfling, K. (2015). Prevalence and correlates of depersonalization in students aged 12-18 years in Germany. *Soc Psychiatry Psychiatr Epidemiol 50*, 995–1003.

Morschitzky, H. (2017). *Angst und Sorgen die Macht nehmen. Selbsthilfe bei generalisierter Angststörung*. Düsseldorf: Patmos.

Neziroglu, F. & Donnelly, K. (2010). *Overcoming Depersonalization Disorder*. Oakland: New Harbinger Publications.

Nowak, M. & Seewald, J. (2017). *Beweg dein Hirn*. München: GU.

Paulus, J. (2013). *Eine Wand zur Außenwelt, Depersonalisation – Eine Art philosophisches Krankheitsbild*. Zugriff am 28. März 2022 unter: https://www.deutschlandfunkkultur.de/eine-wand-zur-aussenwelt.1067.de.html?dram:article_id=242124.

Phillips, M. L.; Medford, N.; Senior, C.; Bullmore, E. T.; Suckling, J.; Brammer, M. J.; Andrew, C.; Sierra, M.; Williams, S. C. & David, A. S. (2001). Depersonalization disorder: Thinking without feeling. *Psychiatry Res Neuroimaging 108*, 145–160.

Richter, S. (2017). *Augenübungen aus dem Feldenkrais*. Zugriff am 28. März 2022 unter: https://www.youtube.com/watch?v=FD8ztNSWEZA.

Schauer, M.; Neuner, F. & Elbert, T. (2011). *Narrative Exposure Therapy. A Short-Term Treatment for Traumatic Stress Disorder*. Göttingen: Hogrefe.

Schmidt, G. (2019). *Liebesaffären zwischen Problem und Lösung: Hypnosystemisches Arbeiten in schwierigen Kontexten* (Hypnose und Hypnotherapie). Heidelberg: Carl-Auer Verlag.

Schneider, M. (2012). *Stressfrei durch Meditation: Das MBSR-Kursbuch nach der Methode von Jon Kabat-Zinn*. München: O.W. Barth.

Schultz, J. H. (2020). *Autogenes Training Das Original-Übungsbuch: Die Anleitung vom Begründer der Selbstentspannung*. Stuttgart: TRIAS.
Sierra, M. (2008). Depersonalization disorder: pharmacological approaches. *Expert Rev Neurother 8*, 19–26.
Sierra, M. et al. (2000). Cambridge Depersonalisation Scale. A new instrument for the measurement of depersonalization. *Psychiatry Res 2000, 93(2)*, 153–164. Zugriff am 28. März 2022 unter: https://www.psycharchives.org/bitstream/20.500.12034/379/1/PT_9005261_CDS_Trait-Version_Fragebogen.pdf; State-Version: https://www.docdroid.net/zIAJlG7/cds-state-pdf.
Sierra, M.; Phillips, M. L.; Ivin, G.; Krystal, J. & David, A. S. (2003). A placebo-controlled, crossover trial of lamotrigine in depersonalization disorder. *J Psychopharmacol 17*, 103–105.
Simeon, D.; Guralnik, O., & Schmeidler, J. (2001). Development of a Depersonalization Severity Scale. *Journal of Traumatic Stress 14*, 341–349.
Simeon, D.; Knutelska, M.; Nelson, D. & Guralnik, O. (2003). Feeling unreal: a depersonalization disorder update of 117 cases. *J Clin Psychiatry 64*, 990–997.
Spitz, J. (2019). *Superhormon Vitamin D*. München: GU.
RKI (Robert Koch Institut) (2019). *Antworten des Robert Koch-Instituts auf häufig gestellte Fragen zu Vitamin D*, https://www.rki.de/SharedDocs/FAQ/Vitamin_D/Vitamin_D_FAQ-Liste.html (Zugriff am 23.03.2022).
Teismann, T. & Margraf, J. (2018). *Exposition und Konfrontation*. Göttingen: Hogrefe.
Tyron, G. S. (1979). A review and critique of thought stopping research. *J Behav Ther Exp Psychiatry.10(3)*, 189–192.
Wengenroth, M. (2012). *Akzeptanz- und Commitmenttherapie (ACT)*. Weinheim: Beltz.
Wilken, B. (2018). *Methoden der Kognitiven Umstrukturierung: Ein Leitfaden für die psychotherapeutische Praxis*. Stuttgart: Kohlhammer.
Wills, F. (2014). *Kognitive Therapie nach Aaron T. Beck*. Paderborn: Junfermann.
Yalom, I. (2010). *Existenzielle Psychotherapie*. Bergisch Gladbach: Verlag Andreas Kohlhage.

Anhang

Anlage 1   Weiterführende Informationen

Ansprechstellen und Forschungsinstitutionen

Sprechstunde Depersonalisation sowie stationäre Abteilung in Mainz unter der Leitung von Prof. Matthias Michal, https://www.unimedizin-mainz.de/psychosomatik/patienten/poliklinik-und-hochschulambulanzen/sprechstunde-depersonalisation.html.
Depersonalisation Research Unit am Kings College, London, https://www.kcl.ac.uk/ioppn/depts/ps/research/neurobiologialmechanisms/depersonalisationresearchunit.

Betroffenenberichte

Dame, V.M (2016). *Das kaputte Ich. Mein Weg durch die Depersonalisation und Derealisation*. O.O., Eigenverlag.
Klix, K. (2015). *Stop Unreality. A Guide to Conquering Depersonalization, Derealization, DPD, Anxiety & Depression*. O.O.: Eigenverlag.
Segal, S. (2000). *Kollision mit der Unendlichkeit. Ein Leben jenseits des persönlichen Selbst*. Reinbek bei Hamburg: Rowohlt Verlag.

Anlage 2   Leitfaden und Arbeitsblätter

> **Zusatzmaterial zum Download**
>
> Die Arbeitsblätter[7] können Sie unter folgendem Link herunterladen:
> https://dl.kohlhammer.de/978-3-17-041202-6

---

7 Wichtiger urheberrechtlicher Hinweis: Alle zusätzlichen Materialien, die im Download-Bereich zur Verfügung gestellt werden, sind urheberrechtlich geschützt. Ihre Verwendung ist nur zum persönlichen und nichtgewerblichen Gebrauch erlaubt. Jede Verwendung außerhalb der engen Grenzen des Urheberrechts ist ohne Zustimmung des Verlags unzulässig und strafbar. Das gilt insbesondere für Vervielfältigungen, Übersetzungen, Mikroverfilmungen und für die Einspeicherung und Verarbeitung in elektronischen Systemen.

Anlage 2.1: Symptomgruppenfokussierter Leitfaden zur Erhebung der subjektiven DP/DR-Symptomatik

Name der/des PatientIn:		
Datum:		
Veränderungen im Körpererleben/Ich-Erleben	Vorhanden Ja/Nein	Intensität (0-10)
Körper wirkt fremd, unwirklich, gefühlte Distanz zum Körper		
Gefühl, wie ein Roboter zu handeln		
Körper wie gelähmt, nicht mehr handeln können		
Sich im Spiegel nicht mehr erkennen können		
Verschwimmen der Körpergrenzen		
Gefühl des innerlichen Zerfalls		
Außerkörperliche Erfahrungen: sich selbst von außen/oben sehen, sich selbst als doppelte Person wahrnehmen		
Beeinträchtigungen der Sinneswahrnehmungen	Vorhanden Ja/Nein	Intensität (0-10)
Sichtfeld eingeschränkt (Nebel, Tunnelblick, Flimmern, wie durch eine Glasscheibe o. Ä.)		
Einschränkungen im dreidimensionalen Sehen		
Veränderungen in der Farbintensität		
Orientierung im Raum erschwert/Unsicherheit im Straßenverkehr		
Optische Täuschungen		
Gefühl, blind zu sein		
Symptomatik verschlechtert sich bei schlechten Lichtverhältnissen/Dunkelheit		
Hören: alles klingt dumpf oder wie aus weiter Entfernung		
Eigene Stimme klingt verändert und fremd		
Riechen/Schmecken: Alles schmeckt fad		
Fühlen: Körperberührungen lassen sich nicht mehr richtig wahrnehmen; Strukturen von Gegenständen nur mehr schwer ertasten		

Anlage 2 Leitfaden und Arbeitsblätter

Name der/des PatientIn:		
Datum:		
Körperliche Beschwerden (auch diffus)	Vorhanden Ja/Nein	Intensität (0-10)
Kopfschmerzen		
Augenschmerzen		
Verspannungen (Nacken, Rücken etc.)		
Körperliche Müdigkeit		
Unruhe, Übererregung		
Schwindel		
Andere körperliche Beschwerden		
Emotionale Einschränkungen	Vorhanden Ja/Nein	Intensität (0-10)
Gefühlstaubheit		
Verlust an Lebensfreude		
(Irrationale) Ängste	Vorhanden Ja/Nein	Intensität (0-10)
Angst, verrückt zu werden/zu sein		
Angst, in ein Nichts hineinzufallen, sich vollkommen aufzulösen		
Angst, man selbst und die Welt sei nicht real		
Angst, dass der Zustand immer wieder kommt, dass er immer stärker wird		
Angst vor dem Aufwachen aus der DP/DR		
Angst, DP/DR sei Hinweis auf eine schlimme Erkrankung		
Panikattacken		
Angst, vor anderen Menschen die Kontrolle zu verlieren		
Zwangsgedanken oder Zwangshandlungen, um Ängste zu kontrollieren		
Wunsch, sich selbst zu verletzen, um Ängste zu kontrollieren		
Einschränkungen der kognitiven Leistungsfähigkeit	Vorhanden Ja/Nein	Intensität (0-10)
Grübeln, Gedankenkreisen		
Gedankliche Unruhe		
Konzentrationsstörungen		

Anhang

Name der/des PatientIn:
Datum:

Brain fog

Einschränkungen im bildlichen Vorstellungsvermögen

Einschränkung der Erinnerungs-/Merkfähigkeit

Geistige Müdigkeit/Erschöpfung

Erleben der Außenwelt	Vorhanden Ja/Nein	Intensität (0-10)

Fremdheit der vertrauten Umwelt

Gefühlte Distanz zu vertrauter Umwelt oder Personen

Alles erscheint wie im Traum

Veränderung im Zeiterleben

Unter welchen der angegebenen Symptome leiden Sie am meisten? Welche der Symptome stellen sich für Sie im Alltag als besonders beeinträchtigend dar?

Anlage 2.2: Strukturierter Anamnesebogen

Name des/der PatientIn:
Datum:
Seit wann besteht der Zustand bereits?

Hält die DP/DR dauerhaft über die gesamte Zeit der Betroffenheit an? Oder verläuft sie episodisch? Wie lange sind die einzelnen Phasen (Minuten, Stunden, Tage, Monate)?

Anlage 2 Leitfaden und Arbeitsblätter

Name des/der PatientIn:

Datum:

Welches waren/sind die konkreten Auslöser (=Ereignisse oder Situationen), in denen die DP/DR erstmals auftrat oder immer wieder auftritt?

Schauen wir uns nun Ihre konkrete Symptomatik an!

An dieser Stelle zum Interviewleitfaden wechseln und diesem gemeinsam mit dem/der PatientIn durchgehen.

Verändert sich der Zustand manchmal? Was macht die DP/DR besser/schlechter?

Was haben Sie schon alles versucht, um die chronische DP/DR zu verbessern? Welche Therapien, Medikamente haben Sie ausprobiert? Mit welchen Diagnosen wurden Sie belegt? Was davon war hilfreich für Sie und warum?

Ist Ihr DP/DR-Erleben für Menschen in Ihrem Umfeld erkennbar? Werden Sie darauf angesprochen, dass Sie sich verändert haben?

Anhang

Name des/der PatientIn:

Datum:

Welche Erklärungsansätze haben Sie selbst, warum gerade diese Symptomatik bei Ihnen aufgetreten ist/auftritt?

Gibt es Dinge, Handlungen, Verhaltensweisen, die Sie *mehr* als früher tun, um die Symptomatik auszuhalten oder zu reduzieren (sicherheitssuchendes Verhalten)?

Gibt es Dinge, Handlungen, Verhaltensweisen, die Sie *weniger* als früher tun, um die Symptomatik auszuhalten oder zu reduzieren (vermeidendes Verhalten)?

Anlage 2.3: Arbeitsblatt für ein DP/DR-Tagebuch mit Anleitung für PatientInnen

Datum:

Situation	Stärke der DP/DR	Veränderung gegenüber davor	Muster
(was, wann, mit wem?) Wie genau haben Sie die Situation erlebt?	(0-10)	(DP/DR aufgetreten oder besser/schlechter geworden?/Wie lange angehalten?)	(Erklärungen für Auftreten/ Veränderung)

Anlage 2.4: Arbeitsblatt zum Ausmaß der Beeinträchtigungen durch die Symptomatik

Welche Symptome der chronischen DP/DR nehmen Sie als besonders beeinträchtigend wahr?

Wie hoch schätzen Sie die Beeinträchtigung durch diese Symptome ein (Skala von 0–10)?

Wie zeigt sich die Beeinträchtigung durch diese Symptome in Ihrem Leben genau? (Bei welchen Handlungen oder Situationen sind Sie eingeschränkt? Was können Sie nicht oder nur schwer tun aufgrund dieser Symptome?)

Was würde es für Ihr Leben bedeuten, wenn sich die Beeinträchtigung reduzieren würde? Was wäre Ihnen wieder möglich?

Bitte geben Sie auf der Skala von 0–10 an, auf welche Stufe sich die Symptomatik reduzieren müsste, damit Sie zufrieden sind.

Anlage 2.5: Arbeitsblatt zum Erfassen des Emotionsspektrums

Welche Emotion(en) können Sie trotz der chronischen DP/DR noch spüren? In welchen Situationen?

Welche Emotion(en) würden Sie gerne wieder mehr spüren?

Wenn Sie sich zurückerinnern: In welchen Situationen haben Sie früher diese Emotion(en) verspürt?

Wie genau hat/haben sich diese Emotion(en) damals angespürt?

Haben Sie Ideen, was Sie tun könnten, um diese Emotion(en) wieder zu spüren?

Anlage 2.6: Arbeitsblatt zu Gedankenspiralen und Grübeln

In welchen Situationen treten Gedankenspiralen oder Grübeln auf?

Beschreibung der Gedankenspiralen/des Grübelns im Detail: Was genau müssen Sie immer wieder denken?

Bringt Ihnen das Grübeln/die Gedankenspiralen etwas?

Was könnten Sie stattdessen tun?

Anlage 2.7: Arbeitsblatt zur Beurteilung des Erfolgs einer Übung

Welches Symptom soll in seiner Intensität reduziert werden? Beschreiben Sie das Symptom bitte so detailliert wie möglich. Verwenden Sie dazu auch eine Skala (0–10), um die Intensität des Symptoms einzuschätzen.

In welchen Situationen tritt das Symptom auf? Wie fühlen Sie sich in dieser Situation durch das Symptom beeinträchtigt?

Welche Übung haben Sie probiert? Wie genau? Wie häufig?

Welche Auswirkungen hatte die Übung auf das zu reduzierende Symptom? Verwenden Sie hierzu bitte auch eine Skala (0–10), um die (veränderte) Intensität des Symptoms einzuschätzen.

Welche Auswirkungen hatte die Übung auf die Situation, in der das Symptom auftritt/ aufgetreten ist? Kam es zu Veränderungen der Situation? Nahmen die oben genannten Beeinträchtigungen ab?

Möchten Sie die Übung weiterhin anwenden? In welcher Form könnten Sie die Übung in Ihren Tagesablauf integrieren?

Anlage 2.8: Arbeitsblatt zu den aufrechterhaltenden Bedingungen

Wie sehr empfinden Sie die DP/DR-Symptomatik als zu Ihnen selbst gehörig? Hat die Symptomatik etwas mit ihnen zu tun?
Nutzen Sie zur Einschätzung eine Skala von 0–10 (0 = Symptomatik hat gar nichts mit mir zu tun; 10 = Symptomatik gehört total zu mir).

Wie bewerten Sie die DP/DR-Symptomatik? Kreuzen Sie an:
Nur positiv – positiv – neutral – sowohl als auch – negativ – ausschließlich negativ

Bitte beschreiben Sie Ihre Auswahl mit ein paar Worten.
Ich bewerte die DP/DR-Symptomatik als ..., weil ...

Falls Sie sich innerlich immer wieder mit der Symptomatik beschäftigen: Wie viel Zeit widmen Sie ihr täglich? Wie genau beschäftigen Sie sich mit der Symptomatik (immer wieder in den Spiegel schauen, sich selbst beobachten, über die Symptomatik nachgrübeln ...)

Welchen Einfluss bzw. welche Auswirkungen hat die Symptomatik auf Ihr Leben? Wo sind Sie eingeschränkt? Was ist Ihnen mit der Symptomatik nicht (mehr) möglich? Geben Sie konkrete Beispiele an.

Haben Sie selbst das Gefühl, auf die Symptomatik einwirken zu können, sie verändern zu können? Inwiefern? Wodurch?

Fazit: Wie zufrieden sind Sie derzeit mit Ihrem Leben? Welche Gedanken, Gefühle haben Sie diesbezüglich?

Anlage 2.9: Arbeitsblatt zur Radikalen Akzeptanz

Warum kann ich nicht akzeptieren, dass ich Symptome von DP/DR habe? Was macht eine Akzeptanz dessen so schwierig?

Welche negativen Aspekte sind mit der fehlenden Akzeptanz der Symptomatik verbunden? (z. B. unangenehme Emotionen, ständiges Nachdenken und Grübeln etc.)

Was, glaube ich, würde passieren, wenn ich die Symptomatik einfach akzeptieren würde als Teil meines Lebens?

Mögliche negative Aspekte

Mögliche positive Aspekte

Anlage 2.10: Arbeitsblatt zu wiederkehrenden Denkschleifen

Bitte beschreiben Sie, in welchen Situationen bei Ihnen Grübeln oder Gedankenkreisen auftritt.

Können Sie den konkreten Gedanken benennen, der dazu führt, dass Sie ins Grübeln kommen? Welcher ist dies? Welche Bedeutung geben Sie diesem Gedanken?

Wie genau laufen Grübeln oder Gedankenkreisen bei Ihnen ab?

Welche negativen Auswirkungen hat das immer wieder auftretende Grübeln oder Gedankenkreisen für Sie und Ihr Leben?

Gibt es auch positive Aspekte des Grübelns oder Gedankenkreisens? Was versuchen Sie, durch das Nachgrübeln zu erreichen?

Welches Bedürfnis verbirgt sich hinter dem immer wieder auftretenden Grübeln oder Gedankenkreisen? Worum geht es eigentlich?

Denken Sie, dass es hilfreich ist, zu grübeln, um dieses Bedürfnis zu stillen? Was könnten Sie sonst noch tun, um das Bedürfnis zu befriedigen?

Anlage 2.11: Arbeitsblatt zur Integration sinnstiftender angenehmer Aktivitäten

Welche Bereiche oder Tätigkeiten in Ihrem aktuellen Leben würden Sie als sinnvoll oder sinnstiftend bezeichnen?

Gibt es Bereiche oder Tätigkeiten, die Sie vor der Erkrankung als sinnvoll/sinnstiftend erlebt haben, die durch die Erkrankung nun aber verloren gegangen sind?

Welche Lebensbereiche oder Tätigkeiten würden Sie allgemein als sinnvoll oder sinnstiftend bezeichnen?

Welche der aufgezählten Bereiche und Tätigkeiten würde Sie gerne (wieder) mehr in Ihr Leben integrieren?

Wie könnte eine solche Integration aussehen? Was würde sich dadurch an Ihrem aktuellen Leben, Tagesablauf etc. ändern?

Anlage 2.12: Arbeitsblatt zum Aufspüren persönlicher Ressourcen

Was habe ich in meinem Leben bisher gut gemacht? Auf welche Erfolge kann ich zurückblicken?

Was kann ich gut? Welche Talente und Fähigkeiten habe ich?

Wofür interessiere ich mich? Welche Themen und Aktivitäten sind mir wichtig?

Welche Personen sind wichtig für mich? Für welche Personen bin ich wichtig?

Wovon träume ich? Wie stelle ich mir die Zukunft vor?

Anlage 2.13: Arbeitsblatt Stress

Stressoren: In welchen Situationen/bei welchen Personen geraten Sie unter Stress?

Persönliche Stressverstärker: Warum geraten Sie in diesen Situationen/bei diesen Personen unter Stress?

Stressreaktion: Wie nehmen Sie den Stress wahr? Welche Gedanken, Gefühle, körperliche Reaktionen spüren Sie? Was tun Sie in diesen Situationen, wie verhalten Sie sich?

Anlage 2.14: Arbeitsblatt Kommentierbarer Tagesplan

Datum:		
Durchgeführte Aktivität (was, wann, wie lange, mit wem?)	**Welche alternativen Verhaltensweisen/ Übungen/Methoden probiert?**	**Veränderung der Beeinträchtigung** (z. B. Abnahme der ständigen Selbstbeobachtung/Fokussierung auf die Symptomatik; Abbau von Vermeidungsverhalten; Ausweitung des Handlungsspielraums)

Stichwortverzeichnis

A

Ablenkung   60, 91, 101, 107, 123
Achtsamkeit   80, 81, 96
Affirmation   80, 87, 120, 128, 130, 138
Anamnese   39
Arbeitslosigkeit   15, 56, 128, 139
ATT   124
Aufrechterhaltende Faktoren   32, 47, 51, 111, 156
Augenübungen   84, 86, 108
Auslösende Faktoren   14, 30, 40, 50, 51
Autogenes Training   83

B

Biografie der Symptomatik   53, 103, 109, 115, 115, 135
Body-Scan   77, 81

D

Detached Mindfulness   125
Diagnostik   28, 39
Dissoziation   13, 16, 77
DP/DR-Tagebuch   59–61, 103, 109, 115, 133, 135
Drogen   30, 31, 40, 49, 54, 98, 115, 116, 139

E

EFT   87, 120, 121
Emotionsfokussierte Verfahren   92, 94, 96
Empathie   36, 39, 92
Entfremdungsgefühl   13, 14, 18, 21, 45, 54, 63, 75
Erkrankungsbeginn   15
Evaluation   111, 140, 141

F

Fragmentierung   19

G

GedankenSTOPP   107, 123, 135
Gehirnjogging   105
Grounding   79
Grübeln   33, 55, 71, 102, 103, 107, 117, 119, 121–123, 133
Grübelzeit   124

H

Hilflosigkeit   93

I

ICD-10   13, 15, 29, 41, 49
Ich-dyston   32, 36, 44, 52
Ich-Erleben   18, 72, 77
Imagination   66, 68, 136

K

Kognitive Umbewertung   119, 121
Kollaborativer Empirismus   43, 63
Komorbiditäten   16
Konfrontation   66, 71, 100–102, 134
Krankheitsmodell
– individuelles   41, 46, 56, 57

L

Lamotrigin   38

M

MBSR   80
Medikation   38, 56
Metakognitive Ansätze   121

N

Natur   78, 105, 108, 110

Nebenwirkungen von Medikamenten 15, 17
Negative Bewertung 32, 47, 117, 128
Normalität von DP/DR 14, 50, 103

P

Passivität 32, 38, 45, 52
Philosophische Erkrankung 71
Plananalyse 65
Positive Psychologie 131
Progressive Muskelrelaxation 83, 138
Psychoedukation 43, 48, 90, 91
Psychose 16, 24, 48, 57, 101

R

Radikale Akzeptanz 43, 116, 118
Religion 73, 114
Rückfallprophylaxe 43, 135, 138

S

Scham 21, 30, 39–41, 106
Sinnlosigkeit 37
Soziale Isolation 15, 17, 31, 34, 41, 79, 91, 122, 130, 133
Sport 79, 86
Stress 14, 30, 31, 34, 45, 56, 59, 65, 89, 103, 115, 137, 138, 160
Stühlearbeit 69, 70
Suizid 92, 102
Symptome
– Ängste, irrationale 24, 55, 61, 64, 66, 72, 100, 101, 133
– Beschwerden, körperliche 22, 89
– brain fog 26, 103, 105
– Einschränkungen, emotionale 23, 45, 91, 98, 129, 132
– Einschränkungen, kognitive 18, 26, 98, 103–105
– emotionale Taubheit 18, 24
– Erleben der Außenwelt 27, 108
– Kopfschmerzen 20, 23, 89, 90
– Körpererleben 18, 67, 77, 89
– Schwindel 16
– Selbstbeobachtung, andauernde 23, 33, 37, 41, 47, 58, 74, 75, 89, 91, 108, 109, 113, 118, 123, 128, 156, 161
– Sinneswahrnehmungen, Beeinträchtigungen der 20, 55, 61, 65, 74, 84, 85, 87, 88
Symptomgruppen 18, 73
Symptomreduktion 43, 47, 48, 52, 73–75, 109, 117, 140

T

Therapiedauer 42
Therapiemotivation 44, 48, 76, 131
Traumatisierung 13, 16, 31, 40
Traurigkeit 93

U

Unwirklichkeitsgefühl 13, 14, 18, 29, 54, 108, 109

V

Verbesserung der Lebensqualität 37, 43, 52, 74, 75, 77, 117, 126, 127, 140
Verhaltensanalyse 62, 64, 76, 135
Vermeidungsverhalten 33, 41, 66, 71, 76, 114, 132–134, 140, 141, 161
Vulnerabilität 30